李泉 主编

聊城大学运河学研究院 主办

CANAL STUDIES NO.3

運河学研究

第3辑

社会科学文献出版社
SOCIAL SCIENCES ACADEMIC PRESS (CHINA)

《运河学研究》编辑委员会

目　录

专题研究五：运河遗产与大运河文化带

新书评介

Content

主持人语

吴　琦[*]

近年来，运河学研究涌现了大量学术成果，可谓"方兴未艾"，应运而生的《运河学研究》则是集中体现这一发展趋势的优秀刊物，虽然尚属创刊初期，但已经显现出优秀的品质。期待《运河学研究》成为该学术领域重要的研究、对话阵地。

漕运是运河学的重要研究领域。20世纪以来，学术界对于漕运一直有所关注，从早期的制度史、经济史的考察，到20世纪中期对于漕运与河道、王朝财政等领域关系的考察，再到20世纪90年代中期一批宏观研究的专著面世，漕运研究逐渐拓展，与此同时断代的、区域的、专题的研究成果不断涌现。近年来，学术界从不同的视角、层面考察漕运中的国家行为、制度变迁、地方秩序、社会结构，以及漕运与社会变动的关系等。漕运研究已经进入全面展开的态势，展望未来，漕运研究将在新视角、新方法、新材料等方面不断推进，研究领域向纵深拓展。

本期漕运专栏共刊发4篇论文，明与清各两篇。明代两篇论文的作者分别为吴士勇、李想两位学人，前者通过陈瑄的漕事活动与贡献，论述明代漕运总兵官的体制化；后者通过明代"寓兵于漕"的实践，探讨其成效及其迅速失败的原因。两篇论文旨在探讨明代围绕漕运开展的制度建设与实践，颇具新意。清代两篇论文的作者分别为吴琦、沈胜群两位学人，前者通过讨论清代漕粮赈济的方式、特点、意义，说明漕赈在

* 吴琦，历史学博士，华中师范大学历史文化学院院长，教授、博士生导师，主要从事明清史、漕运与中国社会研究。

清廷社会治理中的观念及实践；后者通过讨论清嘉道年间旗丁在漕运过程中的船帮之争，说明其对政治与社会秩序的影响，并揭示漕运制度运行中的缺陷。两篇论文皆旨在探讨漕运事务与地方社会的关联，文中多有新见。

陈瑄与明代漕运总兵官的体制化[*]

吴士勇[**]

内容提要 明初洪武年间漕运以海运为主，武将统领。太祖曾仿效元朝旧制，设置京畿都漕运司，长官为都漕运使，但该部门在洪武十四年就已罢设，与洪武时期的海运并无瓜葛。永乐年间漕运经历了由海运向河运的转变，其间河道开凿、漕运实践、漕运制度建设，陈瑄均参与其中，且居功至伟。不唯如此，陈瑄还将临时差遣的漕运职官，成功地演变为体制化漕运总兵官。

关键词 明代 漕运 陈瑄 漕运总兵官

20 世纪末，学界曾掀起一阵明代制度史研究的热潮，相关成果如花团锦簇般涌现。有学者曾指出其繁荣背后的隐忧，即此类论著多以历史演变为主，很少有人物与制度结合起来的比较研究[①]。时至今日，传统制度史研究并无太多突破。具体到明代漕运史领域，漕运总兵官的研究则仅限于有限的几种。[②]

至于首任漕运总兵官陈瑄的研究，散见于各类通史和断代史的著作

---

* 本文系江苏省社会科学基金项目"繁荣与凋敝：明清时期江北社会经济变迁研究"（14LSD001）、国家社科基金项目"水利公共工程与江淮海地区社会经济变迁研究"（14BZS040）的阶段性研究成果。

** 吴士勇，历史学博士，淮阴师范学院历史学系教授，主要从事明清史与运河文化研究。

① 林乾：《近十年来明清督抚制度研究简介》，《中国史研究动态》1991 年第 2 期。

② 如 Ray Huang, *The Grand Canal during the Ming Dynasty：1368 – 1644*, Ann Arbor：UMI, 1964；〔日〕星斌夫：《明代漕運の研究》，日本学术振興會，1963；拙著（吴士勇）《明代总漕研究》，科学出版社，2017。

中，专题研究的文章较为少见。陈瑄既是明初骁勇善战的武将、服侍五代君王的勋臣，又是杰出的水利学家和明代漕运制度的开创者。他生前尊贵，死后哀荣，子孙袭爵，甚至清朝建立后仍为之设祠祭祀。然而，陈瑄武功卓著，文采略逊，生前并未留下可供后人诵读与研究的文集，相关史料仅散见于正史传记和时人文集中，这不能不说是陈瑄研究的一大遗憾。据笔者考查，专题研究文章不过区区十余篇，主要围绕三个主题撰写：一是治理运河与开通漕运研究①，二是陈瑄在地方建设中的地位和作用研究②，三是陈瑄家族和陈瑄死后祭祀研究③。纵观多年来的陈瑄研究，存在以下缺陷：一是以描述性为主，缺乏高质量的研究文章；二是陈瑄的研究资料搜集不够丰富；三是以平面叙述较多，而从明初漕运史视角的研究尚是一片空白。本文拟从明初漕运实绩与陈瑄的漕运实践入手，考察漕运总兵官的体制化过程中陈瑄的作用。蠡测之见，尚请方家指正。

一　明初武人掌漕的传统

明太祖定都金陵，政治中心和经济重心合二为一，贡饷政治中心的漕运以河运为主，主要集中以南京为中心的江南水运。此外，远逼塞外的北元始终是新兴的大明王朝心腹之患。出于军事斗争的需要，明政府向北方大规模地输送粮饷，该路线漕运以北平和辽东为中心，海运为主。河运利用天然水道，极为简便，"江西、湖广之粟"，沿长江而至；"两浙吴会之粟"，由浙东运河而至；"凤泗之粟"，由淮河而至；"河南、山东之粟"，通过黄河抵达。④ 海运应经营北方而生，北平和辽东地区地旷人稀，难以就地取食，明廷遂将南方粮饷源源不断输往北方前线，其具体路线是"浙江、江西及苏州等九府"，由水路或陆路运粮三百万石至开封。其后，中书省符下山东招募水工，"发莱州洋海仓饷永平卫，其后海运辽东、北平

---

① 如陈文娟《明代首任漕运总兵官陈瑄的研究》硕士学位论文，聊城大学，2010；钱克金、刘莉《皖籍明臣陈瑄》，《巢湖学院学报》2003 年第 1 期。
② 如杜涛《清江浦地名探源》，《江苏地方志》2014 年第 6 期；肖立军、王立超《明代天津筑城置卫若干问题考辨》，《天津师范大学学报》2010 年第 5 期。
③ 如杨李兵《江宁区博物馆藏明陈瑄家族墓志考》，《东南文化》2010 年第 2 期；周焰《清宫秘档解读陈潘二公合祠并祀的由来》，《档案建设》2009 年第 6 期。
④ 何乔远著，张德信等点校《名山藏》卷 49《河漕记》，福建人民出版社，2010，第 1350 页。

成为定制"。①

洪武年间的海运规模巨大，从洪武元年（1368）北伐开始，到洪武三十年（1397）因军屯兴起致使辽东粮饷盈余而终止，为明初统一战争做出巨大贡献。海运因战争而起，因而海运的督运官主要由武人担任。有学者统计，洪武年间漕粮督运官主要有汤和、吴祯、廖永忠、张赫等勋臣；吴迈、陈权、马云、唐胜宗、于显、张德、朱寿、黄辂、杨文、朱信、宣信、陈信、郑遇春、王庭等水军将领。② 明初海运由武人掌控，海运队伍也是直接从水军中转化而来的。

洪武年间海运终止的一个原因在于海运所造成的飘溺损失。如洪武七年（1374）六月，海运覆舟四十余只，漂米四千七百余万石，溺死官军七百多人，马四十匹。太祖"闻之深为伤痛"，并对隐匿海运溺死官兵人数的金吾卫指挥佥事陆龄严厉追究③；十五年（1382）五月，"士卒馈运渡海有溺死者"，朱元璋为之"终夕不寐"④，于是下定决心施行屯田与招商纳米之法。三十年（1397），北方战事缓解，军屯和中盐法功效显著，辽东海运的压力大大减轻，明廷遂下令废止海运。⑤

关于漕运职官的设立，明初开始时仿效元代漕运使司。洪武元年九月，设置京畿都漕运司，长官为都漕运使，正四品。其下有正八品的知事、从九品的提控案牍、正九品的属官监运。⑥

朱元璋给都漕运使所发正式诰命，首先从历史上的漕运谈起，认为江、海、河、淮漕运大省民力，利国利民，"漕运之设，启国名家之良法也，何以知其然？民有已供入府库者，官欲他给而移之，则漕运者行焉。若江海者，必帆巨舟，假天风可刻期而抵所在。若道由河、淮，则操轻舟，用便楫，假天风加人力，半之亦期而可至其所"。"朕所谓良法也，谓

① 《明史》卷79《食货三·漕运》，中华书局，1974，第1915页。
② 吴缉华：《明代海运及运河的研究》第二章"明代开国后的海运"，（台北）"中央研究院"历史语言研究所辑刊，1961，第20～31页；樊铧：《政治决策与明代海运》第二章"结语"，社会科学文献出版社，2009，第84～86页。
③ 《明太祖实录》卷90，洪武七年六月癸丑，（台北）"中央研究院"史语所1962年校勘本。
④ 《明太祖实录》卷145，洪武十五年五月丁丑。
⑤ 《明太祖实录》卷255，洪武三十年九月戊子。该史料认为，洪武三十年罢海运乃粮食仓储充盈后的暂行措施。永乐十三年前，明政府还保持了零星的辽东海运。樊铧认为吴缉华洪武三十年罢海运之说未必妥切。载于《政治决策与明代海运》第二章第一节"洪武时期的海运"，第62～63页。
⑥ 《明太祖实录》卷35，洪武元年九月乙丑。

用力少而致重多，故如是而言，何也？假以陆路转运，较之于舟楫之举，则百夫可代陆路十千人之艰辛。其所扰者少，其所安者众，生民得遂其生，岂不良法也！"接着希望任职人选要以忠君爱民为己任，"若居是职，身律法张，于上无瞒，于下无虐，身立而名家出矣！""凡任此者，非忠君爱民之士不可使之行。"最后以功名利禄为诱饵，委任与勉励任职人选，"今朕将欲用人而求之，惟尔某佥曰可，今特授某官，尔往无怠，以政来闻则功禄焉"。① 从内容来看，此诰文与通常冰冷的政府文告大为不同，拳拳切切之意，溢于言表。朱元璋农家出身，深知民生疾苦，治国时贯彻以民为本的理念，曾对外出打仗的将领和地方官多次申诫，要爱惜民力，勿贪勿虐。漕运通过水道转输，虽为良法，也需得人。苦口婆心的说理与职责鲜明的制度安排，同时跃然于纸上。

载于史册的明代都漕运使只有龚鲁、薛祥二人。② 龚鲁传记无考。薛祥在明初大为有名，其传指出："授京畿都漕运使，分司淮安。"在民政上作为颇为可观："浚河筑堤，自扬达济数百里，徭役均平，民无怨言。"他有识人之明："有劳者立奏，授以官。"存恤百姓，深受爱戴，"元都下，官民南迁，道经淮安，祥多方存恤。山阳、海州民乱，驸马都尉黄琛捕治，诖误甚众。祥会鞠，无验者悉原之。"薛祥治淮八年，百姓相劝为善。"及考满还京，皆焚香祝其再来，或肖像祀之。八年授工部尚书。"③ 相应的史料还有《名山藏》④《明太祖实录》⑤ 等书所载。薛祥为明初武将，征战有年，洪武元年至八年（1368～1375）任京畿都漕运使。值得注意的是，薛祥治所驻扎淮安，乃元代黄、淮、运交汇之地，漕运要冲也。薛祥民政上多有建树，受到淮民崇祀，后来迁官至工部尚书。从时间上推论，洪武十四年（1381）十二月，朝廷罢京畿都漕运司与都漕运使，其间洪武八年至洪武十四年的都漕运使当是龚鲁。

---

① 朱元璋：《明太祖御制文集》卷 4《漕运使诰 同知 副使同 判官敕亦同》，（台北）学生书局，1965，第 147～148 页。本段未注者，皆出于此文。
② 王圻《续文献通考》卷 84《职官考》云："置京畿都漕运使，正四品，专治京师军储，单安仁、薛祥为之。"都漕运使似为京师军储而设，与前文所述《漕运使诰》相悖。且薛祥在任期间常驻淮安，京师军储恐非其力，故未采信其文（《续修四库全书》第 763 册《史部·政书类》，上海古籍出版社，1995，第 423 页上）。
③ 《明史》卷 138《薛祥传》，第 3973 页。
④ 何乔远著，张德信等点校《名山藏》卷 59《臣林记四·洪武臣四》，第 1590 页。
⑤ 《明太祖实录》卷 130，洪武十三年二月壬戌。

学界有一个通行的观点，明初制度多承袭元制，漕运也是如此，洪武元年便设立京畿都漕运司便是一个明证，那么，明初海运直至洪武三十年才停罢，而都漕运使司存世十四载就被取缔？

笔者认为，首先，都漕运使权责有限，难以统驭海运将领。根据上述的漕运使诰命，朱元璋在制度设计之初，都漕运使应兼管山东的河运与通向辽东的海运，但在漕运实践中，一名四品的都漕运使名不显、位不彰，在面对汤和、吴祯、廖永忠、张赫等这样的开国元勋，以及在元末农民战争中出生入死的骄兵悍将时，话语权极为有限。海运的军事性质，让民政为主的都漕运使无可奈何。

其次，洪武年间山东漕运不受朝廷重视，都漕运使难以发挥拳脚。明初定都南京，主要粮饷取食于江南。江淮一带由于连年战乱，能够输往京师的漕粮极为有限，而山东济宁以北的河道淤塞，只能施行效率低下的陆运，因而受到朝廷的轻视。从漕运路线来说，薛祥打通山东济宁至直隶扬州的运道后，江北的漕粮可通过河运抵达京师，江南的物资也可水运至山东，再转陆运至北方军事前线。明初赋税收入主要来源于江南，在北伐及其以后的统一战争中，军事漕运多为由南向北。随着大规模战事的逐渐平息，以及海运的成功运作，艰难的北方河陆转运渐无必要。从上文所述的"薛祥传"来看，其驻扎淮安八年，政绩有疏浚运河，有退贼抚民，有替民申冤，唯独没有督漕赴京师或辽东的本职工作。洪武九年（1376），山东日照知县马亮因考满入京述职，上司莒州府给其评语云："无课农、兴学之绩，而长于督运。"朱元璋听闻后认为，农桑衣食与学校风化是知县本务，不知本务而长于督运，是弃本而逐末——"苟任督责为能，非岂弟之政也。为令而无岂弟之心，民受其患者多矣。宜黜降之，使有所惩"①。不仅无赏，还要黜降。这条史料多为学界引用，力证太祖重农桑、兴学校。但从另一个侧面来看，洪武八年薛祥去职后，江淮和山东的漕运在统治者看来已可有可无，洪武九年的漕运良臣马亮不受重用也就理所当然了。

此外，有学者研究认为，明初京畿都漕运司为创业时期的暂定举措。政权稳定后，中央户部与地方粮长的漕运互动架空了都漕运司的权力运作空间，加上明都金陵乃四方财赋之会，漕运在技术上更为容易，都漕运司很快就失去了存在的价值。在这样的背景下，京畿都漕运司及其部门长官

---

① 《明太祖实录》卷106，洪武九年五月乙未。

都漕运使被裁撤的命运，也就不可避免了。[1]

二 陈瑄的漕运实践与功绩

明成祖靖难后取得天下，重新审视作为龙兴之地的北方。朱棣首先蠲免北平郊县的租税，接着于永乐七年（1409）、十一年（1413）、十五年（1417）三次巡幸北平，此后又大力营建新北京城，并于永乐十九年（1421）正式迁都。此外，成祖还五次亲征蒙古，北平是重要的粮饷转运地。这几件事使得明政府开销大大增加，因而北方对东南财赋的渴求与日俱增，南北大规模的漕粮转运变得迫切起来。[2]

最初的漕运仍然沿用海运传统，洪武和建文年间的海运成就已众所周知，朱棣龙登大宝后便恢复了漕粮海运。有学者统计，永乐六年（1408），海运的数额高达 80 万石，超过了洪武年间 70 余万石的峰值。[3] 与此同时，户部尚书郁新还提出陆运方案，即避开已经淤塞的会通河故道，转弯逆黄河上行，运至卫河，再通过卫河入京。[4] 永乐九年（1411），宋礼疏通会通河，陆运又从会通河北上，便捷许多，这便是永乐年间的海陆兼运。运道畅通后，漕运成就巨大，运往北京的粮饷数量迅速暴涨，永乐七年（1409）180 余万石，十二年（1414）240 余万石，十三年（1415）达到惊人的 640 余万石。[5] 梁方仲认为，历代计量中明石权重最大[6]，按照这种说法，永乐十三年的漕粮数已超过宋代，可以称之为历史之最。永乐十二年闰九月，朝廷宣布，停罢陆运和海运。[7] 此后至明亡，不断有有识之士试

---

[1] 星斌夫：《明代漕運の研究》第二章第一节《初期の機構》，（東京）日本學術振興會，1963，第 95～96 页；《明初的漕运》，《史学杂志》卷 68，第 5～6 期，第 720～768 页。

[2] 吴缉华：《明代海运及运河的研究》第三章第一节 "明成祖向北方的发展与南北转漕的重建"，第 36～48 页。

[3] 吴缉华：《明代海运及运河的研究》第三章第二节 "永乐前期海陆兼运中的海运"，第 58 页。

[4] 《明太宗实录》卷 21 永乐元年秋七月丙申。

[5] 吴缉华：《明代海运及运河的研究》第三章第四节 "从海陆兼运的数量看北方漕粮的需要"，第 75 页。

[6] 根据梁方仲统计，西汉 1 石 = 0.34 市石，唐 1 石 = 0.59 市石，宋 1 石 = 0.66 市石，明 1 石 = 1.07 市石，清 1 石 = 1.04 市石。见氏著《中国历代户口、田地、田赋统计》，上海人民出版社，1980，第 545 页。

[7] 学者樊铧仔细考察了两篇奏疏《始罢海运从会通河漕运》《始议从会通河攒运北京粮储》后，认为明廷停海运的决定是在永乐十二年闰九月做出的。此说与传统之见有所不同，本文从之（《政治决策与明代海运》第二章 "海运时代海运的实行与停罢"，第 79～82 页）。

图恢复海运，但均未成功。明代漕运翻开了以大运河为主导的篇章，南至江南，北达通州大通桥，三千里运道全线贯通，内河漕运华丽登场，大明朝也因之巍巍然、炫炫然地铺陈开来。

从燕王登基到仁宣之治，武将陈瑄参与了靖难之役，领导了漕运改革，见证了漕运通畅带来的安定繁荣。他的名字，注定要刻在那个时代的漕运丰碑上。

关于陈瑄家世，《明史》提及其父亲陈闻，曾组织义兵千户归顺朱元璋，"累官都指挥同知"①。2003 年，南京江宁区博物馆展出了陈氏后人的四方墓志，指出陈瑄先人一直居住在合肥。在陈瑄儿子陈佐墓志中，指出陈瑄的祖父是陈宗政。另一墓志中提到即陈瑄的曾祖是陈三省。关于父亲陈闻，《明史》称洪武间曾"坐事戍辽阳"，陈瑄伏阙请代，最终父子皆得免。在陈瑄孙子陈佐的墓志材料中，云"大父年逾八十，丧明，公奉之弥谨"，陈闻八十多岁时失明，以高龄善终。《明史》云陈瑄早年出征盐井，在进攻卜木瓦寨一役中遇到对方顽强抵抗，"瑄将中军……瑄下马射，伤足，裹创战"②。陈佐的墓志云陈瑄"晚有足疾"，此处"足疾"应该是当年"伤足"的后遗症。③

陈瑄总督漕运，功勋卓著，泽惠后世。洪武时以军功迁四川行都司都指挥同知，建文时迁右军都督金事，燕王靖难时，"瑄以舟师迎降，成祖遂渡江"。朱棣即位后，封陈瑄为平江伯，食禄一千石，赐诰券，世袭指挥使。永乐元年（1403），"命瑄充总兵官，总督海运"④。陈瑄的漕运功绩首先表现为：以漕运总兵官的身份，率领舟师二十余次成功地运粮至北京。明成祖在位 22 年，陈瑄督漕 21 次。在永乐七年（1409）、十一年（1413）、十五年（1417），还分春、冬两次运粮至北京，但永乐八年（1410）、十二年（1414）、十三（1415）、十六年（1418）则没有督漕。其原因，永乐八年、十二年，明成祖进行了两次大规模的北征蒙古活动，需要提前一年将粮饷准备好。十三年，陈瑄主持开凿清江浦；十六年，组织民夫浚通徐州至济宁的运河，无暇亲赴督漕前线。从运输方式来看，永乐十三年之前以海运或海陆兼用为主，其后则为运河攒运，这正好与大运

① 《明史》卷 153《陈瑄传》，第 4206 页。
② 《明史》卷 153《陈瑄传》，第 4207 页。
③ 杨李兵：《江宁区博物馆藏陈瑄家族墓志考》，《东南文化》2010 年第 2 期。
④ 《明史》卷 153《陈瑄传》，第 4206 页。

河南北贯通的进程一致。

仁宣之时,平江伯陈瑄亲率舟师攒运粮储的次数只有三次,比起此前大为降低①,朝廷体谅日渐衰老的功勋老臣,不愿让其再受江湖之苦,陈瑄的精力逐渐转向漕运制度建设与运道疏通工作上。在疏浚运道方面,一是协助宋礼浚通会通河。会通河于洪武年间淤塞,其症结在于济宁段地势高,水源缺。二人征调民夫,引山泉水汇入汶水,建闸坝38处,初步解决会通河的水源问题。又创造性地建水柜储山中泉水,建水壑泄汛期洪水,保证会通河的全面通航。二是开凿清江浦。陈瑄听从淮安故老建议,自淮安城西管家湖引水抵鸭陈口入淮河,并由北向南依次修建五闸。此举不仅可以平缓水势,还能防止水泄太多,降低了漕船过淮风险。三是新开水道避吕梁洪和徐州洪之险。新运道深二丈,宽五丈,长四十里,并设闸门蓄水。在漕运制度建设方面:一是广建仓储,大造浅船。海运年间,陈瑄命人于天津建露囤1400余所,于直沽尹尔湾建四百万仓,又在运河沿线枢纽城市淮安、徐州、临清、通州等地建水次仓50余处。河运开始后,原来海运的遮洋船不再适用,陈瑄设清江督造船厂,建平底浅船三千艘。二是改革运法,推行兑运法。原来行支运法时,百姓自行雇船装运,经年往复,多失农时。陈瑄与群臣建议令粮户只将粮食运至水次,由官军运载至京,百姓适当补偿耗米和道里费。此法军民两便,此后兑运者多,支运者少。②

陈瑄督漕30年,上至皇帝大臣,下至平民运丁,都对其交口称赞。陈瑄死后,运河沿线百姓立祠祀之,其后代陈锐、陈熊、陈圭、陈王谟嗣位平江伯,直至明亡,其爵方绝。③清代将陈瑄与潘季驯合祠祀之,足见其开河与督漕的业绩功在当时,泽被后世。

三 漕运总兵官的体制化

从制度史来说,陈瑄给后世留下了一笔很大的政治遗产,即体制化的漕运总兵官。明廷对漕运职官的设置极为慎重。如前文所云,洪武十四年罢设京畿都漕运司,再无总管漕运的专门机构。漕运由户部兼领,户部之

---

① 《明仁宗实录》卷6,洪熙元年正月丙戌;《明宣宗实录》卷2,洪熙元年六月甲寅;《明宣宗实录》卷97,宣德七年十二月庚戌。
② 《明史》卷79《食货三·漕运》,第1918页。
③ 《明史》卷153《陈瑄传》,第4207页。

下设民、度、金、仓四科，其中仓科"主漕运、军粮出纳科粮"①，乃漕运的中央兼管部门。此后，户部设十三清吏司分掌各布政司政事，每司又兼领部分专业业务，漕运及仓储则归十三司中的云南司兼管。需要指出的是，这些机构只负责漕粮调度与仓储工作，至于征收与转运则不在本职范围内。

永乐年间漕运大兴，朝廷逐渐意识到需要一个职权明确的部门统揽事权。永乐五年（1407），礼部官员商议北京军饷事，认为屯田与黄河漕运不敷足用，"北京合用粮饷，虽本处岁有征税及屯田籽粒，并黄河一路漕运，然未能周急"，只有海运才能发挥用场。但"见在海船数少，每岁装运不过五六十万石，且未设衙门专领，事不归一"。解决办法是"于苏州之太仓专设海道都漕运使司，设左右转运使各一员，从二品；同知二员，从三品；副使四员，从四品；经历司照磨所品级官吏，俱照布政司例。本司堂上官于文武中择公勤廉干者，以充其职，行移与布政司同各处卫所。见有海船并出海官军，俱属提调，以时点检，如法整治"②。海运无专门管理机构的弊端为群臣熟知，廷议于海运起点苏州太仓，设海道都漕运使司，最高长官从二品，高于洪武间都漕运使的正四品，各地布政司、卫所也要受其节制。如果能顺利施行，洪武间的漕运衙门将重现于世。然而，"奏上太宗，有再议之旨，遂不行"③。为何反对意见巨大？《万历野获编》云："既上太宗，如议行矣。又有言不便者，乃命再议，事遂中止。"到底有何不便，可惜史册不载。沈德符随后评价让我们看出某些端倪："乃知海运一事，先朝未尝一日不讲究。后世习于便安，不复议及。即间有建白者，多旁掣掣其肘。盖虑始甚难，小有蹉跌，罪及首事。"④ 沈氏一语道破了明代官场上的一大陋习，不作为则无过错，有作为则有过错，"小有蹉跌，罪及首事"，一旦海运衙门小有过错，即殃及首倡之人。此外，太祖取消了都漕运司，此时重设则有违背祖制之嫌，这是永乐年间群臣不能承受之重。

大运河南北畅通后，河运成为这个时代的主流话语，漕粮转运、仓储迫切需要一个能统揽事权的组织者。永乐元年（1403）三月，陈瑄授职漕

---

① 《明史》卷72《职官一·户部》，第1743页。
② 陆容：《菽园杂记》卷6，中华书局，1985，第77页。
③ 陆容：《菽园杂记》卷6，第77页。
④ 沈德符：《万历野获编》卷12《先朝设海运衙门》，中华书局，2007，第322~323页。

运总兵官。明代总兵官乃战时军队最高首领，但兵兴则授，事结则收。故总兵官属于临时差遣，无品级，无定员，多由勋臣或五军都督充任。明人对这一点看得很清楚："文臣称总督，武臣称总兵，皆是虚衔。总兵之名见于元末，国初因之。"① 洪武时，徐达、常遇春、蓝玉都曾以总兵官统揽一方军权。明成祖分派武将镇守天下要冲，有的配将印有的不挂，"皆云总兵"。②《明实录》中列出不少任总兵的案例，如右军都督府左都督何福任总兵镇守陕西、宁夏等地；右军都督同知韩观充总兵官节制广西、广东。③ 永乐年间，总兵官有 23 镇之多，北方有蓟州、昌平、辽东、保定、宣府、大同、山西、延绥、宁夏、甘肃、陕西、河南、山东，西南有四川、云南、贵州、广西，南方有湖广、广东、南直隶、浙江、江西、福建，各镇总兵遍布全国各地，反映出明廷极强的军事警惕性。

陈瑄充任漕运总兵官当然也是临时差遣，每年漕运返回，当回南京五军都督府交差。然而，陈瑄统帅漕兵达十二万之多，任漕运总兵官长达三十年之久，漕运已是陈瑄的毕生事业。时人陆容评述道："永乐间，平江伯陈公瑄把总海运粮储，共一百万石。时未有总兵之名。"直到永乐十三年，里河漕运多至五百万石，统领各处一百七十余卫。"洪熙元年，始充总兵官督运，镇守淮安，此设总兵之始也。"根据前文所述，陆容误明代漕运总兵官初设时间当成了总兵官的初设年份。陆容对陈瑄镇守淮安及挂漕运之印的记述，无疑是准确的，也让我们看到漕运总兵官体制化的坚实脚印。"宣德四年，同工书黄福计议于徐州等处立仓，令官军接运。六年，挂漕运之印。八年，公薨，以都督佥事王瑜、都指挥佥事吴亮充左右副总兵同管。"④ 陈瑄故去，漕运总兵官却没有消失，这无疑是漕运总兵官体制化的一个关键。

成祖不能重新设立都漕运使司，否则有违背祖制之嫌，于是设漕运总兵官，对漕运官僚体制的进行调整，此本为头痛医头脚痛医脚的权宜之计。这样的案例在明代极为常见，黄仁宇曾指出："明政府虽在前台倾向于尽力维持一套僵化的官僚体制，但也会因实际情况不得不加以适当的调整与控制，于是在后台进行适当地变革，如额外增添一些临时性部门。这

---

① 朱国祯:《涌幢小品》卷 8《总督总兵》，上海古籍出版社，2012，第 143 页。
② 万历《明会典》卷 126《兵部九》，（台北）新文丰出版公司，1976，第 1799 页上。
③ 《明太宗实录》卷 11，洪武三十五年八月己未；卷 12，洪武三十五年九月乙未。
④ 陆容:《菽园杂记》卷 9，第 108 页。

套政策导致了许多异常情况的发生，如职责分工不明、职务断裂、双套中央政府机构、机构重叠等弊端。"① 此诚为确论。漕粮河运延续了开国以来的军事性质，漕运总兵官这个临时差遣的官职，被平江伯长期独占，并渐而成为一个长期性的、有固定职掌的"临时性"部门。

陈瑄故去后，其子孙世袭平江伯爵位，还兼领漕运总兵官，以致到嘉靖年间，朝廷有漕运总兵原为世爵故物的错觉。时人回顾历代故事："顷见台谏与部疏议漕运总兵，改用流官，不必沿推世爵。案此官旧制，流官世爵，原相兼并推，不待改也。"并举例说其乡贤刘玺、黄印，都是以卫官任至漕运总兵的。"黄与先大夫往还，余犹及见之，颇非辽远。"朝臣还以为漕运总兵官乃勋臣故物。作者慨叹道："建议者不举此以闻于上，第云欲革世爵，改用流官，遂奉旨祖宗旧制，原用勋臣。不知兼用流官，正祖宗朝旧制也。"② 陈瑄对明代漕运职官制度建设的贡献，亦可略见一斑。

漕运总兵官任职前领制文、敕文各一道。制文和敕文略有不同，刘勰指出，"命"有四品，一曰"策书"，二曰"制书"，三曰"诏书"，四曰"戒敕"。"敕"戒州部，"诏"诰百官，"制"施赦命，"策"封王侯。③制书云："皇帝制谕署都督佥事某，今命尔挂漕运之印，充总兵官。"其主要职责在于"与同都指挥某率领舟师攒运粮储，赴京仓交纳，所统运粮官军悉听节制"。其他职掌还有"镇守淮安，抚辑军民，修治城池，遇有盗贼生发，随即将兵剿捕，如制奉行"④。

敕书一道，内容更为翔实："皇帝敕谕，今特命尔充总兵官"，其主要职务是与指挥参将一起，节制漕运官兵，攒运粮储，赴京仓交纳，这是其本职工作，前文多有提及。"攒运粮储，循守旧规，提督湖广等都司及直隶卫所官军，各照岁定兑支粮数，依期运至京仓交纳。"作为一方大员，要与总督漕运都御史计议停当而行，镇守淮安，抚安军民，修理城池，禁防盗贼。《明实录》云："洪熙元年六月，命平江伯陈瑄充总兵官，率舟师漕运赴北京，兼镇守淮安，抚辑军民，所领官军悉听节制。"⑤ "宣德元年

---

① Ray Huang, *The Grand Canal during the Ming Dynasty*: *1368 - 1644*, Ann Arbor: UMI, 1964.

② 顾起元：《客座赘语》卷1《漕运总兵流官》，中华书局，1987，第3页。

③ 刘勰：《文心雕龙》卷4《诏策第十九》，《四部备要》本。

④ 杨宏、谢纯著，荀德麟点校《漕运通志》卷3《漕职表》，方志出版社，2006，第51页。

⑤ 《明宣宗实录》卷2，洪熙元年六月甲寅。

八月，上以汉王叛，遣指挥黄让、内官谭顺等往淮安，同总兵官平江伯陈瑄镇守。"① 这两则史料反映了陈瑄镇守淮安时抚绥军民、捕寇缉盗之职责所在，尤其是汉王朱高煦叛乱时，宣德皇帝格外重视其镇守一方的方面之重。对于犯上作乱的官军和有司官员有节制大权。"运粮官军有犯，自指挥以下轻则听尔量情惩治，重则尔就拿送问刑衙门，或巡按、巡河御史问理，照例发落。都指挥有犯，具奏拿问。若刁泼军旗乘机诬告，对证涉虚者，治以重罪。""凡有便于漕运有利于军民者，悉听尔便宜处置。"还要监管水利，"自通州至扬州一带水利，有当蓄泄者，严督该管官司并管河管洪郎中等官，设法用工筑塞疏浚，倘有怠职误事者，一体参奏"。陈瑄开清江浦，新开运道避徐州洪和吕梁洪之险，皆行使监管水利之责也。关于漕运旧规，都是多年前奏请创立的，"行之岁久，不无废弛"，"尔今受兹重任，尤须尽心修举，凡百举措务合时宜，俾粮运无误，军民安妥，斯称委任"。漕运总兵官可以领符验二道，皇帝圣旨、公差人员，经过驿站持此符验，可以应付马匹。②

陈瑄亲率舟师二十余次运粮至北京，本来节制漕运官兵、攒运粮储之责，应部分归文官所有，"用御史，又用侍郎、都御史催督，郎中、员外分理，主事督兑，其制不一"③，但平江伯依靠自身的威望和与日俱增的影响力，成功地将具有军事性质的漕运触角，延伸到本属于文官的职能范围，并将其体制化。有学者评价道："若以明代整个的转运工作来说，陈瑄却是一位卓越的人才。"④ 这与其说是赞扬陈瑄在海运和河运工作上的贡献，不如说肯定其对明代漕运制度的创建之功及将临时派遣性的漕运总兵官体制化之绩。

余　论

明以前的漕运职官制度逐渐向专门化、地方化方向发展，至元代大规模海运的兴起，漕运职官的专门化已在元政府中形成共识。明初承袭元

---

① 《明宣宗实录》卷 20，宣德元年八月乙丑。又，该段未注者，皆出于此文。
② 杨宏、谢纯著，荀德麟点校《漕运通志》卷 3《漕职表》，第 51 页，本段未注者，皆出于此文。
③ 《明史》卷 79《食货三·漕运》，第 1922～1923 页。
④ 吴缉华：《明代海运及运河的研究》第三章第三节"永乐时期海陆兼运的陆运"，第 70 页。

制，设京畿都漕运司掌管漕运事宜。然而国都金陵乃国家基本经济区财赋之会，江淮之间的漕运地位并不受重视，这使得常驻淮安的都漕运使除了履行地方官扶绥百姓的职能之外，几无漕运职事可做。加上主持海运的武将从未把区区的四品都漕运使放在眼里，都漕运司的机构及其领导者的命运也就不复有存在的必要了。不过，由于明初的漕运一直置于武人之手，因而逐渐形成了武人掌漕的历史传统与惯性，这为陈瑄漕运总兵官的体制化改革奠定了基础。

雄才大略的明成祖北征蒙古及定都北京，大规模的南北转运随即重新焕发生机。从海运、海陆兼运到河运，平江伯陈瑄发挥了巨大的作用，并也因此成功地将漕运总兵官体制化。不过，这个建立在个人威信和影响力基础上的职位，很快就由于继任者的弱势而受到各方面的质疑与挑战。当仁宣之时文官任总督，节制地方军务的职官制度革新之风吹向漕运时，以文官任总漕，总揽治河、督漕和巡抚地方事权的变化也就应运而生了。①

Chen Xuan and the Institutionalization of the General Officer of Grain Transport in the Ming Dynasty

Wu Shiyong

Abstract: During the Hongwu period in the early Ming Dynasty, water transport was dominated by sea transport and was led by military generals. Zhu Yuanzhang had imitated the old system of the Yuan Dynasty and set up the Department of Water Transport in the capital. The chief officer was the Minister of Water Transport in the capital. However, this department had been abolished in the Hongwu 14th year, and had nothing to do with the maritime transport in Hongwu period. During Yongle period, waterway transportation experienced a transformation from sea transportation to river transportation. During the period of waterway excavation, waterway transportation practice and waterway transportation system construction, Chen Xuan participated in it, and made great contribu-

---

① 参见拙文《王竑与明代文官总漕体制》，《史林》2012 年第 6 期。

tions. In addition, Chen Xuan had also temporarily dispatched the officers of water transport, successfully evolved into the institutionalized officer-in-chief of water transport.

Keywords：Ming Dynasty；Water Transport；Chen Xuan；Water Transport General Officer

（责任编辑：胡克诚）

明代"寓兵于漕"的实践及其失败原因

李 想*

内容提要 明政府役使十余万卫所正规军队参与漕运,不但有减少民运的考量,还有"寓兵于漕"的政治和军事考量。"寓兵于漕"是指漕军平时运粮,加以一定的军事训练,有军事任务时可随时转换为一支有规模和战斗力的军事力量。明王朝的"寓兵于漕"在实践中取得了一定程度的效果,但很快即趋于失败。其失败原因主要有广大漕军漕运任务繁重、普遍生计窘迫、队伍构成发生变化及兵器缺乏等。明代"寓兵于漕"的失败不仅与明中后期卫所军事力量整体衰败有关,还与漕运体制及漕军制的弊端紧密相连。

关键词 明代 寓兵于漕 漕军

明代漕运方式区别于前代的一个显著特点就是实行大规模的军运,即动用运河沿岸及有漕省份的卫所正规军队运送漕粮。从永乐开始,直接参与漕运的卫所军士越来越多,至成化七年(1471),十二万余有漕省份的漕军承担了明王朝最主要的漕粮运输任务,成为定制,一直延续至明末。明王朝实行大规模的军运,不仅是从"民运艰辛""往返误农时"等方面考量,还有其重要的政治和军事意义,就是所谓的"寓兵于漕",即给漕军以一定的军事训练,平时运粮,有军事任务时随时转换为一支有规模和战斗力的军事力量。明王朝的"寓兵于漕"在实践中取得了一定程度的效

---

* 李想,华中师范大学博士生,江苏省淮安市大运河文化研究中心办公室助理研究员,主要研究方向为明清史、漕运史。

果，但很快即趋于失败，漕军的军事性质迅速退化，转变为依附明朝政权的一帮毫无作战能力的普通劳役。明代"寓兵于漕"的迅速失败，原因是多方面的，目前学术界的相关论述较少且不够深入①，笔者不揣浅陋，试对此问题做进一步研究。

一 "寓兵于漕"的重要性和现实性

明王朝创立伊始，即实行高度集权的专制统治，在军事力量部署上采取"居重驭轻"的原则，于京畿地区布置重兵，使中央军事力量远大于地方。明成祖登基后，为了对抗北方的残元势力，毅然迁都北京，原部署在南京地区的大部分军事力量也大都被调往北京，导致明廷对东南地区的统治力量大大削弱。而东南地区是明代中央财政收入的主要来源，历来被视为"天下之廒仓""天下之厨"。为避免立国根基受到威胁和动摇，明廷于永乐中期开始调用东南省份的卫所军士参与漕运。由起初两万余军，后数量不断增长，经过几十年的发展变化，至成化年间，漕军长运制度最终确立。

成化定制后的漕军组织以漕运总兵官和总漕都御史统领，下辖十二总，共十二万余人，有比较固定的来源和任务。明政府之所以不遗余力地大规模发展军运，其中一个重要的目的就是利用漕军的军事力量加强对东南地区和运河沿线的控制，即"寓兵于漕"。对此，明代很多官员都有所认识，如嘉靖时有官员指出"京操十二荣，军有十二万；漕有十二总，军亦有十二万，中外相援，兵食相资，祖宗之微意，岂无所谓哉?"② 万历时的马从聘也对"寓兵于漕"的性质认识颇深，"国家挽漕用军，而统之以材官，总之以勋帅，盖示寓兵于漕之意，为虑至深远也"。③ 明朝首创的漕

---

① 关于明代漕军军事能力的研究，日本学者星斌夫在《明代漕运の研究》（日本学术振兴会，1963）中提及明代军运组织作战能力逐渐退化；黄仁宇在《明代的漕运》（张皓、张升译，新星出版社，2005）一书中认为，"漕军设置后不到 100 年，它就变成了普通的劳力组织。它既无作战能力，也无适当的军队纪律。"林仕梁在《明代漕军制初探》（《北京师范大学学报》1990 年第 5 期）中提到，"（漕军）内部性质也在逐步发生变化——从军漕相兼向单一的劳役性质过渡"。以上研究虽提及"寓兵于漕"的基础——漕军军事能力的退化问题，但对军事能力退化的演变及其原因等都没有过多论述。

② 杨宏、谢纯：《漕运通志》卷 3《漕职表》，方志出版社，2006 年标点本，第 60 页。

③ 马从聘：《为振积习以裨国计事》，《兰台奏疏》不分卷，《丛书集成初编》，（台北）新文丰出版社，1985 年影印本，第 31 册，第 298 页。

军运粮制可谓考虑深远,在近代交通方式出现之前,水运是最快捷且成本最低的运输方式,漕军就是作为明中央政权的一支重要的军事力量行进于运河沿线,而长达二三千里的大运河也为漕军的迅速调动提供了方便。

明王朝"寓兵于漕"在正德之前实践了多次,漕军除了担负运送漕粮的任务外,还多次参与了各种军事行动。如宣德时,郑和下西洋和远征交趾,借调了当时运粮的二万余漕军。正统七年(1442),浙东倭患严重,浙江沿海卫所的四千多运粮军士就被调拨守城备倭,暂时脱离漕运。① 正统十四年(1449),蒙古瓦剌部也先率军侵扰北方,发生了"土木之变",明朝京军力量消耗殆尽。明廷急忙"将运粮旗军存留在京备操",充实京师的军事力量,而第二年的漕运任务则由有司督促民户完成。② 这批备操的漕军一直驻防至第二年京师军事危机解除后才返回原卫所。成化元年(1465),因襄王奏"封内房县贼众猖獗",于是荆襄、安陆五卫的运粮旗军被"存留本处,操守杀贼",直到成化十五年(1479),一半运军才调回运粮。③ 弘治十三年(1500),京师的在籍军户大批逃亡,"声息紧急,团营缺人",大大减弱了京师的军事防御力。明政府随即调拨北直隶总的德州、天津、通州等九卫千名漕军前往京师补操。④ 当时的漕运总兵官和总漕都御史认为此九卫军士临近"天下根本"的京师,"万一天时亢旱,边务缓急不停,稍有不继,必须用此直隶官军转搬至京,得以一呼而集,是北直隶通州等九卫之官军,尤重于迤南漕运卫所官军矣!"⑤ 这九卫调拨漕军直至八年后的正德三年(1508)才重回漕运。

由此可见,明前期漕军作为一支数目庞大、机动灵活的军事力量,广泛参与了京师备操,出国远征,沿海防倭,镇压农民起义等各种军事行动,不仅是漕运畅通的保障,也是防范东南地区内忧外患和强化京师军事力量的需要。从明初至明中期的正德年间,明政府"寓兵于漕"的实践取得了一定效果,漕军的军事性质也比较明显。究其原因,这时的漕军脱离本卫所军事操练的时间不是很长,还具备一定的作战能力;此时他们得到的报酬和待遇也很优厚,保证了他们能够承担一定的军事任务。

---

① 杨宏、谢纯:《漕运通志》卷8《漕例略》,第115页。
② 杨宏、谢纯:《漕运通志》卷8《漕例略》,第118页。
③ 杨宏、谢纯:《漕运通志》卷8《漕例略》,第121页。
④ 杨宏、谢纯:《漕运通志》卷8《漕例略》,第147页。
⑤ 杨宏、谢纯:《漕运通志》卷8《漕例略》,第147页。

二 明中叶后"寓兵于漕"的迅速失败

正德之后,"寓兵于漕"的实践基础——漕军,军事性质急剧退化,战斗力锐减,逐渐沦为一种徒有"军"之名的普通劳役。正德六年(1511),山东、河南境内爆发了刘六、刘七起义,爆发的地点正当漕河沿线,此时在附近参与漕运的漕军有万人以上,但这些漕军不但没有起到镇压起义和护卫漕河的作用,反而"错乱无次,不相救援",被起义军杀伤无数,漕船被焚毁的达"一千五百五十二只"①,此数超过当时漕船总数的十分之一,直到嘉靖初年,损失的漕船还没能补齐。由此一役可以看到,漕军的战斗力锐减已经达到惊人的程度,其军事性质已经趋向于无,以漕军为基础的"寓兵于漕"难以为继。

以正德一役为分水岭,之后漕军"全不知兵,敌器咸成戏具",再也起不到拱卫漕河和参与运河沿线各种军事任务的作用,反而需要其他军事力量的保护,军事素质的退化越发不可收拾。嘉靖十九年(1540),江南漕船从孟渎渡江,被江阴大盗黄艮、秦璠"劫舟粟七艘,杀运军数百人";② 同时期的一条禁令规定沿河的军民、弓兵、官校等不准集众抢夺运军的财物③,可见当时的漕军连沿河居民和强盗的骚扰都无法抵挡,指望如此疲弱的军事力量去支撑统治者"寓兵于漕"的策略,无疑是缘木求鱼。

嘉靖中期之后,明政府基本没有再调拨漕军参加任何军事行动,漕军只从事基本的运粮任务,其军事功能丧失殆尽。尽管在嘉靖以后有一些官员仍想重振漕军的军事素养,建议操练漕军,"教以兵法,角以艺能,总计全漕可得胜兵十万人"④,但这种愿望难以实施,漕军的军事性质一去不返,"寓兵于漕"沦为空谈。明末李自成农民军攻破北京时,漕军未能起到丝毫作用就是一个明证。明亡之后,清朝统治者将前朝的漕运制度大多沿袭,但对军队漕运制度却做出了调整,将漕运的主要承担者由国家正规

---

① 席书、朱家相:《漕船志》卷 6《法例》,方志出版社,2006 年标点本,第 99 页。
② 王在晋:《通漕类编》卷 5,《四库全书存目丛书》史部第 275 册,齐鲁书社,1997 年影印本,第 365 页。
③ 李东阳、申时行等:《大明会典》卷 27《户部寸四》,(台北)新文丰出版社,1976 年影印本,第 524 页。
④ 王在晋:《通漕类编》卷 4,第 342 页。

军队改革为只有少量军事性质的旗丁率领大部分招募的水手组织，也是对明代"寓兵于漕"的否定。

三 "寓兵于漕"失败的原因考察

明王朝"寓兵于漕"最终失败的原因是错综复杂的，既有漕运制度固有弊端的原因，又和明代卫所军事力量的衰败息息相关。笔者试从以下几个方面分析探讨。

其一，繁重的漕运任务使"寓兵于漕"的基础——漕军无暇进行军事训练，导致军事能力大大削弱。明代的漕运方式几经变革，由支运到兑运，最终在成化时演变为大规模的漕军长运法。实行长运法之后，漕军每年十二月就要驾船开赴规定的水次码头进行交兑，然后历经艰辛，北运赴京，到次年的十月之后方能回营，因为运粮任务没有轮番，回营后"席未暖而官司已点新运矣"。① 如此一来，漕军一年中平均有十个月以上的时间都在运输途中，基本"无一日不在运中"，在卫所的时间极短，根本没有足够时间进行军事训练，战斗力自然也得不到保证，而且年月越久，战斗力下降越严重。有官员就此问题曾提出可以在运途中乘暇操练，"或遇守闸阻风，乘暇训练，教以击刺之术，作其勇敢之气"。② 实乃一厢情愿的想法，操练军队需要足够的场地和兵器，而且也需要保持连续性，在漕运途中显然不具备这些条件，他的建议最终也没有得到朝廷的采纳。漕军缺乏军事训练的问题始终没有得到解决。实行军运和长运是明代漕运区别于以往各代的两个显著特点，但其后果之一就是十余万漕军整年忙于漕运，缺乏最基本的军事训练，而且这种后果随着时间的推移越发严重，最终导致漕军官兵"全不知兵"，军事功能全无，不能支撑朝廷"寓兵于漕"的设想。这种恶果由明代漕运制度自身特点决定的，零星的补救措施根本无法解决，所以比起其他在营的卫所军队，漕军的军事功能率先衰败，这也是明代"寓兵于漕"失败的最主要的原因。

其二，窘迫的生计不能保证漕军的军事战斗力。在实行兑运法之初，

---

① 王宗沐：《乞优恤运士以实漕政疏》，陈子龙等《明经世文编》卷343《王敬所集》，中华书局，1962年影印本，第3678页。

② 王在晋：《通漕类编》卷4，第343页。

因为漕军的报酬和待遇较为丰厚,所谓"居有常粮,运有行粮,米有定数,数有加耗,领有长,长有总,许载私以济其费,道设医以察其病,无外征,无他役"①,而且有司执行得也比较好,所以广大漕军"一时饶盛",有着坚实的后勤保障,此时漕军的军事性质也是保持较好。正德以后,由于"漕政久弊"局面的出现和官僚政体的急剧腐化,漕军困苦不堪,运粮的报酬被各方侵夺。如漕军在营有赡运田,但中叶之后就多被势豪和军官侵占;行粮和月粮是维持运军及其家庭最基本的生活物资,但多不能按时发放,被贪官污吏侵扣的现象更是比比皆是。再如轻赍银,本是耗米的部分折银,作为运途中的"盘剥之资","为漕军之物",但在正德之后,轻赍银被明政府和各级贪官污吏贪污挪用,成为政府支配费用的一部分,漕军能拿到手的微乎其微;另外漕军还要承担沉重的赔补责任,如在运途中发生漂流和守冻等事故,就必须以运军的行粮、月粮及轻赍银来赔补。凡此种种,不一而足。漕军受到如此沉重的剥削和压迫,生计没有任何保证,维持每年的漕运任务已经非常勉强,再被要求保持足够的军事战斗力显然是不现实的。窘迫的生计致使漕军终年在贫困线上挣扎,无怪乎军事作战能力迅速退化。

其三,漕军队伍的构成也发生了变化。在实行军运之初,漕军成员全部是来自各卫所的正军,余丁和军余只负责耕种屯田和办理船料银。但由于粮运任务的繁重和生计的日益窘迫,底层漕军不堪重负,逃亡的现象越来越严重,如成化时,"徐州左卫及凤阳中、右,留守左、中,怀远六卫运粮旗军逃亡者多,该运遗累于人"②。弘治年间,江南、江北、直隶及南京等六总漕军逃亡者达 14000 余名,占漕军总人数的八分之一强。③ 隆庆、万历时,南京把总下的贫窘军士"过半逃亡",随船的军士"十缺三四"。④ 面对如此大数额的缺额,明政府一方面全力追捕逃亡,一方面设法补足,选补的来源主要是各卫所的其他差役军士和余丁,如仍然不能补足就只有雇人代运。明代选补漕军的一个重要原则就是以家境比较富裕的上等户充任,但由于中叶以后吏治的腐败,在实际选补时卫所各级官员多收

---

① 杨宏、谢纯:《漕运通志》卷 4《漕卒表》,第 77 页。

② 《明宪宗实录》卷 120,成化九年九月乙巳,"中央研究院"历史语言研究所,1962 年校勘本,第 2361 页。

③ 杨宏、谢纯:《漕运通志》卷 8《漕例略》,第 137 页。

④ 王宗沐:《条为议单款目永为遵守疏》,陈子龙等《明经世文编》卷 344《王敬所集》,中华书局,1962 年影印本,第 3693 页。

受贿赂，“卖富差贫”的现象非常严重，“富室买求闲役，苦差偏索贫军”。如此一来，大量的贫困军士就进入了漕军队伍。而当卫所的杂差军士和军余仍不够补足缺额时，雇募民户运粮就成为一种必然选择，这种情况在弘治时就已经出现，因正军逃亡数多，管运官旗只好“雇觅游食光棍凑数”。① 正德以后“雇夫捜运”的现象更加普遍，当有正军逃亡时，有司“不思勾补，乃以军粮募市人代驾”②，由于雇募之人渐多，这些人还有了一个专门的称呼——“外水”。至明末，甚至有一船除了一名旗甲外，“皆是雇倩无籍之徒”。③ 雇民人代运本是一种权宜之举，但由于漕政的败坏，这种权宜之举却成为选补缺额的主要手段之一，许多市井无赖被吸纳进了漕军队伍。这样一来，明中叶后，漕军队伍的构成发生的重大的变化，有一定经济基础的正军越来越少，与之相对的，大量的贫窘军士和雇佣的民人充斥其中。这些人只指望在漕运途中尽量多地赚取钱粮，维持生计，自身毫无军事素质可言，一旦有事则弃船逃走。想要由这些人组成的漕军队伍还保持作战能力显然是不现实的。

另外，兵器缺乏也是重要原因之一。任何军事力量要保持作战能力必不可缺少兵器，但主要负责漕运的漕军虽有“军”之名，在粮运时却是不携带兵器的。只有在紧急的情况下才暂时发给兵器，加强武装，如正德年间漕河沿岸间发生农民起义时，明廷下令“各于本卫军器局内每船给与盔甲拾副，弓箭五副，枪刀五件，铁铳五把，如有不敷，卫所措置，过淮之时差官验讫”。④ 这种亡羊补牢的措施在危机解除、军事形势趋向缓和后又很快取消，一切依旧。明末的王鸣鹤就称“今尚沿袭故弊，未加振刷，既不实军又不备器械”⑤，可见漕军随船携带兵器之举在正德一役后并没有沿袭下去。漕军长期缺乏兵器就不能持械训练，导致战斗力随之大减。

结　语

明代“寓兵于漕”的愿景是值得肯定的，借助于漕军这一军事制度与

---

① 杨宏、谢纯：《漕运通志》卷8《漕例略》，第137页。
② 王在晋：《通漕类编》卷4，第343页。
③ 孙承泽：《春明梦余录》卷31《吏部二》，北京古籍出版社，1992，第644页。
④ 张学颜：《万历会计录》卷35《漕粮额数》，书目文献出版社，1995年影印本，第1110页。
⑤ 王在晋：《通漕类编》卷4，第343页。

漕运制度的结合体，不但能保障被明王朝视为国家命脉的漕运的稳定，而且也使明王朝掌握了一支游走于运河上的有相当规模的机动军事力量，可以快速补充、应对和参与各项军事任务。但要使"寓兵于漕"由设想到真正实现离不开一个必要的条件，即漕军队伍必须要有稳定的作战能力，这又进一步要求漕军队伍有正常的军事训练和充足的后勤保障。在实际运行中，这些要求恰恰与明代漕运制度和漕政弊端产生本质的对立，导致漕军在完成漕运任务和保持军事作战能力这两点上不可兼得的局面。最终，数量庞大的漕军队伍常年为漕运疲于奔命，不但连最基本的军事训练都不具备，而且生计窘迫，只能维持最基本的温饱。正德之后，漕军只有"军"之名而无"军"之实，彻底转变为一个专为明王朝繁重的漕运任务服务的劳役群体，指望这样缺乏军事训练和后勤保障的劳役群体去支撑最高统治者"寓兵于漕"的愿景实在是南辕北辙。嘉靖之后，明政府也基本放弃了"寓兵于漕"的实践，只督责漕军群体专一完成漕运任务，这也是对"寓兵于漕"设想失败的无奈承认。

值得注意的是，漕军军事能力的退化并不是单独存在的，在明中叶之后，随着内忧外患的愈加严重，明王朝的最根本的军事制度——卫所制受到前所未有的冲击，卫所军事力量迅速衰败。漕军组织作为卫所军事力量的一部分也必然会受到这个趋势的影响。而由于漕军自身的特殊性，其军事能力的退化和衰败又大大领先于其他卫所军事组织。这是明代政权不同制度之间掣肘和抵牾，以及产生矛盾后仍不知变通和因循守旧的必然后果。正如正德时漕运总督邵宝在漕军遭受农民起义军痛击后，向朝廷争辩的那样："（漕）军无完伍，船无定具，料无完价，口无完粮，身无完衣，弃远父母妻子，终岁勤动，不得休息，加以繁科重敛丛于一身，如此而责其死力，可乎？"①

---

① 邵宝：《举纠漕运官状》，乾隆官修《名臣奏议》卷 13，《丛书集成初编》第 31 册，（台北）新文丰出版社，1985 年影印本，第 441 页。

The Practice and Failure Reasons of *Putting Soldiers in Canal Transport* in the Ming Dynasty

Li Xiang

Abstract: The Ming government made more than 100,000 regular troops in canal transport. It not only reduced the civil transport considerations, but also had political and military considerations of *putting soldiers in canal transport*. *putting soldiers in canal transport* meant that the transportion army carried grain in peacetime, carried out certain military training, and can be transformed into a military force with scale and combat power at any time when it has military tasks. The Ming Dynasty's *putting soldiers in canal transport* achieved a certain degree of effect in practice, but soon it tended to fail. The main reasons for the failure of *putting soldiers in canal transport* are the heavy task of transportion army, the general livelihood embarrassment, the change of team composition and the lack of weapons. The failure of the Ming Dynasty's *putting soldiers in canal transport* was not only related to the overall decline of the military strength of the defence post in the middle and late Ming Dynasty, but also closely related to the drawbacks of the canal transport system and the canal transport system.

Keywords: Ming Dynasty; Putting Soldiers in Canal Transport; Transportation Army

（责任编辑：胡克诚）

漕粮赈济：考察清代社会治理的一个视角[*]

吴　琦^{**}

内容提要　清代漕运已不再局限于供食京师，朝廷通过截留拨运的形式，把即将起运或已经起运的漕粮，部分或全部留于本省或运赴他地，用于地方赈济。清代漕粮赈济表现出一系列特点：多途并用，赈粜为主；各朝施赈的力度呈马鞍形分布，乾隆朝最盛；有制度保障和程序可循；漕粮赈济的受益地区十分广泛，遍及包括中部以东的从北到南的所有地区。截漕赈济有效地解决了被灾地区的民食供给和社会秩序的稳定问题，从更深层面考察，这一举措反映了清代统治者社会治理的观念变化与手段成熟。然而清代漕粮赈济不能简单视为朝廷善政，作为一种物质资源，漕粮始终受制于集权的控制，取决于集权者的意志，因此漕粮赈济并未突破传统赈灾体系的窠臼，形成完备的社会救助体系。

关键词　清代　漕粮赈济　社会治理

社会治理是一个新的概念，属于国家治理的重要方面，其本质在于通过国家职能的发挥，协调和缓解社会矛盾与冲突，解决社会问题，维持特定时代的社会秩序。据此理解，中国历朝历代都存在各具时代特征的社会治理。

清代，漕运已经不再局限于供食京城皇室、百官、驻军等的功用，用途十分广泛。本文所关注的是清代漕粮的赈济一途，分析清代漕粮赈济在

---

* 本文为国家社会科学基金重点项目"清代漕运对区域社会环境影响的实证研究"（14AZS012）的阶段性成果。

** 吴琦，历史学博士，华中师范大学历史文化学院院长，教授、博士生导师，主要从事明清史、漕运与中国社会研究。

灾荒的救助中，采取的方式、表现的特征、发挥的作用，及其所反映的统治者社会治理的观念变化与社会调控能力，揭示漕粮赈济的意义与本质。学术界对于漕粮赈济一直有所关注，但相关研究成果主要揭示漕粮赈济现象、事例及其社会作用。[①] 转换视角，清代漕粮赈济当有更多的考察空间。

一　截拨：清代漕粮赈济的实现形式

赈济，意指用财物赈灾济民。清代赈济既有官方组织的，也有民间组织的，当然也包括家族或个人的日常善举。官方赈济在规模、范围、实施方式及组织协调方面，远甚于民间赈济。无论是哪个层面的赈济活动，粮食一定是赈济活动的主要物资。清代的漕粮赈济，顾名思义，就是将漕粮用以灾荒救济。清代，利用漕粮开展灾荒救助的举措包括两个系列：一是截拨漕粮，有组织的、主动的施赈，这是本文讨论的主题；二是通过蠲缓改折等形式，缓解灾歉压力，减轻负担，稳定秩序。

清代漕粮赈济主要通过截留的形式实现，截留即指各地漕粮即将或已经起运，遇有特殊需要，部分或全部漕粮或截留本省，或运往他地。截留的漕粮有多种用途，然考诸史籍，其主要用途还在于地方赈济，或实仓，或放赈，或平粜。以下依据《漕运则例纂》《孚惠全书》《户部漕运全书》（光绪版）《东华录》等文献制作"各直省截拨漕粮统计表"，旨在反映清代各直省漕粮截留赈济状况。

各直省截拨漕粮统计表[②]

年份	漕运省份	截拨粮额（万石）	截拨地区	用途	备注
康熙三十（一?）年		20	陕西西安、凤翔二府	赈恤	灾荒

---

① 学术界关于漕粮截拨赈济的研究，大体从 20 世纪八九十年代开始，学人们着力于揭示漕运的社会功用，如殷崇浩、吴琦等。21 世纪以来，这一领域的研究趋于细化，学人们从具体区域、时段、人物、举措方面开展了个案或专题的研究，如李德楠、胡梦飞、王聪明、方晓伟等学者的相关研究成果，而吴琦、肖丽红、杨露春等著《清代漕粮征派与地方社会秩序》（中国社会科学出版社，2017）则有专门章节系统论述清代漕粮截拨与赈济问题。

② 表中列举的漕粮截拨均是漕运途中或第二年该运而未开运的截拨事例，已经入京通仓和天津北仓的漕粮调拨不在此中。

续表

年份	漕运省份	截拨粮额（万石）	截拨地区	用途	备注
康熙三十一年	江南太平等帮	20	山西蒲州	备贮	
康熙三十七年	山东、河南	各受灾地每地 1 万石	保定、霸州、固安、永安、大城、永州、安州、新安等	存贮	水灾
康熙三十八年		10	江苏江北	减价发粜	灾荒
康熙四十二年		2	山东济宁州、兖州等府	赈济饥民	南巡见民有饥色
康熙四十七年	江苏、安徽、浙江	23	江苏、安徽、浙江	平粜散赈	各省截留己用，其中江苏 10 万石，安徽 5 万石，浙江 8 万石
康熙四十九年	江苏镇江、松江，浙江湖州	30	淮扬所属各县、福建泉州、漳州	赈灾	水灾、旱灾
雍正元年	江西尾帮	20	山东兖州等地	赈灾	旱灾
雍正三年	湖北湖南米截留在天津	13	京畿地区	平粜和赈灾	水灾
雍正四年	通仓	2.5	保定	平粜和赈灾	
雍正九年	湖广、江西	30	山东济南、兖州、东昌三府	存贮、平粜和赈灾	水灾
	河南、山东及其他	120	直隶、山东、河南	赈灾、救荒	水灾、旱灾
雍正十一年	浙江	10	浙江杭州、嘉兴	存贮、平粜	虫灾、水灾
乾隆三年	湖南	13	北仓	及早回空不误来年漕运	
	安徽	6.9 余	安徽	赈恤平粜、豫筹存贮	
乾隆四年	江苏	20	江苏	赈恤平粜	
		20	北仓	存贮以备不需	京畿雨水不足，二麦歉收
乾隆六年	江苏、安徽、浙江	80	江苏、安徽、浙江	赈恤	三省去年都有偏灾
乾隆七年	江广	7	江苏淮安、徐州	赈恤	水灾
	山东、上江（安徽）、下江（江苏）	100 余万	山东、上江（安徽）、下江（江苏）	存贮、赈恤	水灾、歉收

年份	漕运省份	截拨粮额（万石）	截拨地区	用途	备注
乾隆八年	浙江	10	福建	存贮以备不需	
	江苏、安徽、浙江、江西、湖南、湖北	100	江苏、安徽、浙江、江西、湖南、湖北、福建、广东、广西	存贮以备不需	京通仓储充裕，各省仓储不足
	山东	8	山东	预备仓储以备平粜	山东偏灾
乾隆九年		24 余	山东	赈恤和预备仓储	受灾歉收
乾隆十年		20 余	天津	预备仓储以备不需	
	江苏	20 余	江苏徐淮海地区	赈恤和预备仓储	灾荒
乾隆十八年		20	天津	分贮以备用	
乾隆二十年	湖广、江西	30	江苏	分拨收贮以备将来赈恤	灾荒
乾隆二十一年	江苏、浙江	10	江苏、浙江	减价平粜	明年南巡恐江浙地方钱米涨价
乾隆二十二年	江苏徐州	2.04	江苏徐州	平粜	地方积欠
	河南	10	河南	预储以备赈恤	水灾
	湖南	15 余	河南	赈恤	河南多地灾荒
		20	江苏徐、淮、海三属	赈恤和平粜	江苏三地连年受灾加开修河道
	江苏	5	安徽	接济平粜	安徽多地开修河工
	江苏、江西、浙江	71	天津	及早回空不耽误来年粮运	
乾隆二十四年		80	直隶天津、景州等地	预备存贮和赈恤	运河北河水弱，粮船过多，不便运至京通
乾隆二十六年		8.3	天津北仓	赈恤和平粜	秋雨过多导致水灾
	河南	河南当年应运所有漕粮	河南	赈恤和平粜	水灾
	山东	10	山东	赈恤和平粜	水灾

续表

年份	漕运省份	截拨粮额（万石）	截拨地区	用途	备注
乾隆二十七年	江苏、浙江	20	江苏、浙江	平粜	防止皇帝南巡导致驻跸地物价上涨
	漕运尾帮	50	直隶	预备存储	直隶多地雨水较多有受灾可能
乾隆二十九年	河南、山东	15	直隶	赈恤	水灾
乾隆三十年	江苏、浙江	20	江苏、浙江	平粜	防止皇帝南巡导致驻跸地物价上涨
乾隆三十五年		20	直隶天津北仓和受灾州县	分贮和赈恤	北运河水浅，粮船难行和直隶受水灾
乾隆三十六年		50	直隶受灾州县	赈恤	水灾
乾隆三十九年	江苏	20	江苏淮安	赈恤和平粜	水灾
乾隆四十年	山东、河南	10	天津北仓	平粜	防止受灾导致的物价上涨
乾隆四十三年	江西、河南	30	河南	赈恤	水灾
乾隆四十四年	安徽	3.5	安徽	平粜	水灾
	江苏、浙江	20	江苏、浙江	平粜	防止皇帝南巡导致驻跸地物价上涨
乾隆四十五年		30	天津北仓	赈恤	水灾
乾隆四十六年	江苏	10	江苏崇明县	赈恤和平粜	风灾和海潮灾
	江苏	5	江苏徐州	赈恤和平粜	水灾
乾隆四十七年	江西	30	山东	赈恤	水灾
	江苏	8	江苏徐、淮、海三地	赈恤	水灾
		9万余	直隶	补直隶各地仓储之不足	
乾隆四十八年	江苏、浙江	20	江苏、浙江	平粜	防止皇帝南巡导致驻跸地物价上涨

年份	漕运省份	截拨粮额（万石）	截拨地区	用途	备注
乾隆五十年	山东、河南	30	河南	补河南各属仓储不足	
		20	山东济宁、聊城水次	分贮以备不时之需	雨灾导致歉收
		10	江苏	赈恤和平粜	徐、淮、海三属受水灾
		15	安徽	存贮备用	水灾、旱灾
		10	直隶	赈恤和平粜	水灾
	江西	28	江苏	赈恤和平粜	淮安、江宁、扬州、常州、镇江等地旱灾
乾隆五十一年	河南	3.19余	河南	赈恤	归德、陈州等地旱灾
乾隆五十二年	浙江	浙江台州九帮应运漕粮	福建	平粜以接济军需	作为平定台湾农民起义的军费，平定后原额归还浙江
乾隆五十七年		70	直隶、河南	赈恤	直隶、河南多地旱灾
乾隆五十九年	江广	60	直隶	赈恤	直隶多地旱灾
嘉庆三年	湖南	13.47	湖北	兵耗所需	
	江西	40	山东曹、单等十州县	粜卖	曹汛漫口，水灾
		12.796	河南睢州等九厅县	抚恤赈济	
嘉庆五年	湖北	2	郧宜两处	驻防兵米	
	铜山等州县	4	徐州府属之萧砀等县卫	散赈	被灾，邵家坝兴工，粮价增
	湖北	12.77	湖北	赈恤	歉收，农民暴动
嘉庆六年	湖北	4.78	湖北	充实军粮	
嘉庆八年	山东	13	山东菏泽等州县卫	赈济	水灾
嘉庆十二年	江西、湖南并宿州二等十三帮	20	江南	平粜	河口浅阻，未能及时渡黄
嘉庆十六年	杭严头二海宁所等三帮		北仓		帮船受伤过重

续表

年份	漕运省份	截拨粮额（万石）	截拨地区	用途	备注
嘉庆十八年	江西	4	河南河北三府及开封府	赈恤	
	江西	2	山东济宁、东昌二府	平粜	
嘉庆二十四年	江西		河南、山东		
	泰安等闸内三十八州县	10.3667	山东被淹各属	赈恤	水灾
道光二年	常镇两属	4	江宁	兵匠恤孤	
	江宁所属江浦六合及安徽附近州县	2			
道光三年	山东、河南	18 余	直隶	赈恤	直隶水灾
道光六年		5	直隶	赈恤	直隶大名府旱灾
道光六年	江广	60	江南、山东	赈恤	
道光十八年	江南上元、南陵、芜湖、东台等地	0.4546	江淮、兴武、凤阳帮丁行月等米		
道光二十年	安徽太湖、泾县、合肥、舒城、庐江、巢县、天长	1.38	安庆各帮行月等米		灾缺
道光二十二年	江苏	2.59			灾缺
咸丰二年	湖南、江西	30	江南	赈济	水灾
	江西	30	山东	赈恤	
咸丰三年	湖南	2 余	湖北	充饷	应曾国藩之请，湖北兵勇乏食
咸丰四年	山东	应运漕粮全部变卖，每石合1.4两		折银充军饷	农民起义导致运河梗阻
咸丰五年	江苏苏州、松江等	20		充军饷	
咸丰五年	河南荥阳等十二州县	5.03	河南兰仪等六县	赈恤	水灾（除济源县已解本色4600石备展赈外，余着按照每石1.25两折银报解，散给被水灾民）

年份	漕运省份	截拨粮额（万石）	截拨地区	用途	备注
咸丰九年	河南	5	胜保军	易银充军饷	
咸丰十年	江苏	20.4	浙江	平粜	浙江因为兵灾导致米价昂贵
咸丰十年	浙江	约30	浙江	充作军饷及兵食	要求第二年补上
同治五年	江苏	江苏江北应征漕粮除1.4之外	江苏	充江宁各标军饷	
同治六年	江苏、浙江	10	直隶天津北仓	赈恤	海运漕粮
同治七年	山东	18	山东沿河一带及济南滨州等	赈恤	水灾
同治七年		3	直隶	充作兵食	应李鸿章所请
同治十年	江苏、浙江	8	直隶	赈恤	直隶天津、保定等地水灾
同治十一年	江北	10.58余	直隶	赈恤	直隶多地水灾
光绪二年	江苏	1	江苏江北	赈济	旱灾
光绪四年	湖北、江西、江苏、江北、浙江	23	山西	赈济	旱灾
光绪九年	湖北	3	湖北	赈济	水灾
光绪十三年	河南		河南郑州		黄河决口，留漕折银
光绪十四年	山东	5	河南		
光绪十八年	山东		山东	赈济	新漕全截留
光绪十八年	江苏江北	5	江苏镇江府属	赈济	旱灾
光绪十八年	江苏江南	3	江苏宁、扬	赈济	旱灾
光绪十九年	山东	6	山东	赈济	
光绪二十四年	江苏	8	江苏淮、徐、海各属	赈济	
光绪二十六年	江安	10余	山西	备赈	被旱、粮价贵、太后巡幸太原

资料来源：上表由康熙朝至同治朝据《漕运则例纂》卷18、《孚惠全书》47至50卷、光绪《钦定户部漕运全书》卷70至71等制作；光绪朝据《东华录》等制作。

　　根据表格内容，清朝漕粮截拨大体包括五方面的用途，一是赈灾，截拨在运漕粮赈济被灾地区；二是平粜，截拨漕粮平价出售，稳定灾荒之后粮价。[①] 三是补充地方仓储不足，地方的常平仓等因救灾或者积欠导致储量不足，截拨漕粮用于补充。四是因为运河浅阻或洪水泛滥，不利粮船航行，对于路途遥远、不能按时运至京通二仓的漕船，朝廷采取变通的方式，截拨至天津北仓卸载。五是截拨漕粮充食军饷。截漕的最大用项一为直接灾赈，二为放赈平粜，三为实仓备赈，三者皆可视为漕粮赈济。

自然灾害不可预测，所以备防和赈粜成为官府应对灾害的主要方式。表中统计反映，漕粮截留直接投放灾区施赈的数量巨大。漕粮赈济的地区主要在运河及长江中下游一线，一方面这些地区灾害最频，另一方面，官府兼顾了漕粮转运的便利问题。漕粮截留之后，或留于本省，有运拨其他地区。漕粮的截留数量取决于灾害程度和受灾面，所以从漕粮截留状况大致可以窥见被灾状况之一斑。清代是中国历史上灾荒发生最为频繁的时期之一。学者李向军通过对于清代荒政的研究，认为：有清一代，"最大的灾种是水灾，占全国灾况的 56%。水灾主要发生在江苏、直隶、山东、安徽、湖北、河南、浙江等省。其次是旱灾，占全部灾况的 32%。直隶、山东、甘肃三省是重旱区，浙江、江西、江苏、河南、湖北、陕西、安徽等地次之"[②]。据此研究成果可以进一步推见，清代水、旱二灾的重灾地区多为有漕省区。

清代，朝廷预测和抵御自然灾害的能力仍是有限，导致灾害发生的频率高、规模大，而且往往破坏程度深，造成大量的人员伤亡和财产损失，普通民众在重大自然灾害面前无能为力，需要政府组织救灾活动。而能够迅速筹措大量的粮食，则是救灾的重中之重，正所谓"地方荒歉，民间乏食，全以多筹米粮为要"[③]。除地方仓储所贮存的粮食外，截留漕粮也是保证地方供粮的有效手段。漕粮具有动态运输，机动性大，数量较多等一系列优点，转运、发放可做到快捷、便利、高效。漕粮的截留对于救灾的重要性清代学者已有充分认识，如《救荒策》云：当事之策"一曰留请上供之米。地方大饥，或有本地应解粮米及他处经过米船，不妨权留赈济，然

---

① 还有一种特殊方式的平粜，乾隆皇帝多次南巡，而南巡的驻跸地往往会因为皇帝的到来物价上涨，乾隆帝在南巡的前一年就下令江苏、浙江两地第二年的该运漕粮各减运 10 万石，用来平粜抑制驻跸地的粮价。

② 李向军：《清代荒政研究》，中国农业出版社，1995，第 131 页。

③ 尹继善：《奏请截留漕米以济民食折》，《乾隆朱批奏折》，乾隆十年九月二十二日，中国第一历史档案馆馆藏。

后申报，秋熟即行籴偿。在朝廷不过缓数月之粮，在百姓即活数十万人之命。虽以专制贾罪，又何伤哉！"①《康济录》也载有"目前救荒，简便应急，百方以思，莫如截留漕运之米为善"②。由此可见，清代朝廷上下、朝野内外对于漕粮截留的作用具有共识。

二 清代漕粮赈济的开展

官方组织的救济活动被称为荒政，清代救灾的主要方式和措施有平粜、蠲免、赈济、调粟、借贷、除害、安辑和抚恤等③，而漕粮截留主要用于赈粜等救济事项。除京师和畿辅地区以外，对于其他各直省地区，当地方发生因灾歉等原因造成民食缺乏或粮价暴涨等情况时，朝廷进入漕粮截留的议程，在权衡各方面因素之后下达具体的漕粮截留指令。

于朝廷而言，赈与粜都是解决灾歉的重要手段，但二者存在功效上的差异，并且在截漕的频次、数量等方面也多有差异，截漕赈济远甚截漕平粜。有清一代，在漕运制度不断完善的同时，朝廷通过集权的手段统一调配漕粮，以解决地方社会的灾歉问题，截漕施赈，充裕民食。清代后期因时局的变化和河道状况的恶化而导致朝廷调控与施赈能力衰退，但漕赈仍是朝廷解决灾情的重要举措。

空间上，漕粮赈济的地区主要集中于东部有漕省份，受益地区为京师、直隶、山东、河南、陕西、安徽、江苏、江西、湖北、湖南、福建、广东、广西、贵州等地，受益省区不只限于有漕各省，因此漕粮赈济绝非有漕区域的内部调剂，覆盖的地区几乎包括东部、南部和北部。清代漕粮惠及当时中国政治、经济、文化、社会发展的重要或重心区域。

清代漕粮赈济在乾隆一朝达到最盛。该朝乃是人们津津乐道的治世，在诸多方面确是清前期发展的一座高峰，诸如经济发展、人口增长、制度成熟、文治武功、治理手段多元等等，皆处于前所未有的发展状态与水平。漕粮在乾隆时期曾被大规模地用于地方的赈济，虽然漕粮赈济在客观

① 魏禧撰，俞森辑《救荒策》，《中国荒政全书》第二辑第一卷，北京古籍出版社，2004，第 13 页。
② 陆曾禹：《钦定康济录》，《中国荒政全书》第二辑第一卷，北京古籍出版社，2004，第 279 页。
③ 李向军：《荒政研究中的拓荒之作——清代荒政研究》，《中国社会科学》1996 年第 3 期。

上对于救灾济民发挥了极大的作用，但确反映了清代至乾隆时期统治者观念的变化、国家社会调控与治理能力的提升。

落实到实际的举措中，乾隆朝的漕粮赈济出现了巨大的增幅。据《清高宗实录》记载，康熙年间曾截漕 240 万石，雍正年间共截漕 290 万石，而乾隆元年至二十三年（1736～1758）已截至 1320 余万石①；据《清朝文献通考》的记载显示：即以乾隆十八年至二十七年（1753～1762）此十年中统计，截留漕米 540 余万石，平粜米 46 余万石②。根据笔者"各直省漕粮截拨统计表"统计，乾隆一朝 60 年中，共有 31 年实施过漕粮截拨，不少年份的截拨在两次以上，其中乾隆二十二年（1757）截拨 6 次，乾隆五十年（1785）截拨 6 次。如果我们把年截漕量在 50 万石以上视为巨量或者大规模③，那么乾隆年间有如下年份发生了大规模或巨量截留：乾隆六年（1741）80 万，乾隆七年（1742）107 万，乾隆八年（1743）118 万，乾隆二十二年（1757）123.04 万，乾隆二十四年（1759）80 万，乾隆二十七年（1762）70 万，乾隆三十六年（1771）50 万，乾隆五十年（1785）113 万，乾隆五十七年（1792）70 万，乾隆五十九年（1794）60 万。乾隆年间漕粮截拨的用途十分明确：赈恤、平粜、存贮，"赈恤"数量最多、频率最高，然而三者基本都是针对灾荒，特别是水灾。由于乾隆时期漕粮的相对充裕和官方对民生的关注，乾隆朝多次出现赈后加赈、粜后再粜的情况，体现出赈灾的连续性，而这种持续性的漕粮赈粜和源源不断的粮食输入，对巩固地方的救济成果至关重要。如乾隆五十一年（1786），山东部分州县被旱成灾，朝廷降旨赈恤，截漕 20 余万石，后因散赈米石需用甚多，即又将山东省乾隆五十年（1785）应征漕、豆及带征上年漕粮尽数截留，以裕灾区民食④。乾隆五十七年（1792），因直隶顺德、广平、大名三府入春雨泽短缺，麦收歉薄，降旨截漕 30 万石，以备借粜接济，后因缺雨地方较广，又增拨 30 万石漕粮于直隶，宽为筹备，以济民食。⑤ 乾隆朝成为历代借助漕粮解决社会问题最广泛和密集的时期，因

---

① 《清高宗实录》卷 555，乾隆二十三年正月丙辰。
② 《清朝文献通考》卷 37《市籴考六》，《景印文渊阁四库全书》第 632 册，台湾商务印书馆，1986，第 824 页。
③ 清代湖广的漕运总额为 25 万石。
④ 光绪《钦定户部漕运全书》卷 71《截拨事例·截拨赈粜》，《续修四库全书》第 837 册史部，上海古籍出版社，1995，第 487 页。
⑤ 光绪《钦定户部漕运全书》卷 69《截拨事例·截留拨运》，第 452 页。

而清代也便成为漕粮赈济最具成效的朝代。

清代漕粮赈济体现如下几个特征。

其一，多途并用，赈、粜为主。清代漕赈的方式有多种途径，或直接截留漕粮实施赈济，或截拨漕粮远距离赈济，或漕粮改折，或漕粮蠲免、缓征，或"预为筹备"，充实地方仓储，各种方式皆为赈灾欸，"舒民困"。赈济与平粜是最重要、最频繁的救灾方式。赈与粜皆针对灾荒引发的民食问题，但赈抑或粜？主要依据灾荒程度。如果灾荒导致民食无依，尤其是出现大量灾民聚集或流动，则直接以粮施赈；如因灾欸而致食粮不足、粮价波动，则放粮平粜①。档案材料记载："凡地方有灾欸之处，轻则平粜，重则赈济"②。因此，赈、粜之间，处置应当是有据可依的。赈与粜成为清代政府利用漕粮开展救灾活动最为常见的手段。

其二，各朝截漕施赈的力度呈现马鞍形分布③。清初，百废待兴，且湖广等省区的漕运处于恢复的过程，漕粮的数额、用途、时间等皆变动不居，漕运体系尚在建设之中，因此，漕粮用于他途比较有限，但呈现逐渐增长的趋势。不过，清朝建立伊始，荒政事务便已开展，顺康雍时期漕粮蠲免的救灾形式在制度中有明确规定，并在征漕中多有实践，顺治八年（1651）规定，"以四、五、六、七分为轻灾"，"八、九、十分为重灾"，此后漕粮灾蠲皆依此行事。④ 康熙朝曾实行漕粮普免。从清初到清中期，漕粮赈济呈现递增态势。乾隆时期以至嘉庆初年漕粮赈济高度密集，数量也达到更高的水平。嘉庆以后，漕粮赈济的频次和数量逐减，同时另一个重要变化是漕粮截留较频繁地用于兵饷，这一状况与嘉庆之后漕运积弊及社会问题的日益严重密切关联。

其三，漕粮赈济有制度保障和程序可循。清代漕粮赈济貌似随机截留与调拨，实则有制度的保障与施赈程序。京畿地区的漕粮赈粜，朝廷有一整套从京仓调拨粮食以及设厂赈粜的规定。而各省地方出现灾情急需救济

---

① 清代平粜尚有诸如粮食减产、囤积居奇、粮食商品流动等原因引发的粮价波动，并非皆由灾荒所致。

② 《乾隆朝户部题本》，鄂尔泰"遵旨议奏事"，乾隆八年七月十六日。

③ 吴琦、肖丽红、杨露春等：《清代漕粮征派与地方社会秩序》，中国社会科学出版社，2017，第187页。

④ 光绪《钦定户部漕运全书》卷2《改征折色》，第222页。

时，如果皇帝先期知晓，一般会直接下令截漕于地方；如果大臣奏报截漕之请，经部议后一般可获准行，即便未获准行，皇帝也会直接下令截漕。乾隆曾责备中央官员不体民情，不以地方民食为急务，而应像地方官员那样"入疆体民艰，截漕请以迫"，认为"斯诚符我意，肯令部议格"①。漕务、河道、地方等官员接到截漕通知后，往往迅速筹划，以期漕粮能够及早到达赈济地区。截漕过程中，官员须及时奏报进展情况，以便朝廷能够把握实情。如《乾隆朱批奏折》有载：乾隆十三年（1748），截留江浙漕粮运赴闽省，从署理两江总督奏报之日起到浙江提督总兵官奏报截留漕米全数到闽，仅历时四月，其间约有十份奏折上报此项事宜，保证了整个截漕调拨事项按照朝廷的预期推进。

其四，漕粮赈济的受益省区广泛。清代，有漕各省皆有截漕赈济之例，或本省或他省，但各省截漕的流向多有区别。从文献记载和统计的情况看，从北到南，各有漕省漕粮赈济的地区逐省增多。京、通二仓属于南漕北运的终点，二仓的漕赈主要用于京师和直隶地区的灾民或灾荒赈济。山东、河南属于最北部的两个有漕省份，其截漕主要用于本省或北方（包括直隶）的灾荒；江苏、浙江属于运河的中南端，其截漕赈济既包括本省的灾歉地区，又包括江苏以北运河沿线的各受灾地区、浙江以南的福建、广东等受灾地区，长江中下游的安徽、江西、湖北、湖南以此类推，除了截漕本省之外，主要截漕北方运河沿线、江浙以及其他灾赈地区。两湖地区的漕运道路最远，江西漕船行程最后，因此江、广漕运费时最长，机动性最强，其漕粮赈济的地区最多，包括一些无漕地区。如，乾隆八年（1743），广西收成不好，"湖广与广西接壤一水"，将截留湖南漕粮酌拨四万石运至广西，以备"明春粜济"②；同时，拨漕粮运至广东③；乾隆三十五年（1770），贵州已连续二年"俱未丰稔"，亟须平粜，而常平仓又常不敷，拨湖南漕粮十二万石于黔省平粜④。

---

① 彭元瑞：《清朝孚惠全书》卷 52《截拨裕食六》，《御制河南巡抚毕沅奏请截漕以备赈饥即允所请并志以诗（乙巳）》，《续修四库全书》第 846 册 史部，上海古籍出版社，1995，第 701 页。

② 《乾隆朝户部题本》，湖南巡抚蒋溥"钦奉上谕事"，乾隆八年十二月二十五日。

③ 《漕运则例纂》卷 18《截留拨运》，乾隆三十一年刻本，第 38 页。

④ 《清高宗实录》卷 863，乾隆三十五年六月甲午。

三 朝廷善政抑或社会调控？
——清代漕粮赈济的实质

清代漕粮被视为"天庾正供""朝廷血脉"，对于朝廷至重至大，从思想认识到制度规定，漕运必须遵守"例不蠲缓"① 的原则，即便遇有灾情，也须遵此原则，所谓"漕粮军国急需，即有灾伤，例不豁免"②。然而，从清代漕运的实际运行情况来看，这一制度的规定在执行层面发生了变化，朝廷越来越频繁地改变漕粮的属性及用途，漕粮改用他途主要在于防灾救灾，史载，"漕粮例不蠲缓，其有灾伤过重，地方全予豁除，或按数蠲免者，均系钦奉"③。"漕粮漕项例不蠲缓，乾隆二年题准，倘有被灾地方，令有漕督抚确堪实在情形，或应分年带征，或按分数蠲缓，临时具题，请旨遵行"④。可见，突破规制的限制，将漕粮大量用于赈济，是朝廷从制度到实践的一个重大改变，也是朝廷应对地方灾害、平复灾情的重大举措。

中国历代王朝均重视灾荒救济，因为灾荒问题关涉地方安全与社会秩序稳定。秦汉时期，为了减缓灾荒对于社会的破坏，主要采取救荒运输的对策，其主要方式是粮食储运。汉代朝廷建立了一个仓储网络系统，加强政府的社会调节机能，其粮储系统确实发挥了赈灾救荒的作用。汉代政府还经常组织较大规模的救荒运输，其中既有充实仓储以赈灾民，也有直接救荒运输。唐代，常规性的灾荒主要依赖地方开仓赈济，严重的灾害则以仓、漕并赈或调运"租米"赈济等形式，大规模的调运粮食赈灾在唐代并不乏例，但次数有限。宋代尤其是北宋时期，主要实行和籴的方法，并演变为代发制度，其本意乃为保障漕运总量的完成，但客观上减轻了灾歉地区的上供压力，对于赈灾具有一定的积极意义。元代，比较注重利用南方的富裕粮食海运至北方，用以赈济，同时通过代漕的形式，缓解灾歉地区的经济负担，类似于宋代的"代发"制度。

以上王朝的做法说明：其一，各代皆重视对于灾荒的赈济；其二，仓

---

① 嘉庆《钦定户部漕运全书》卷3《蠲缓升除》，嘉庆十七年户部刻本，第1页。
② 《漕运全书》卷2《漕粮原额·历年成案》，北京图书馆古籍珍本丛刊55，书目文献出版社，第47页。
③ 光绪《钦定户部漕运全书》卷3《蠲缓升除》，第234页。
④ 光绪《钦定户部漕运全书》卷3《蠲缓升除》，第235页。

储备赈与开仓放赈为主要方式；其三，以代发方式解决区域之间的不平衡或区域面临的突发问题。

明代，上述做法有了明显的变化，王朝在加强仓储体系建设的同时，进一步发挥漕粮的社会功用。明王朝十分强调漕粮对朝廷的重大意义，申明"至于京、通所贮漕粮，向无擅动之例"①。然而，在其荒政实践中，漕粮开始较多地用于赈济灾荒，或截留，或改折。例如，正德十三年（1518），南直隶、庐州、凤阳诸府发生严重水灾，户部将"留庐、凤、淮、扬并徐州兑运粮五万五千石并折粮脚价银四万两"，分拨庐、凤等府赈济。②万历二年（1574），湖广荆、岳等府发生严重水灾，抚臣赵贤请准，将公安、石首等五县"南、兑二粮照例改折"，用以赈济。③万历五年（1577），淮安、扬州、桃源等府水灾严重，户部下令将该地区漕粮改折一半，赈济受灾州县，"以苏民困"。④明代漕粮开始较多地用于赈灾，这与前代多有区别。如《明熹宗实录》记载："漕粮关系国计，先年太仓积贮有余，近因改折、截留，以致虚耗"。⑤

这些文献记载基本反映明代漕粮赈济的一般特点：一则漕粮至为重要，关系国之大计，不可擅动，但粮储丰盈有余则可用以救济；二则漕粮救济的方式以改折为主，兼及截留等。因此，明代基本遵循丰盈可用的原则，但更侧重漕粮改折。明代的漕折赈济有其时代特色，然其存在两个方面的问题：一是漕粮改折多是受灾当地应兑的漕粮，也即受灾地区仍承担了漕粮的缴纳，只是漕粮改折后用于当地的灾赈；二是漕粮改折增加了漕粮折银的环节，容易造成诸如粮价波动、粮食匮乏以及吏治腐败等问题。因此，漕运用以赈济的意识不断增强，但具体的实施过程中尚有诸多问题，这说明明王朝社会治理的认识与实践尚未达到周全或纯熟的层面。

清代，漕粮赈灾越来越频繁，区域也越来越广泛。从清代（尤其是清中期）大臣们的奏折中可以看到，漕粮赈灾几乎成为每年漕运中一项常规性事务。前文述及，漕粮赈济主要通过截留的方式达成，赈与粜这两种主

①《明神宗实录》卷 260，万历二十一年五月辛巳。
②《明武宗实录》卷 158，正德十三年正月辛丑。
③《明神宗实录》卷 29，万历二年九月癸酉。
④《明神宗实录》卷 69，万历五年十一月甲戌。
⑤《明熹宗实录》卷 34，天启三年五月丙午。

要方式的差别只在于灾歉程度的不同。此外，漕粮的蠲缓改折等均具有赈灾或纾缓地方灾情的作用。因此，清代的漕粮赈济目的更明确，主线更清晰。

清代漕粮赈济的变化可从两个方面理解：一是相对于之前各代的变化，一是有清一代的变化。清代自康熙至乾隆有一个渐变的过程，包括观念的变化、举措的变化乃至规制方面的变化。伴随着这一过程，清代的漕粮赈济越来越有序而全面。漕粮普免一共有四次，其中康熙朝一次，乾隆朝三次。① 漕粮普免既需要朝廷拥有丰裕的粮食储存，更需要统治者的魄力和体恤民情的心境。与此同时，康、乾二朝开展了两次大规模的截漕补仓活动，截漕实仓的数量不在少数。② 漕粮的蠲免和实仓虽非漕粮的实时赈济，但性质相同，并同样体现了统治者施政理念的新气象、新态度，以及宽舒民力的决心、全面调控地方秩序的信心。

当然，有清一代普免的案例十分有限。清代从康熙到乾隆逐渐全面展开的是漕粮赈济，清代漕粮赈济完全不同于之前历代漕粮赈灾的有限和无序，而是表现出了大规模、持续性和全面性。漕粮的截留，或赈或粜，截漕赈济的时空把握，皆体现出朝廷对于漕粮赈济的充分认识和娴熟运用，从中可见清代政府的国家治理理念的转变和社会调控水平的提升。

有清一代，诸帝在国家治理的理念方面，前后相承，各有特色。然而他们普遍认识到漕粮可以成为解决灾歉问题最有效的工具，其他的方式或途径均有局限，不及截漕赈济便捷、高效，且足额。如康熙四十六年（1707），浙江巡抚奉命赈济嘉、杭等处，然常平仓存米不足，奏请以捐纳补常平仓储，康熙谕令"浙省被灾州县亦照江南，着总漕桑额会同该抚截留漕粮赈济，何必捐纳"③，康熙认为"仓谷数少，未足便给，惟各州县截

---

① 康熙三十年谕："京、通各仓累年积贮之粮，恰足供用，应将起运漕粮逐省蠲免，以纾民力。除河南明岁漕已颁谕免征外，湖广、江西、浙江、江苏、安徽、山东应输漕粮，著自康熙三十一年为始，以次各蠲免一年。"（光绪《钦定户部漕运全书》卷3《蠲缓升除》，第235页）康熙朝的普免对于乾隆朝具有直接的示范意义。乾隆三十一年（1766），"湖广、江西、浙江、江苏、安徽、河南、山东应输漕米，著照康熙年间之例，于乾隆三十一年为始，按年分省通行蠲免一次"（光绪《钦定户部漕运全书》卷3《蠲缓升除》，第240页）。

② 一次是康熙五十八年（1719），于江西、湖广起运漕米内，截留四十三万石存储于江苏、安徽地方仓，二是乾隆六年（1741）截留江苏、安徽、江浙漕粮八十万石于各省存仓（彭元瑞：《清朝孚惠全书》卷47《截拨裕食一》，第659页）。

③ 蒋良骐：《东华录》卷20，中华书局，1980，第333页。

留漕米可以实惠及民"①。乾隆的认识更为深刻,且多落实到实践层面,其原因:一则历朝经验与教训的积累,二则清代百年的持续发展与社会稳定,三则乾隆时期有不少治理及社会问题逐渐显现,引发乾隆的深思。当然,诸多举措在时代的局限下效果如何,另当别论。对于国用与民食的关系,乾隆有过许多言论,总体认为二者一体,当然这一认识的实质是在保证国用充足的前提下,适度分配国用以解决民食问题。乾隆认为,"惟为民食留其有余,国用自无不足"②,其诗作也流露:"江北河以南,今岁率艰雨;淮徐既截漕,凤亳可忘补;况复接豫疆,池鱼殃更苦;驰谕经屡询,漕米乞截取;批诺不停时,俾救饥民普;司农尔莫惜,民庾即天庾"③。

清代运河全线贯通,虽然江、河运输仍存艰难,但基本满足了年复一年的大规模漕运的运行。有漕各省均为当时经济发达或较为发达的区域,依托运河一线和长江中下游,水运多有便利。如果将有漕区视为一个整体,该区域各省具有水运互通的优势,这一优势为水运调控提供了极大的便利。朝廷正是利用了江、河水运主干道,吸纳有漕区的粮物,并充分地进行调配,以解决有漕各省的社会问题。清朝统治者十分清醒地认识到江、河水道的意义,应该说,清代是利用江、河水道解决社会问题最为有效的朝代。

有学者认为,清代是中国古代荒政发展的鼎盛阶段,道光以后则收效甚微。④清代前中期荒政之盛,取决于统治者观念的转变,无论"实惠及民"或"民庾即天庾",都说明清代统治者把荒政放到相当的高度。值得重视的是清代统治者把漕粮作为解决灾荒问题的有效手段,直接改变了漕粮"天庾正供"的属性。对于清代大规模的漕粮赈济,我们总体仍视之为社会治理水平和调控能力的极大提升。漕粮用于赈济远离了漕运的初衷,但确实是朝廷通过自上而下的行政指令,迅速调拨大量粮食投放被灾地区实施救助的有效方式,在清代灾患频发的情况下,漕粮的赈济作用显得尤为突出和重要。清代的漕粮赈济确实发挥了调控粮食资源、稳定社会秩序的巨大功用。

清代的漕粮赈济具有局限性,尽管其大规模且持续、全面,赈济的过

---

① 《清朝文献通考》卷 46《国用考八·赈恤》,《景印文渊阁四库全书》第 633 册,台湾商务印书馆,1986,第 256 页。

② 《清朝文献通考》卷 37《市籴考六》,第 816 页。

③ 彭元瑞:《清朝孚惠全书》卷 52《截拨裕食六》,第 702 页。

④ 朱浒:《二十世纪清代灾荒史研究述评》,《清史研究》2003 年第 2 期。

程有序，但所有的漕赈都是通过截留实现的。所谓截留，一定带有临时、救急的性质。清代在征漕额度中，并无漕赈一项。因此，漕粮赈济一定是皇帝的特恩的结果，体现"皇恩浩荡"。在很多情况下，朝廷部议漕粮赈济实则障碍重重，反对之声不绝，最终以皇帝特旨允行。史载："向来各省督抚奏请截留漕米，若发部议，多以天庾正供为重驳议，是以历年截漕皆特旨允行。"① 时人一针见血指出，"凡遇被灾深重之年，截漕备用，乃出自皇恩，非可妄行陈奏"②。因此，清代漕粮赈济实则充满了不确定性，如乾隆九年上谕："国家岁转漕粟以实京师，乃备天庾之出纳，关系最重，或偶遇灾歉，万不得已而为截漕之计，仅可间一行之，岂遂视为常法？今内外臣工动以截漕为请，朕念切民依，亦屡次允从，出于一时之急济，其实京仓所贮虽可备十年，要仅为官俸兵粮所必需，若统为京师民人计，即一二年恐亦不足供支，况欲更分此以赈贷，直省何未之思也。"③ 这一段史料充分地揭示了清代漕粮赈济的本质：在确保朝廷利益至上的前提下，统治者通过截拨漕粮，进行资源的协调分配，以达到缓解地方灾情、化解社会矛盾、稳定地方秩序有力手段。清代漕粮截拨赈济从一个侧面反映出清王朝社会治理的手段运用已臻成熟，且具有较为明显的成效。然而，清代的漕粮赈济不能简单地视为朝廷善政，作为一种物质资源，漕粮始终受制于集权的制控，取决于集权者的意志，因此漕粮赈济并未突破传统赈灾体系的窠臼，形成完备的社会救助体系。

The Tribute Grain Relief: A Perspective of Investigating Social Governance in the Qing Dynasty

Wu Qi

Abstract: In the Qing dynasty, the tribute grain transport was no longer limited to serving the capital. The imperial court left a part or all of the tribute grain by means of interception and allocation, which was about to be shipped or

---

① 彭元瑞：《清朝孚惠全书》卷 52《截拨裕食六》，第 700 页。
② 姚碧辑《荒政辑要》卷 3《粜借章程》，第 788 页。
③ 彭元瑞：《清朝孚惠全书》卷 48《截拨裕食二》，第 664 页。

already shipped to a province or to other places for local relief. The tribute grain relief showed a series of characteristics in Qing China: using multiple approaches for relief, and the main way was selling grain; the relief efforts of each Qing courts took on a distribution of saddle-shape, and the Qianlong dynasty was the most prosperous one; having institutional safeguards and procedures to follow; the areas benefiting from the tribute grain relief were very extensive, covering all east of the central region from north to south. Through intercepting and allocating the tribute grain for relief, it has effectively solved the problem of food supply and social order stability in the disaster area. From a deeper perspective, this measure reflects the change of social governance ideas and mature means of the Qing rulers. However, the tribute grain relief cannot be simply regarded as the Qing court's good governance. It was always be controlled by the centralization of state power as a material resource, and depended on the will of the authoritarian. Therefore, the tribute grain relief has not broken through the shackles of the traditional disaster relief system, and not forming a complete social assistance system.

Keywords: Qing Dynasty; the Tribute Grain Relief; Social Governance

（责任编辑：胡克诚）

清嘉道时期旗丁粮米运输中船帮之争与社会冲突*

沈胜群**

内容提要 作为清代漕运重要组成部分，旗丁群体不仅是应役出运者，还负责雇佣舵工、水手等任务。此过程中，由运漕形成的事务时刻考验旗丁处理问题的能力，至嘉道时期，因自身生计与维护本帮需要，旗丁或船帮间往往发生争执或械斗行为。另，漕船“官差”标识也使丁舵等人在运河中嚣张跋扈，欺压民商船只，影响了运河内船只往来与商贸活动，由此产生社会冲突等问题亦不容小觑，一方面人为破坏了清廷厘定的漕运秩序，为宗教结社等活动提供可乘之机，另一方面频繁或大规模争斗行为，不利于地方社会稳定。无论何种影响，船帮间争斗与社会冲突都说明其既是一种社会现象，又是一个政治问题，间接反映了漕运制度运作中的纰缪，也进一步要求清廷优化运漕结构，以维持固有的漕运秩序。

关键词 旗丁 船帮之争 社会冲突 漕政

清开国之初，承袭明代成化以降卫所军户挽运漕粮的做法，不仅保留了涉漕卫所，改卫军为旗丁，而且把其他军种加入漕运中，形成身份复杂的旗丁群体。这些旗丁，一方面构成数目较大的粮米运输群体，成为法定

---

* 本文受中国博士后科学基金第64批面上资助（2018M643276）。

** 沈胜群，历史学博士，中山大学历史系助理研究员，主要研究方向为清代政治史、漕运史。

的运粮人，另一方面又肩负雇募粮艘上篙舵、水手等人之责，在清代漕运组织体系中发挥了不可替代的作用。粮艘航行中，船帮不免发生摩擦与冲突，这些争斗涵盖了整个运漕过程，从兑运粮米时丁舵对州县的勒索，到航行中与民商船只冲突，再到抵通交仓时吏胥对旗丁的盘剥，都有类似事件的发生，成为漕粮长运制下无法消弭的问题。

观学界对漕运史的研究，往往梳理群体流变、积弊治理，以及不法活动等①，缺乏群体间互动关系的考察。有鉴于此，本文以嘉道两朝旗丁粮米运输中船帮之争与社会冲突为切入点，爬梳事件发生与消亡过程，考量这种联结与互动对群体自身、地方社会，以及清廷政策三者间的影响，意在强调身份庞杂的漕运群体，不仅是粮米运输主力，亦是政府厘定漕运秩序的破坏者。其在运漕中激起的"涟漪"，在某些情形下，左右了清廷理漕政策制定与实施，成为漕运体系运转中不可忽视的力量。

一　嘉道时期漕粮运输中丁舵间械斗与船帮之争

清代漕船组织称为"帮"，一般每帮漕船十几只至几十只不等。每年漕运之初，旗丁驾船赴固定水次兑粮，各帮泊船有固定之所，不得越界。道光年间，赴河南督粮的李钧在日记中即载："各帮泊船均有地界，徐前后帮以任城帮占其泊船之处，具禀申诉，委内黄主簿郑长煦往勘"②。此事件的出现，一方面说明了旗丁泊船时抢占有利地界的客观事实，另一方面

---

① 如刘芸芳《清代粮船水手行帮发展之研究》（台湾师范大学硕士学位论文，2000）着重考察了清代粮船水手私货贸易行为，其认为清廷治理水手的政策在于防止其谋反；戴鞍钢《清代漕运盛衰与漕船水手纤夫》（《安徽史学》2012 年第 6 期）探寻了漕运兴衰对纤夫水手影响情况，尤详于清中期后漕粮海运的实行以及其后河运衰落，水手纤夫生存与去向问题；曹金娜《清代漕运水手研究》（南开大学博士学位论文，2013）梳理了漕运水手行帮出现与发展过程，以及秘密宗教信仰介入这一群体等情况。其《清代粮船水手械斗问题探析》（《农业考古》2013 年第 3 期）则具体考察了漕船水手械斗问题，认为械斗问题标志传统漕运基层社会的终结；杨杭军《嘉道时期的漕运旗丁若干问题》［《河南师范大学学报》（哲学社会科学版）1998 年第 2 期］阐述了嘉道时期由旗丁引发的相关问题，尤其是旗丁贫穷窘况，认为漕政官员等压榨是其贫窘一大原因；李俊丽《清代旗丁对漕粮的盗卖与掺杂》（《古代文明》2014 年第 3 期）关注了漕运旗丁在运粮北上过程中的一些"不法行为"。总而言之，以上文章从不同角度考察了运漕群体流变、积弊问题及其与漕运之间关系，且呈现出学科交叉研究趋势，但一定程度缺乏群体内部联结与社会互动的考察，为本文的研究预留了空间。

② 李钧：《转漕日记》卷 1《历代日记丛钞》第 45 册，学苑出版社，2006，第 361 页。

也反映了兑漕时的无序。此类事件的发生，清廷除加强管理外，及时调整泊船地也是常用办法。旗丁兑漕完毕后，驾船北上，按次序行进。如遇突发事件，可越次前行，否则会受到惩罚。

一般来说，山东省帮船在前，江西帮船最后①，粮船行进次序体现了涉漕各省据京路程的远近，也暗示了诸如江西等江南粮艘重运北上时的不易，清人王昶在其《春融堂集》中描绘了旗丁长途挽运的艰辛："长途兼患食货贵，转运渐致旗丁疲。兑交讵免肆娄索，县官缘以淆成规。水脚收费制画失，徒使胥役争侵欺。谁怜祁寒并暑雨，仅取糠秕充朝饥。"② 正是这样艰辛的运漕生活，要求旗丁和篙舵等人同舟共济完成运役。部分情形下，因过闸或盘坝，尽快抵通和回南，以及维护本帮的利益，各船帮间常常发生争执，甚至发生大规模的械斗行为。

总体来说，粮艘行进中，争斗事件的发生，一方面缘于篙舵等人系旗丁雇募，身份来源不定，容易滋事。另一方面也在于各帮水手间，有"习教之人，听其拜师授徒，联为夥党"③，常聚众闹事，扰乱正常的漕运秩序。清廷除敦促漕政官员严加管饬外，别无良策，此情形可在皇帝上谕中一观，道光五年（1825），道光帝为防范江西省回空各帮滋事，谕内阁曰：

> 本年帮船回次后，即令粮道督饬押运丞倅及各帮运弁，将水手人等，分别查造挂花名籍贯清册。每船取具联名甘结，分送各衙门备案，并责成各帮弁实力稽查……如由该管帮弁地方官先行举发，著免其失察处分，倘有徇隐消弭情事，即行严参。④

在实际处理中，皇帝谕旨下达之前，滋事的篙舵之人已杳无音信，稽查、追捕往往有名无实。为此，清廷只有通过不断重申严加管饬滋事之人，追究失察官员的办法来约束出运中的篙舵等人。道光十二年（1832）二月，

---

① 行船次序：山东德正帮；河南之通州、天津二帮；山东之济左、济右等九帮；河南之德左、临前、临后等八帮；江南帮船；浙江帮船；湖广帮船；江西帮船（详见《清代漕运全书》第1册，卷12《兑开限期》，北京图书馆出版社，2004，第667~686页；李文治、江太新《清代漕运》，社会科学文献出版社，2008，第127~128页）

② 王昶：《春融堂集》卷21《杏花春雨书斋集》，《续修四库全书》第1437册 集部，上海古籍出版社，2002，第567页。

③ 《清宣宗实录》卷80，道光五年三月辛亥，中华书局，1986，第297页。

④ 《清宣宗实录》卷86，道光五年八月丁巳，第386页。

道光帝得知浙江宁前等帮水手滋事后，谕内阁曰："有漕省份各督抚，责成粮道，督率所属各官弁，随时认真稽查，遇有守闸、守水停泊处所，将各帮水手花名、年貌，按册查点，平日留心默记。一有滋事之案，即可知为某帮某人，迅即会同地方官，立时查拿惩办。"① 道光帝的谕旨，有缉拿滋事水手、保证漕运秩序的决心，也有谆谆告诫漕运等官员要尽职办事的用意。然事与愿违，每年漕运中，各帮间旗丁、水手滋事事件仍不断发生。部分情形下，清廷不得不采取分割或调离的办法消除船帮间的争斗，如康熙五十七年（1718），清廷"题准，浙江省帮船，令分夹江南帮内，湖广省帮船，分夹江西帮内，使彼此势孤力薄，免致争斗"②。政府虽处心积虑地处理船帮间的争斗问题，但仍无法遏制各帮丁舵的械斗行为。如表1所示：

表 1　丁舵等人运漕中争斗（行凶）部分事例表

时间	事件	缘由	出处
嘉庆十四年	庐州帮水手在东昌（山东）械斗，伤毙多命	—	《清史稿》卷 376，第 11575 页
道光五年	浙江水手等，在嘉兴西丽桥水次斗杀	争驾新船	《清宣宗实录》卷 80，第 297 页
道光八年	浙江嘉兴白粮帮与台州前帮水手在通州刘格庄东岸聚众械斗，伤毙多命，将尸身抛弃	—	《清宣宗实录》卷 140，第 146 页
道光十五年	江南镇江前后两帮水手，藏匿刀具，施放火器，逞凶滋事	—	《陶澍集》上册，第 93 页

上表所举四例事件，或与旗丁有关，或有水手参与，都说明了漕运中的无序问题。观其争斗，争船或泄私愤等成为最常见缘由之一。相较于旗丁，漕运中水手争斗较为频繁，危害较大，且与宗教活动互为表里，道光五年（1825），御史王世绂在《请防粮船水手设教敛钱流弊一折》中提到：

　　据称各帮粮船舵水，设有三教：一曰潘安，一曰老安，一曰新安，所祀之神，名曰罗祖。每教内各有主教，名曰老官，每帮有老官

---

① 《清宣宗实录》卷 165，道光十年二月丁卯，第 554 页。

② 《钦定大清会典事例》卷 207《漕运·重运例禁》，《续修四库全书》第 801 册 史部，上海古籍出版社，2002，第 407 页。

船一只，供设罗祖，入其教者，投拜老官为师。各船水手，联名资助，统计三教不下四五万人，沿途纤手，尚不在此数。①

水手中带有宗教色彩组织的出现，使身份庞杂、来源不明的水手等人有了统一"归属"，尤其"各帮俱有头目，凡遇帮船争斗，得头目一言，水手无不听从"②的境况，使宗教逐渐成为笼络人心、维护群体利益的一种手段，也成为各头目纠集众人闹事的一个方式。

总之，嘉道两朝，因旗丁、篙舵等人数众多，且身份来源复杂，船帮或丁舵间争斗之事趋于严重化，其中尤以数目众多的水手为最，而宗教在此群体中的蔓延也加剧了争斗的态势，由此形成的社会冲突进一步破坏了清廷百般维护的漕运秩序，推动南粮海运的试行。

二 嘉道时期粮米运输中丁舵、商民间的争执与冲突

运漕中，运河上粮艘云集，绵亘数十里。商船、民船也沿河络绎不绝，一片繁忙景象。运河上船只众多，来回穿梭，不免发生争执与冲突，弁丁等人亦借运漕欺压民、商船只，勒索银钱，破坏了正常的行船次序与商贸活动，成为每年漕运之际无法消弭的弊病。

（一）粮艘与民、商船的冲突

京杭运河作为清代南北交通大动脉，漕运期间，运河上不乏民、商船只往来，但漕运事关国家粮储且有期限规定，不允许耽搁与拖延。相应的，其他船只也往往有意避让，以免受到胁迫。如诗云："粮船凶如虎，估船避如鼠。粮船水手缠头巾，上滩下滩挽长绳。十十五五无停留，估船不敢鸣锣声。押粮官吏当头渡，皂夫挥鞭赶行路。赶尔今朝下关去，估船偶触粮船旁。旗丁一怒估船慌，蛮拳如斗焉能挡？愿输烛酒鸡鸭羊，庙中罚金祭龙王。"③这首诗形象描绘了丁舵等人运漕中对民、商船袭扰情况，其中旗丁、水手等人嚣张跋扈的情景与商船唯唯诺诺的神态形成鲜明对

---

① 《清宣宗实录》卷83，道光五年六月壬戌，第338页。
② 《清宣宗实录》卷377，道光二十二年七月己酉，第791页。
③ 徐从法：《京杭运河志（苏北段）》，上海社会科学院出版社，1998，第522页。

比，即便两船轻微的磕碰，商船也要给予一定的银两才能得以脱身。

对此种袭扰行为，清廷虽反复强调粮艘、民商船要一视同仁，仍无法杜绝此弊。早在雍正二年（1724），雍正帝曾谕令总漕张大有："朕惟漕运所经河道，固以通国廪之挽输，亦以便商民之利涉，旗丁与商民自应一视同仁，无容偏护而偏累也。"① 要求严加管饬弁丁，毋许以运漕为由贪索商船财物。此外，部分河段水浅，需起剥货物，以保证粮艘前行，此时旗丁等"概拿商船起剥，且借名需索，贪暴公行，得贿者，虽空船亦行释放，不遂其欲者，勒令当差"②。地方官吏为催攒旗丁尽快离开管辖地，也常常无视之，进一步加剧粮船欺压商船之风。

因弁丁等讹诈商船、民船的方法多样，现举例若干，一则能较全面了解由此而形成的社会冲突情况，二则也能进一步深入分析背后的原因，如下表：

表 2　粮米挽运中丁舵等人欺压民、商船情形表③

序列	事例
方式一	将漕船横截河中，往来船只，非给钱不能放行，名曰"买渡钱"
方式二	择河道浅窄之处，粮船直长并泊，使南北船只俱不能行，必积至千百号之多，阻滞三四日之久，有沿河地棍，名曰"河快"，向各船科敛钱文，给付漕船，令其抽单分泊，以便各船行走，名曰"排帮钱"
方式三	遇重载商船，水手用粮米一斗，倾入舱内，非给费不能前行，否则加以抢粮名目，人船并锁，借称送官究治，即可得钱
方式四	如遇无货船只，即留为分载私货之用，直须送至清江交卸，始得放回
方式五	豫结数人，故与商船寻衅，不法水手，从旁抢夺，船户稍有理论，即掷弃水中，毫无顾忌

上表中所列仅是弁丁等欺压民、商船常见形式，数目虽少，却表明了此问题的严重性。除"方式四"外，余下皆是明目张胆的讹诈行为，换言之，这是丁舵利用运漕之便间接索要钱财的一种方式，为社会冲突埋下了祸根。尤其江浙等省份，水运网络密集，是弁丁欺压民、商船只的多发地。道光年间，给事中金应麟即称"江浙内河一带，长亘七百余里，每年

① 《清世宗实录》卷 18，雍正二年四月壬子，第 302 页。
② 《清世宗实录》卷 18，雍正二年四月壬子，第 302~303 页。
③ 本表据《清宣宗实录》卷 247，道光十三年十二月甲子，第 726~727 页制。

漕船归次之后，凡商、民船只经过，小则讹诈钱文，大则肆行抢夺"①。并指出沿途多处旗丁讹诈之所，其言：

> 其讹诈之处，如嘉兴府东门外之宣公桥，苏州府胥门外之虎巷，浒墅关之市河，常州府之东西两埠，镇江府丹阳县之市河，丹徒县之月河闸、猪婆滩、都天庙、大闸口等处，最为受累地方。其讹诈钱文，每帮均有总头收掌，除汇总分派各船之外，领运员弁之家丁、差役人等，多有分肥……②

由此，我们不难看出丁舵等人欺压、讹诈行为已经形成"组织"，其中不仅有负责统领"全局"的总头，员弁的家丁、差役等人也坐等分肥。以上史料仅是江浙粮艘回空时的情景，每年漕运之时，数以千计漕船航行于运河之上，民、商船户饱受其苦，一首《粮艘行》诗文形象刻画了此场景：

> 粮艘峨峨来上流，小船钻隙彳亍游。粮艘横行尾插岸，小船逼仄愁复愁。
>
> 天际一舵落不测，以山压卵卵击石。樯敧桨折白版圻，性命泥沙在顷刻。
>
> 东船西舫皆黎烝，吞声束手谁哀矜。达官往来不敢问，路人长忆长中丞。③

此诗中，粮艘借运漕之利，横冲直撞，民船不仅要躲闪，还要避让，否则往往船毁人亡，过往官员亦常常视而不见，任凭粮艘官弁欺压民船。部分情况下，也有船户据理争论，发生冲突，最终不仅未能解决争斗问题，反而被漕政官员榨取更多银两。

（二）漕船水手讹索与欺压旗丁

运漕中，水手等人对旗丁的讹索是另一种"冲突"形式，这是一种较

---

① 《清宣宗实录》卷247，道光十三年十二月甲子，第727页。
② 《清宣宗实录》卷247，道光十三年十二月甲子，第727页。
③ 潘德舆：《粮艘行》，载胡健等著《淮安的古典小说与运河诗文》，中国书籍出版社，2008，第274页。

为"隐晦"的社会冲突，且仅限于同船或同帮间，故多不为外人所察觉。一般来说，水手诈索旗丁手段有二：一是多年积习相沿的"规则"，二是临时索要的银钱。前者有具体数额，后者则视情形而定，多少不一。道光九年（1829），御史陆以烜即奏称：

> 向来帮船沿途给发水手钱文，由各帮头船开写一单，递交在后各船，照单开发，谓之溜子。不法水手，一遇重、空两运水浅停滞，或催赶闸坝，辄借端向头船旗丁加索钱文，逼写溜子，溜子一出，即须挨船给付……倘头船不发溜子，未遂所欲，一二次以后，怀怨即深。每于停泊旷野处所……聚众滋闹以泄其忿，打船进舱，持刀恐吓，无所不为。①

除这种"溜子"外，水手等亦会沿途罗织各种各样诈钱手段，甚至部分名称颇具"神话"色彩。道光十三年（1833），长淮卫旗丁邹士雄在《呈粮船水手讹索钱文积害条目清单》中即详列了多种名目。

> 水手讹索钱文数目不一，除一次盐利钱六千四百两，皇赏钱六十千外，仍有盐菜钱、过年钱、守冻钱、打凌钱、漫帮钱、过节钱、入湾出湾钱、吃小米漱口钱、换帽子钱、要人命钱、打鬼做梦等钱，其讹诈名色愈出愈奇。②

这些名目繁杂的诈钱手段，旗丁虽有心申诉或管饬，但碍于运漕压力仍采取给发银钱的策略，保证漕运的完成。另，宗教性组织的介入，使得揽头等头目权力剧增，如"水手滋事，必送老官处治，轻则责罚，重则立毙，沉入河中。沿途招雇纤手，必推曾经械斗受伤者为头目，遇有争斗，以红箸为号，人即立聚"③，进一步加剧了水手等人的不法行为。

综上，嘉道时期粮米运输中丁舵与民、商船只冲突，一方面表现为丁

---

① 陆以烜：《奏为浙江帮船水手横索钱文旗丁日累请查办事》，道光九年十二月二十日，档号：03－4037－046，中国第一历史档案馆藏。
② 邹士雄：《呈粮船水手讹索钱文积害条目清单》，道光十三年，档号：03－3832－064，中国第一历史档案馆藏。
③ 《清宣宗实录》卷 83，道光五年六月壬戌，第 338 页。

舵等人利用运漕"官差"身份百般欺压运河民、商船，以名目繁多使费为借口进行索钱。另一方面见诸水手采取较隐蔽的方式讹索旗丁，其中既有积习相沿的"惯例"，亦有临时索要的银钱。无论何种方式，都扰乱了正常漕运秩序，增加了清廷的治理难度。

三　粮米运输中船帮争斗、冲突缘由与政府治理

如前文，每年运漕之期，不仅船帮间发生争斗，民、商船只亦饱受粮艘欺压之苦，加之水手内部宗教活动盛行，极大破坏了内河航运秩序。总体来说，粮米运输中船帮间争斗与社会冲突事件发生缘由有三：其一，航行中，争夺泊船地或船只，占据有利地位；其二，与别省船帮发泄积怨，索要钱财，欺压民商船；其三，生计困窘，榨取银钱，维持宗教团体与自身生计。

首先，运漕水路漫长，船帮间常常发生争执。与之相应，水手等行船途中，亦时常因船只驾运，发生争执，甚至械斗行为。这两种争斗缘由，一方面说明了运漕中，丁舵等人百般维护谋取自身权益，冲突事件频发，另一方面也暗示了清初厘定的漕运秩序陷入困窘，不仅有制度运作中的无序，又有实践中的人为破坏。其次，发泄积愤，索要钱财，也是冲突缘由之一。早在雍正二年（1724），雍正帝即谕漕运总督及直隶等巡抚曰：

> 各省旗丁运粮进京，沿途水次理应奉公守法，乃数年前，浙江、湖广粮船运丁因怀挟私怨，彼此争斗，逞其凶顽，持戈放箭，致有杀伤。又闻前岁之冬，粮船守冻在山东地方，竟行抢夺，扰害居民。去岁回空，又闻强取百姓衣物，此等皆大干法纪。[1]

要求漕运总督与山东等省巡抚，转敕沿河官弁，不时稽查，按律治罪。雍正帝谕旨指出问题严重性，也暗示了这种"冲突行为"的普遍性，不仅丁舵间有杀伤行为，地方百姓也难逃劫掠之弊。最后，生计窘迫，常常以各色名目榨取旗丁银钱。既然水手源自旗丁雇募，自当在领取薪银时尽职尽责，为什么还会出现诸如讹诈、欺压旗丁等事呢？

---

① 《清世宗实录》卷19，雍正二年四月辛卯，第316页。

其一，迫于清廷规定与漕运撑驾之人的缺乏，旗丁不得不雇募。康熙朝，清廷规定漕船出运，除正副旗丁外，水手采取雇佣的方式。至雍正朝，雍正帝已经洞察出雇募水手的弊端，虽谕令水手择取应出自卫所，但碍于时间紧迫与旗丁撑驾不熟等缘由，仅作部分更换，最终清廷仍采取了水手雇募的方式。

其二，水手发生不法之事，清廷追究旗丁责任，水手等人有了挟制旗丁的"资本"。清人冯桂芬曾云"运丁之始，即水手也。康熙三十五年，定金军之法，特以为水手之长耳"[①]。此情形下，清廷按例追究旗丁，如道光朝大臣陶澍曾就水手逃逸之事奏请道光帝曰："自应申明定例，一船之内，丁舵为主，水手有犯，责在旗丁。"[②] 基于此，因免于责罚，水手在清廷律例的"庇护"下为所欲为。

其三，水手中存在一定组织和宗教活动，为讹索旗丁等事的发生提供了条件。因篙舵、水手等人系雇募，大多数皆无业之民，投身漕运仅为糊口，为抬高雇价，其常常拉帮结派。另，宗教性组织的参与，加剧了此群体的复杂性，使得"以帮官约束运丁，以运丁稽查水手"[③] 的章程失去了存在的意义。在水手之中，有发布号令者，其名称各异，但都具有"管理"的权力，如下表：

表3　嘉道时期粮船水手部分头目名称表[④]

名称	释义
揽头	又称荐头，一船水手之领袖，或数船之领袖也
老鹳	又称老官，即老庵也，有宗教性质。其本先为翁、钱二姓，漕运之初，此二人沿途为人治病舍药，劝人持斋守法，久而相率皈依，所隶水手，尚听约束
拜师	又称新庵，所隶咸称徒弟，有宗教性质，其部饮博淫盗，一切无禁，故人乐从之，积恶之猾贼，叛案之逸犯，日久稽诛之巨盗，杀人亡命之凶徒，胥混迹焉

表中老鹳与拜师相较，老鹳教规较严，曾经犯案或滋事之人皆不收

---

① 冯桂芬：《裁卫屯议》，盛康辑《皇朝经世文续编》卷47，《近代中国史料丛刊》第84辑，（台北）文海出版社，1966，第5101页。

② 陶澍：《筹议稽查粮船夹带私盐折子》，《陶澍集》上册，第183页。

③ 陈文述：《漕船递年减造议》，盛康辑《皇朝经世文续编》卷47，《近代中国史料丛刊》第84辑，第5109页。

④ 据陈文述《漕船递年减造议》，盛康辑《皇朝经世文续编》卷47，《近代中国史料丛刊》第84辑，第5109~5110页制。

录，有一定的约束力和执行力，相反拜师一教则人员冗杂，"四方之徒"皆有，烧伤抢掠，颇令清廷头痛。此外，还有其他名称者，如"庐州二帮水手，向分老安、石安二支，结有凤嫌"①。它们都是基于运漕而形成的具有宗教色彩的组织，长期盘踞于运河之上，为清廷提供了帮船水手的同时也趁机滋事，抢掠财物。

与粮米运输中船帮之争与社会冲突相伴的是清廷治理政策，此过程中，清廷在保证粮米顺利到京基本条件下，采取恩威并施的方式树立清廷统治威信，集中表现在篙舵等人选取，沿途纤夫雇募，以及宗教活动治理等方面。

对于篙舵等人的选取，雍正帝曾谕漕运总督张大有："粮船头舵，水手俱用本军撑驾"②，以减少水手等人滋事事件的发生，后漕督张大有以部分旗丁不谙撑驾，一时不能全换，需轮番更换为由，婉拒了雍正帝的旨意，最终雍正帝朱批："一时全换，原难些，逐年用力学习，渐次换添，数年后全是本船人就好了。若仍因循两三年，尚不肯习学，就使不得了。"③ 这则君臣"对话"诠释了漕运中水手等人的积弊，以及清廷的处理意见。在雍正帝眼中，除去弊病，从根源上杜绝篙舵等雇佣人员的滋事问题是长久之计，而在漕督张大有的心中，完成运役，保证粮艘水利抵通与回南是其职责，加之全部更换水手等，较为困难。另，诸如"江浙人多儒弱，于撑驾笨重军船，本非所习"④ 等地域因素也限制了政令的整齐划一，最终，清廷继续采取雇佣的方式保证漕船出运，直至内河漕运的终结。

与篙舵等人"俱用本军"方案相似，粮艘行进中，"在没有风的助力的时候，需要人力来拉纤，许多乡下人随时准备做这项工作"⑤。与此同时，一些无业之人亦愿意应募，以赚取脚钱，如嘉庆年间八卦教活动中主要人物林清，"1779 年，或是在此之前，他受雇为在大运河上去北京的粮船拉纤，用这种辛苦费力的活计回家"⑥。对于沿途雇佣的短纤等人，清廷

① 《清宣宗实录》卷 257，道光十四年九月戊子，第 924 页。
② 周焰等编《清代中央档案中的淮安》，《漕运总督张大有奏明粮船头舵、水手不能尽换折》，雍正二年三月二十六日，中国书籍出版社，2008，第 15 页。
③ 周焰等编《清代中央档案中的淮安》，《漕运总督张大有奏明粮船头舵、水手不能尽换折》，雍正二年三月二十六日，第 15 页。
④ 陶澍：《筹议约束水手章程折子》，《陶澍集》上册，第 95 页。
⑤ 〔英〕斯当东：《英使谒见乾隆纪实》，叶笃义译，群言出版社，2014，第 283 页。
⑥ 〔美〕韩书瑞：《千年末世之乱——1813 年八卦教起义》，江苏人民出版社，2012，第 76 页。

"只准其至所雇之地折回，不准携带长行"①，以减少奸狡之人的藏匿行为。这种地域性的雇募措施，不仅不能彻底解决藏匿之弊，频繁雇募行为又增加了人工成本和雇募难度。

此外，对于水手信教等事，清廷则多秉承严厉打击的态度。乾隆朝较著名"叫魂案"，旗丁不仅卷入其中，又是受害者，时乾隆三十三年（1768）八月，正在回空途中的旗丁周某向本帮千总控诉其侍女"被乞婆上船剪去衣角一块，当场昏迷，经医治才苏"②。最终官府并未找到确凿证据来证明张乞婆是施妖术者，乞婆也因年事已高而死于狱中，这则事例虽未呈现最终处理结果，却暗示了清廷对宗教活动的敏感。亦如道光十六年（1836）十一月初七，赴河南督漕李钧在日记中载："臬司因直隶捕获大河二帮习教水手魏兰、白二等供出伙党多名，行文通缉，委候补知县周煦微来次，查粮船水手有无习教匪徒，当令各帮运弁造送水手名册"③。清廷持此种态度，一方面体现了维护漕运秩序，打击水手间习教活动的决心，另一方面也透露出运漕群体信教问题的普遍性，清廷不得不采取严厉的措施，来保证运河漕运的安全。

总之，粮米运输中所呈现出船帮争斗与冲突缘由，除具备基层群体社会冲突一般特征外，又蕴含深刻的漕运性。为此，清廷在保证漕船行进之余，采取恩威并施措施治理争斗事件，其中既有严格审查篙舵等人户籍，地域性雇募短纤措施，又有奉行严厉打击水手内部宗教活动的策略，进一步约束了丁舵等人不法行为。

四　旗丁船帮之争与社会冲突下的漕运制度、结构与秩序

传统内河漕运并未摆脱诸如水文、风向等地理因素的限制，需借助自然与人力协助运漕，此情形下，船帮间极易发生争执与冲突，这既是一种社会现象，又是一个政治问题，这种争执与冲突不仅反映了漕运制度实践中的问题，也要求清廷进一步优化运漕结构，维持固有的漕运秩序。

---

① 《清宣宗实录》卷 369，道光二十二年三月辛酉，第 642 页。
② 《朱批奏折》第 860 卷，第 3 号，乾隆三十三年七月二十八日（杨锡绂），今引〔美〕孔飞力《叫魂——1768 年中国妖术大恐慌》，陈兼等译，三联书店，2012，第 192 页。
③ 李钧：《转漕日记》卷 1，《历代日记丛钞》第 45 册，第 368 页。

首先，在制度运作上，满洲入主中原后，清廷一方面承袭前朝漕运组织、继续沿用卫所军户挽运漕粮的做法，另一方面又逐步完善制度法令，形成"大小相系，内外相维"的制度体系。此过程中，清廷采取了明后期水手等雇募的做法，故《清代漕运全书》有"原系佥丁一名，雇募水手九名"① 之说。康熙三十五年（1696），清廷厘定规制："每船佥选正身殷丁一名，其余名数总以身有家属撑驾谙练之人充当。"② 然在实际运作中，因撑驾辛苦，寻常百姓不愿承担，一些无业之人趁机加入，以谋生。为加强管理，康熙五十一年，清廷又进一步题准："每年于本丁兄弟子侄内再派一丁随运，如抵通挂欠留一丁追比，一丁驾空回南，如重运到淮短少，令一丁驾运北上，留一丁买米赶帮"③，进一步明确漕船管理之职。

与清廷厘定雇募水手规制并行的是漕运机构的完善，其中漕运总督作为中央的直接派出机构驻淮安，总揽一切漕务，另设巡漕御史，肩负稽查之责。地方上又有粮道官职，"掌通省粮储，统辖有司军卫，遴委领运随帮各官，责令各府军官会同运弁，佥选运军"④ 等，粮船兑运各州县漕粮时，设监兑一职，负责漕米验色等任务，漕船开行后，又有领运、押运之官，随帮而行。此外，沿河州县官有挑浚淤浅，催攒漕船的挽运之责。如淮河南北官吏分管不同地界，"淮北、淮南沿河镇道将领，遇漕船入境，各按汛地驱行，如催趱不力，听所在督抚纠弹。江南京口、瓜洲渡江相对处，令镇江道督率文武官吏催促，并令总兵官巡视河干，协催过江"⑤。加之皇帝临时委派，以及各漕务机构豢养的胥吏杂役等人，庞杂而繁多。这些官职和机构，虽保证每年粮米顺利到京，却未有效约束丁舵等人的不法行为，间接反映了制度运作中的纰漏。

其次，诸如船帮之争与社会冲突事件的发生，凸显漕运结构的单一性，即呈现出由上而下纵向的组织机构布局，缺乏横向制约体系。这种结构虽利于清廷提高行政效率，体现吏治层层制约的特点，但其中某处反应迟缓或脱节，即会引起连锁反应，进而影响了整体的运转。譬如，在争斗

① 《清代漕运全书》第 2 册，卷 26《查佥运丁》，第 674 页。

② 《清代漕运全书》第 2 册，卷 26《查佥运丁》，第 674~675 页。

③ 《清代漕运全书》第 2 册，卷 26《查佥运丁》，第 678 页。

④ 《钦定户部漕运全书》卷 22《督运执掌》，《故宫珍本丛刊》第 319 册，海南出版社，2000，第 280 页。

⑤ 《清史稿》卷 122《食货志三》，中华书局，1977，第 3577 页。

或冲突事件发生前，清廷原本指望旗丁来处理或约束水手等人，并得到相应的辅助，然旗丁不仅没有有效约束水手，反而因贪恋银钱加入欺压民、商船只的队伍中来。最终，旗丁群体不仅未达到清廷所期望协助管理之责，相反延缓了清廷处理问题的进度，甚至成为清廷的治理对象。与之相似，肩负治理的漕运机构，也因粮米运输的季节性时常处于停滞状态，嘉庆十二年（1807），嘉庆帝就总漕衙门未结京控案件一事谕内阁曰："漕务案件与地方不同，漕运总督及各粮道、卫弁，每年押运往来，在署之日无多，而旗丁南北转输，原被人证不能勒限传齐质讯，亦属实在情形"①，说明了运漕季节性与官吏随船行走做法带来的弊端。此外，运漕行为的流动性，加剧了问题的处理难度，尤其在部分冲突事件处理上，很难界定是漕运冲突，抑或地方事件，此情形下，漕政官与地方官权力界限亦颇为模糊，从而妨碍问题处理的迅捷性。

最后，漕运制度运作中的纰漏与结构的单一性，使得从漕运层面到地方社会都呈现出一定程度的秩序混乱。从粮米运输的角度看，频发船帮之争与水手间的冲突，破坏了漕运秩序，其中宗教组织的渗透，不仅大量涌入流氓、游民和无赖之人，而且诸如拜师等团体的不法行为，直接危害了运河沿线百姓生产生活。当然，不可否认的是，文中老鹳宗教组织则奉行治病救人的教规，持斋守法，反而削弱了水手间积怨，起到缓冲作用，正如学者王树槐言："水手之职，苦无定所，善良百姓皆不充任，一些无赖之徒乘机加入，作为一时谋生之所，对社会有稳定的作用。"② 总体来说，水手间宗教活动不利于清廷对漕运的监管，分散性与流动性特点也加剧了治理难度。

相应的，运漕中的无序势必影响运河流经的地方社会，一方面挑动地方政府敏感神经，迫使其做出改变，甚至调动各种力量进行调解与打压，间接上起到资源整合的作用。另一方面丁舵等人欺压民、商船只等行为，极大扰乱了内河商贸活动与物品买卖，尤其械斗行为与人命案等事件的发生，已经表明其不仅仅是一种社会现象，更是一种政治问题。需要指出的是，把粮米运输中船帮之争与社会冲突事件置于清代传统内河漕运脉络与

---

① 《清仁宗实录》卷 184，嘉庆十二年八月甲申，第 425 页。
② 王树槐：《清末民初江苏省的自然灾害》，台湾中研院《近代史研究所集刊》第十期（1981 年 7 月 1 日），第 168 页。

政治决策中，清廷处理方式与对策仍是比较成功的，其中数量众多与身份庞杂的舵工、水手等并未产生大规模、有破坏性的冲突事件，虽然在水手内部有宗教性组织存在，但并未撼动清廷权威，间接上说明了嘉道时期清廷仍有能力处理统治内部的矛盾，仍掌控内河漕运的主动权。

综上所述，漕运涉及多省，牵涉群体众多。嘉道时期，帮船间、水手中的争斗与冲突趋于严重化。这些争斗有维护自身利益的用意，也有借口榨取银两的事例。此过程中，丁舵等人往往借运漕名义公开进行欺压民、商船只，甚至直接抢夺钱物，清廷虽多次勒令制止，但效果不明显。相对于丁舵欺压事件公开性，水手诈索旗丁的手段则隐匿而多样，且带有组织性，尤其设法炮制多种名目以此掩盖其讹诈行为，迫于运漕压力，旗丁往往给予一定银两以保证漕船正常航行。面对此种行径，清廷在保证粮米顺利抵京情况下，不断采取措施约束丁舵等人，尤其打压水手中的宗教活动，消除冲突隐患，然较为遗憾的是，运漕群体流动性与分散性的特点使得清廷在政策上很难做到整齐划一，亦未清除此弊病。此类事件的发生不仅说明了漕运制度运作中的纰漏，以及组织结构单一性的缺憾，虽一定程度上扰乱了漕运和地方社会秩序，但未爆发大规模事件的事实上却说明了嘉道时期清廷仍有能力处理统治内部的矛盾，仍掌控内河漕运的主动权，维持着清初厘定的漕运秩序。

The Warring and Social Conflicts in Grain Transporters in Jiaqing and Daoguang Periods

Shen Shengqun

Abstract：As an important part of the grain transport in the qing dynasty, the grain transport army was not only the consignee, but also responsible for hiring helmsman and sailors. In this process, the affairs formed by yuncao always tested the ability of this group to deal with problems. In the period of jiadao, due to the needs of their own livelihood and maintenance, there were often disputes or fighting among the flag men or the boat men. Another, cao ship official identity also make butyl rudder and others arrogance in the canal, oppression and commercial vessels, affected the canal boats in dealing with trading activity, the resulting social conflicts and other issues also to be reckoned with, on the one hand, the deliberate destruction of the qing court set grain transportation order, provide an opportunity for religious activities of association, on the other hand, frequent or large-scale fighting behavior, is not conducive to the local social stability. Whatever the influence, the conflicts and social conflicts between the shipowners showed that it was not only a social phenomenon, but also a political problem, which indirectly reflected the flaws in the operation of the grain transport system, and further required the qing government to optimize the transport structure to maintain the inherent order of grain transport.

Keywords: Tribute Grain Rice Transports Troops; Boatwas Fight; Social Conflict; Grain Tribute System

（责任编辑：胡克诚）

专题研究二：世界运河

主持人语

梁茂信[*]

在现代文明之前的人类历史上，运河作为一个国家或者一个地区水路交通运输中不可或缺的重要环节，曾发挥着十分重要的作用。古代中国历史上的京杭大运河就是典型的证明。当然，中国的运河绝不只有一个京杭大运河。隋朝时期就有过以开封为中心的运河网络系统。在世界历史上，运河在贸易中的作用也同样十分重要。在世界近现代史上，甚至在铁路、汽车和航空交通十分发达的 21 世纪，运河在地区和国际贸易中的作用仍然不可小觑，例如苏伊士运河和巴拿马运河就是如此。当然，研究运河的历史，并不会仅仅局限于运河本身及其贸易，而是涉及运河所在地区人文、社会、经济、文化的历史，也包括国别史和国际关系史领域，以及各民族交往和融合的历史，同时还涉及生态环境演变与开发的历史，所以，无论从哪一个方面讲，运河研究都是一个内涵颇为丰富的历史主题。如果要概括运河在人类文明发展中的作用，可以这样说，不探讨运河史在人类文明进程中的作用，历史研究是不完整的。

聊城大学的领导与学者独具慧眼，高屋建瓴，成立运河学研究院，是学界的一件幸事。他们通过创办《运河学研究》和筹划文集与学术研讨会等多种方式，拉动了国内运河研究的热潮，出版成果甚丰，可喜可贺。尤其值得称赞的是，该刊物将研究的视域延伸至世界史学科，研究范围空前

---

* 梁茂信，历史学博士，东北师范大学"仿吾学者"特聘教授、美国研究所所长、博士生导师，教育部"长江学者奖励计划"特聘教授，中国美国历史研究会理事长。主要从事世界近现代史和美国史研究。

拓宽，为学界做了一件大有裨益的事情。在本期刊载的文章中，三篇文章均涉及世界史范畴。吕桂霞关于苏伊士运河与大英帝国的兴衰的探讨、王本涛针对英国关于克拉运河计划的政策探析，以及徐凯文围绕伊利运河与美国早期区域经济发展关系的分析，都从不同层面和角度，运用比较丰富的史料，分析了世界近代史上，运河在地区发展和国际关系中的历史地位，拓宽了世界史学科的研究范畴，相信通过这些有益的探讨，必将推动与运河相关的研究，进而丰富世界史学科的研究成果。因此，希望学界更多的学者关注并参与运河问题的历史研究。

苏伊士运河与大英帝国的兴衰[*]

吕桂霞[**]

内容提要 17 世纪英国开始崛起后，对外政策的重点是争夺制海权与贸易帝国，并没有对苏伊士运河的开凿给予足够的重视。但 1854 年埃及与法国签署苏伊士运河开凿合同，让英国意识到事态的严重性，在多方阻挠未果的情形下，遂通过购买 44% 的运河股票与驻军、占领埃及，最终控制了苏伊士运河区。然而，两次世界大战使英国实力大大受损，加之埃及民族主义的高涨及美苏力量的增强，英国最终在 1956 年的苏伊士运河危机中败北，彻底沦为一个二等国家。

关键词 苏伊士运河 英国 埃及

正如大运河承载了我国隋唐以来历代王朝的兴衰一样，在世界历史上也有一条这样的运河，承载了大英帝国的兴衰，这就是苏伊士运河。如果说苏伊士运河的开凿，使大英帝国最终发展成为一个日不落帝国，那么 1956 年的苏伊士运河战争，则使英国彻底失去主导世界的话语权，从世界强国沦落为一个地区性大国。本文拟以苏伊士运河为考察对象，以该运河的开凿、掌控与战争为线索，系统剖析大英帝国的兴盛与衰落。

一 大英帝国的崛起与苏伊士运河的开凿

与中国一样，英国也有着极为悠久的历史。最早来到大不列颠定居的

———————

* 本文为国家社科基金一般项目"斐济独立后的对外关系研究"（18BSS027）的阶段性成果。

** 吕桂霞，历史学博士、博士后出站，聊城大学历史文化与旅游学院教授，硕士生导师，主要从事世界近现代史和国际关系史研究。

是公元前 3000 年左右的伊比利亚人，他们为不列颠带来了新石器文化。公元前 1000 年至前 100 年间，居住在欧洲西部的凯尔特人又来到不列颠，带来农耕文明。此后，罗马帝国的大军登陆，开始了其长达 400 年的统治。直到公元 5 世纪中叶，伴随着三支日耳曼部落——朱特人、盎格鲁人和撒克逊人的到来，才奠定了英国的基础，开始了我们熟悉的盎格鲁 - 撒克逊时代。然而，此后的英国先后又遭到丹麦人的入侵、诺曼征服、百年战争和玫瑰战争，因此一直未形成一个强大的国家。

直到伊丽莎白一世继位，才真正开启了英国历史的大发展时代。作为亨利八世与第二任妻子安妮的女儿，伊丽莎白早年深受英国宗教改革的影响，也亲眼看到了因宗教分歧而给国家带来的伤害，因此她上台后一再调和各种宗教分歧，淡化国家的宗教色彩，致力于国家振兴与发展。她一方面厉行节约，另一方面拼命追求金钱，掀起了英国社会的拜金热，又通过鼓励海盗行动，拦截葡萄牙、西班牙和荷兰商船，加速了英国的资本原始积累，开创了"伊丽莎白"时代。据估计，伊丽莎白时代的英国通过海盗劫掠获得的财富达 1200 万英镑，而到 17 世纪末，英国全年的国民总收入也不过是 4300 万英镑。① 此后的英国如同"开了外挂"一般，飞速向前发展，先后通过英西战争、英荷战争，打败老牌殖民主义强国西班牙和荷兰，成为海上霸主。在随后将近一个世纪的时间里，英国又通过四次重要战争即 1689～1697 年的圣·奥格斯堡同盟战争、1701～1713 年的西班牙王位继承战争、1740～1748 年的奥地利王位继承战争和 1756～1763 年的七年战争，打败法国，迫使法国签署《巴黎和约》，夺取了法国在北美的大部分殖民地，并取得了印度的控制权，建立起一个日不落帝国。

除了战争以外，在大英帝国崛起的过程中，还有诸多因素都发挥了重要作用。诸如英国卓越的地理位置，强大的海军，1688 年光荣革命建立的君主立宪制政体，以及 18 世纪 60 年代开始的工业革命等，有关具体情况很多学者都已进行了论述，此不赘述。仅以工业革命为例，稍加说明。由于英国是最早进行工业革命的国家，无论是生产技术还是科学发展，一直居于世界首位。在工业革命的引领下，英国积极进行海外扩张，从欧洲到非洲，从亚洲到美洲再到大洋洲，到处都能见到英国人的身影，他们与当

---

① Louis M. Hacker, *The Triumph of American Capitalism*, New York：Simon and Schuster, 1940, pp. 65 - 68.

地人一起，共同开发（殖民）这些地区，也飞快地提升英国的经济。"一年又一年，海外贸易和投资逐渐增长，到 1880 年，20 亿英镑投资到海外，超过 1200 万英国人在此时移民海外，参与到新大陆开拓中，帮助英国倾销工业产品。"① 最终，这些因素的合力把英国推向了前所未有的世界领导者地位，这一点得到学界的共识，著名英国史研究专家王觉非指出，"19 世纪中期英国经济的发展已在世界上居于无可争议的领导地位"。②

帝国时期的英国，不仅在政治上推行了自由主义的统治，而且在经济上也逐渐转向自由贸易政策，"多数英国人认为没有必要保留一个正式的帝国，英国以其强大的经济实力和海上霸权，完全能控制全世界的贸易。他们认为自由贸易是英国最大的利益所在，与其保护帝国，不如保护海上通道"③。"帝国赋予大不列颠一个极优越的地缘战略地位。一个基地遍布的全球性群岛提供了对于关键性航路枢纽的控制，此等枢纽包括地中海出口、非洲尖端和前往印度洋的通道。"④ 这一认知，使得原本就重视海权、以海军起家的英国更加重视海上通道的保护。所以当通往印度的好望角商路被开辟出来之后，英国就给予了足够的重视，从 17 世纪初至 18 世纪中叶，英国在与葡萄牙、荷兰、法国争夺东方的斗争中，一直把目光集中在从好望角到东方的新航路上。1796 年，英国终于从荷兰手中夺得开普殖民地，进一步控制了好望角航路，掌握着东西方贸易。与高度重视好望角商路相反，英国对于地中海—红海商路并不感兴趣，因为"一方面由于英国不是地中海国家，利用旧商路地理位置并无优势，另一方面因为旧商路距离虽短，但航路曲折，不利于贸易往来"⑤。但英国对地中海—红海商路的忽视，为英国后来同法国争夺苏伊士运河控制权的被动局面埋下了伏笔。

实际上，苏伊士地峡的地理位置十分重要。它不仅地处欧亚非三大洲交界处，而且连接红海、地中海和尼罗河，自古就是东西方贸易的枢纽。无论是东起中国长安、西经河西走廊、天山、阿富汗、伊朗、伊拉克、叙利亚，最终到达罗马（大秦）的"丝绸之路"，还是从宁波、泉州、广州

---

① Ronald Robinson, John Gallagher and Alice Denny, *Africa and the Victorians*: *The Climax of Imperialism in the Dark Continent*, New York: St. Martin's Press, 1961, p. 1.

② 王觉非：《近代英国史》，南京大学出版社，1995，第 565 页。

③ 钱乘旦、许洁明：《英国通史》，上海社会科学院出版社，2002，第 295 页。

④ 〔美〕保罗·肯尼迪：《战争与和平的大战略》，时殷弘、李庆四译，世界知识出版社，2005，第 53 页。

⑤ 赵军秀：《评英法开凿苏伊士运河的矛盾》，《世界历史》1994 年第 8 期。

等地出发，经东南亚、印度半岛、阿拉伯半岛、亚丁湾、红海、北非、地中海，最终到达欧洲的"海上丝绸之路"，都需途经西亚、北非尤其是苏伊士地峡。因此早在古代时期，埃及法老就曾试图领导人民开凿苏伊士运河，但没有成功。此后，波斯帝国、古罗马帝国和阿拉伯帝国也都为之进行了努力，均未成功。

15 世纪地理大发现后，虽然东西方贸易重心从地中海转移到大西洋，但法国一直没有放弃地中海—红海商路的想法，特别是在七年战争丢失北美和印度的殖民地以后，法国更加渴望报复英国并恢复其在东方的地位。拿破仑帝国崛起后，为打击英国，1798 年 4 月 12 日，处于反法联盟围剿下的拿破仑亲自起草并秘密颁布了一项法令，准备派遣一支军队"占领埃及，驱逐所到之处的英国占领者，开拓苏伊士地峡，采取必要的步骤为法国确保在红海的自由或是全部的占领"①。遗憾的是，由于法国内部动荡，拿破仑不得已将主要精力放在国内，开凿苏伊士运河的计划被迫搁浅。

不过，法国人一直没有放弃开凿苏伊士运河的计划。为此，在拿破仑的开凿计划搁置后的半个世纪里，法国一直通过支持穆罕默德·阿里改革争夺在埃及的话语权。1854 年原法国驻埃及领事、投机商人费迪南·德·莱塞普斯（Ferdinand de Lesseps）利用和埃及新任总督穆罕默德·赛义德（Mohamed Said）的交情，以开凿苏伊士运河可使埃及脱离土耳其独立为诱饵，获得了开凿苏伊士运河的租让权，并正式签订了租让合同。1856 年，双方重新签订的租让合同，进一步扩大了运河的特权范围。合同规定：运河公司在开罗和运河之间挖一个淡水渠，运河和淡水渠两侧两公里宽的土地无偿归公司所有；埃及为运河工程提供必要的劳力，埃及每年获公司纯利的 15%；租期 99 年。② 虽然期满后苏伊士运河归埃及所有，埃及政府每年分享 15% 的利润，但实际上埃及在后来开凿的过程中非但没有从中获利，相反却更加受制于西方列强，这恐怕是赛义德没有想到的。

二　苏伊士运河的掌控与日不落帝国的形成

法国与埃及签署苏伊士运河的开凿合同让英国大吃一惊，虽然此时的

---

① Charles W. Hallberg, *The Suez Canal*, *Its History and Diplomatic Importance*, New York: Columbia University Press, 1931, p. 63.

② 钱其琛主编《世界外交大辞典》（下册），世界知识出版社，2005，第 1954 页。

英国尚未充分意识到苏伊士运河的重要性，但随着英国在东方势力的扩张，特别是七年战争后英国占领印度、1826 年通过和缅甸签订《扬达坡条约》占领缅甸的阿拉干和丹那沙林地区及对槟榔屿、新加坡和马六甲的占领、1840 年又通过鸦片战争打开了中国的大门，使得英国人特别是商人对东方越来越感兴趣。他们不愿看到苏伊士运河被法国人所控制，认为法国与埃及共同开发苏伊士运河对英国而言是一场极大的灾难，如果苏伊士运河建成，那么将会严重削弱英国的海上霸权，进而影响英国的国际地位。首相帕麦斯顿则把苏伊士运河计划看作是法国的"政治阴谋"，认为法国此举老谋深算，其主要目的在于利用运河破坏英国对好望角航路的控制权，威胁英国在东方的属地。[1] 同时通过开凿苏伊士运河割裂土耳其与埃及，"运河完成之日，就是埃及完全脱离土耳其，置于法国保护下之时"。[2]

基于上述认识，英国决定阻挠法国人开凿苏伊士运河，为此它积极谋求埃及的宗主国——奥斯曼土耳其帝国的支持。如前所述，1854 年法国人是与埃及政府签署的苏伊士运河开凿合同，但此时的埃及尚处于奥斯曼土耳其帝国的控制之下，因此该合同附件明确规定，法国要想真正开凿苏伊士运河，还必须获得土耳其素丹的批准。为使土耳其素丹拒绝批准苏伊士运河开凿合同，英国使出浑身解数，通过各种渠道进行游说，并摆出一副维护国际公义、维护土耳其利益的姿态，告诫土耳其一旦苏伊士运河开凿，最终的结果必然是埃及彻底脱离土耳其而独立。土耳其虽然并不完全相信英国所言，但也不愿得罪法国，因此土耳其素丹提出了批准合同的前提条件，那就是如果欧洲列强一致同意开凿苏伊士运河，那么土耳其也不反对。条件看似简单，实则极其不易，且不说欧洲其他列强，仅仅是让英法两国达成一致就不是一件轻松的事情，因此苏伊士运河的开凿陷入了进退两难的境地。

英法两国在苏伊士运河开凿问题上的角逐令莱塞普斯十分无奈，虽然他动用了许多关系，也采取了多种措施，但一直未能获得英法两国的一致同意，无法满足土耳其素丹批准运河开凿的条件，一怒之下他决定不管土耳其素丹是否批准，先动手开凿再说。为了证实苏伊士运河的可行性，他首先邀请了由著名科学家组成的国际科学委员会为运河计划提供技术支

---

① T. O. Lloyd, *The British Empire*, *1555 – 1953*, Oxford：Oxford University Press, 1954, p. 155.

② J. Marlowe, *The Making of the Suez Canal*, London：Cresset Press, 1964, p. 85.

持。该小组经过紧密磋商，决定派遣 5 名研究人员赴苏伊士地区进行实地调研，1856 年 1 月 2 日，他们向埃及总督呈送了一份报告，"声称运河的建造是可行的，而且会成功，运河建造的费用不超过 2 亿法郎"①。

为了顺利开凿苏伊士运河并筹措资金，1858 年 10 月莱塞普斯宣布成立"国际苏伊士运河公司"，并决定发行 2 亿法郎股票作为资本。为了阻止运河公司顺利运营，英国首相帕麦斯顿一方面斥责这个项目是一个"泡沫"计划，另一方面也想方设法限制法国购买股票的数量，结果因法国购买股票的人都是小投资者，再加上此前预留给英国、俄国、美国和奥地利的股票没有卖出，致使莱塞普斯未能如愿获得股权发起书中规定的 4 亿法郎。无奈之下，莱塞普斯只好求助法国政府，在法兰西第二帝国皇帝拿破仑三世的支持下，法国人购买苏伊士运河的热情大增；同时埃及总督赛义德也决定再拿出 8500 万法郎购买股票，最终完成了法国以 207160 股的多数掌握了苏伊士运河的控制权。1859 年 4 月 25 日，苏伊士运河在地中海的塞得港破土动工。

苏伊士运河的开工，标志着英国阻挠运河开凿的计划最终破产，但英国阻挠运河开凿的愿望并没有就此放弃。为了打击法国，英国开始改变策略，试图以法国征用强制劳工为由阻止运河开凿的进程。为补偿强制劳工，在法国皇帝拿破仑三世的调停下，最终法国控股的苏伊士运河公司被迫拿出 3800 万法郎，并将运河两岸的土地转让给埃及政府。② 这样，法国孜孜以求的苏伊士运河公司最终落到埃及政府手中。1869 年，历经波折的苏伊士运河终于建成通航。然而，苏伊士运河通航初期并没有给公司带来预期的收益，再加上埃及为了修建运河大量举债，致使政府债台高筑。为了偿还到期债务，埃及素丹伊斯梅尔（Ismail）决定出售手中 44% 的苏伊士运河股票。鉴于苏伊士运河对英国商业和战略越来越重要的作用，英国政府决定从埃及政府手中购买运河公司的股票。在首相迪斯累利的大力支持下，最终英国以超乎寻常的速度在 10 天内完成了购买合同，以 3976580 英镑的价格购买了 176602 股股票。③

---

① 史丽婵：《英法争夺苏伊士运河控制权的地缘政治学分析》，硕士学位论文，河北师范大学，2012，第 32 页。

② H. J. Schonfield, *The Suez Canal in World Affair*, New York, 1953, p. 40.

③ Charles W. Hallberg, *The Suez Canal*, *Its History and Diplomatic Importance*, New York: Columbia University Press, 1931, p. 240.

　　英国购买苏伊士运河股票，给英国带来了巨大的政治和经济效益。首先，在经济上让英国获益颇丰。1875 年 11 月，虽然苏伊士运河的股票标价为每股 685 法郎，但英国在进行交易却以每股 568 法郎或者说是 23 英镑获得；从 1875 年到 1894 年，虽然英国在这 19 年内无法获得股息，但政府却会收到 5% 的利息；1881 年苏伊士运河股票飙升至每股 78 英镑，这样 5 年内英国政府就挣了 475 万英镑。在此之后，股票不断暴涨，到 1905 年英国的投资额已价值 300 万英镑，英国政府每年将收到 104 万英镑。[①] 其次，英国购买苏伊士运河的购票也使英国的航运船只逐渐从原来的好望角航道转向地中海航道。据统计，在运河通航的第一年，在通过运河的 489 条船中，有英国船 324 条，占总数的 66%，通过运河的货物吨位 43.7 万吨，英国货物达 29.1 万吨，也占总数的 66%，英国凭借拥有世界 1/3 的商船和对外贸易的优势，在运河的道路上独领风骚。[②] 更为重要的是，在政治上英国借助苏伊士运河股票获得了干预埃及事务的权力，从而为英国占领埃及奠定了基础。

　　伴随着苏伊士运河的开通，英国也开始反思此前的埃及政策，如果说此前英国主要通过维护奥斯曼土耳其帝国领土完整的间接方式来保证对埃及影响，那么在购买苏伊士运河股票后，越来越多的英国人认识到抛弃埃及的政策是错误的，应该予以改变。[③] 于是，英国开始利用埃及财政危机逐步涉入埃及事务。英国先是与法国一起对埃及施压，迫使埃及政府被迫宣布财政破产，最终确立了英法对埃及的财政共管。后又以 1881 年 9 月埃及艾哈迈德·奥拉比（Ahmad Arabi）领导的"九月兵谏"及其后来出现的民族主义运动严重影响了英国在埃及利益为名，英国最终转向军事干涉，最终于 1882 年 9 月占领埃及这个北非最重要的国家。

　　占领埃及让英国受益匪浅，"从 19 世纪 40 年代开始，埃及的出口贸易与日俱增，英国分享了其中的绝大部分。在 1880 年，英国占埃及贸易出口额的 80%，相应地，英国占埃及贸易进口额的 44%。值得注意的是贸易的

---

①　Charles W. Hallberg, *The Suez Canal*, *Its History and Diplomatic Importance*, New York：Columbia University Press，1931，p. 249.

②　转引自赵军秀《略论 1875 年英国购买苏伊士运河股票》，载《首师大历史系建系 40 周年论文集》，首都师范大学出版社，1995，第 195 页。

③　Charles W. Hallberg, *The Suez Canal*, *Its History and Diplomatic Importance*, New York：Columbia University Press，1931，p. 56.

构成是进口埃及的棉花和曼彻斯特出口到埃及的棉花制成品"①。更重要的是，英国获得了在苏伊士运河区驻军的权力，并在运河地区建立起海外最大的军事基地，驻扎了近 10 万军队。埃及不仅成为英国在北非的重要基地，而且它还把英国与远东连接在一起，成为大英帝国的主要航道和生命线。此后，英国以埃及为基地，陆续占领苏丹；后又通过英布战争，将南非开普敦据为己有，从而为英国最终成为一个"日不落"帝国奠定坚实基础。

三　1956 年苏伊士运河战争与英国的衰落

随着苏伊士运河在国际航道中的地位越来越重要，英国独占苏伊士运河日益引起其他西方大国的不满，特别是在 1871 年德国实现统一之后，这种不满情绪更加高涨。为了保障苏伊士运河的自由通航权，1888 年德国联合法、意、西、荷、俄、土和奥匈帝国在土耳其的君士坦丁堡缔结《君士坦丁堡公约》，规定必须保证苏伊士运河的安全和自由通航。英国虽然对该公约不满，但却不敢挑起众怒，遂在 1904 年加入这个公约。第一次世界大战后，英国又因形势所迫，被迫于 1922 年允许埃及实行宪政，承认埃及独立，英国对埃及的控制进一步削弱。

1935 年意大利入侵埃塞俄比亚后，不甘退出埃及的英国借口保卫埃及的"安全"和"稳定"，于 1936 年与埃及签订《英埃同盟条约》，规定：英埃缔结军事同盟，英国终止对埃及的军事占领，埃及向英国空军开放领空，亚历山大在 8 年内仍留作英国军港，英国政府有义务为埃及武装部队提供装备和技术指导；英国可在运河区驻军 1 万人，以保护帝国交通安全；埃及可以自由处理外交事务；实施某些埃及化措施（英国法律顾问和财政顾问撤出），使埃及内政逐渐走向独立等，条约期限为 20 年。② 借助《英埃同盟条约》，英国重新回到埃及，并获得了继续在埃及驻扎军队的权力。

然而，经过"一战"和"二战"，英国的实力已大不如从前，再加上二战后风起云涌的非殖民化运动，英国在埃及的统治岌岌可危。为了安抚

---

① A. G. Hopkins, "The Victorians and Africa: A Reconsideration of the Occupation of Egypt, 1882," *Journal of African History* 37（1988）：379.

② 雷钰、苏瑞林：《中东国家通史·埃及卷》，商务印书馆，2003，第 202 页。

埃及日益高涨的民族主义，1946 年 10 月英国外交大臣贝文与埃及首相西德吉帕夏达成了一项协议即《贝文—西德吉协定》，希望以此换取埃及与英国的合作。据此英国将在 1947 年 9 月之前把它的军队撤出埃及的主要城镇，并在 1949 年 9 月以前将军队撤出运河区，作为回报，埃及同意在有关中东安全问题上与英国保持磋商。[①] 此后，实力衰落的英国力图借助西方大国尤其是美国的支持，把英国在埃及的利益纳入西方的整个防御体系之中。为此，1951 年 10 月 13 日，英国联合法国、美国和土耳其发表"中东司令部"声明，试图以废除 1936 年的《英埃同盟条约》、撤出不属于联合司令部指挥的英国军队为条件，换取国际组织包括英国对苏伊士运河的国际防务，变相维护英军对苏伊士运河的控制。[②] 然而，英国的这一设想并没有获得成功，因为在埃及看来英国的殖民统治是当时最大的威胁，摆脱英国是埃及的"重中之重"。因此，埃及国内反对英殖民统治的浪潮不断高涨，运河基地的英军不断受到侵扰。英国无奈只好向美国求助，但美国并不愿意在殖民问题上支持英国，反而向英国施压。原本是"日不落帝国"进入需要第三方来达到目标，而第三方竟然还不买账，英帝国的衰落可见一斑。

1952 年 7 月 23 日埃及发生"七月政变"，以阿卜杜尔·纳赛尔（Abdel Nasser）为首的自由军官组织推翻法鲁克王朝，新政府单方面废除了 1936 年的《英埃同盟条约》，英国与埃及的冲突不断升级。随着英埃矛盾的激化，英军撤出苏伊士运河区已无可避免。1953 年初，英国外交大臣艾登提出了英埃全面解决方案，规定英国军队分阶段撤出埃及；平时在运河区保持一个军事基地，而在战时英国及其盟国能够立即利用这个基地；为埃及的空防成立一个英埃组织；埃及参加中东防御组织；由联合王国和美国对埃及实行军事和经济援助等。[③] 虽然该方案历经波折，但 1954 年 10 月英国最终与埃及签订了《苏伊士运河基地协定》，规定英国武装力量自协定签署之日起 20 个月内全部撤离，但英国政府有权保持议定的一些设施，并为当前的需要加以合理使用，从而实现了英国与埃及之间的暂时和解。

英埃矛盾缓和之后，1955 年英国在美国的支持下建立了一个地区性同

---

① 〔英〕布赖恩·拉平：《帝国斜阳》，钱乘旦译，上海人民出版社，1996，第 292 页。
② 〔法〕让‐巴蒂斯特：《迪罗塞尔外交史》，李仓人译，上海译文出版社，1992，第 122 页。
③ 〔英〕安东尼·艾登：《艾登回忆录》，世界知识出版社，1965，第 335 页。

盟——巴格达条约组织（Baghdad Pact），以阻止苏联在中东地区的扩张。虽然英国竭力说服埃及能够参加该组织，但纳赛尔却认为这个条约组织只是1936年《英埃同盟条约》的替代品，"是一项蓄谋已久的计划，旨在分裂阿拉伯世界，迫使它屈从西方意志"①，因此强烈反对，并阻挠约旦加入巴格达条约组织。不仅如此，埃及政府还在向西方求购武器未果的情形下转向东方阵营，于1955年9月与苏联签订了武器购买协定。埃及的这一做法无疑激怒了英国，英国决定给埃及一点颜色看看，因此联合美国一起宣布取消给埃及的阿斯旺高坝贷款。在英国高压的同时，原本一再信誓旦旦支持埃及的苏联政府也在贷款问题上踟蹰不前。纳赛尔政府无奈只好决定把苏伊士运河收归国有，用运河收入来建造大坝，从而导致了苏伊士运河危机。

苏伊士运河收归国有的消息让英国大吃一惊，正在伊拉克访问的英国首相艾登立即召集部分内阁成员商讨对策。7月27日，艾登又火速召开了内阁紧急会议，表示"即便美国和法国不伸手支援，必要时英国将不惜单独使用武力，同时必须做好必要的准备"。② 为了迫使埃及就范，英国政府三易其稿，最终制定了"火枪手"（Musketeer）计划，并获得了法国和以色列的支持。具有讽刺意味的是，该军事行动计划遭到老朋友美国的反对。因为二战后的美国已经成为西方资本主义阵营的霸主，控制了中东65%的石油，因此对美国而言保持苏伊士运河的自由通航是最重要的，至于它处于哪个国家的控制之下并不那么重要，加之非殖民化浪潮的影响，美国并不愿意因支持英法而动怒民族主义高涨的阿拉伯人。因此在1956年10月29日以色列依据"火枪手"计划向西奈半岛发起攻击后，美国总统艾森豪威尔在第二天发表广播讲话，公开指责英、法的做法是"错误的行动"；11月1日，美国又向联大紧急会议提交了关于立即停火，英、法、以撤军，恢复运河区自由通行的提案。除了在联合国公开反对英法的行动外，美国还运用金融和石油的双重压力，以封锁运河、中断输油和其他贸易手段，向英国施压。在美国施压的同时，苏联则积极向埃及提供外交支持，甚至向英、法发出军事干预的信号。此外，英法对埃及的战争也引起

---

① 〔英〕安东尼·纳丁：《纳赛尔》，范语译，上海人民出版社，1976，第125页。
② Nigel John Ashton, *Eisenhower, Macmillan and the Problem of Nasser: Ango-American Relations and Arab Nationalism, 1955 – 1959* (London: Macmillan Press Ltd. , 1966), pp. 85 – 86.

了国际社会的普遍不满，当时《人民日报》对埃及收回苏伊士运河和随后发生的战争做了很多报道，北京举行了百万人游行，中国还拿出 2000 万瑞士法郎的现汇赠予埃及。最终，英国在美苏的联合施压下被迫于 11 月 6 日宣布停火，苏伊士运河战争结束。苏伊士运河危机的发生及英国在处理危机时的无奈，使得这个曾经不可一世的庞大帝国更感无力，在危机之后英国加速从全球战略中撤退和收缩，将战略重点移至欧洲大陆，从而彻底从一等强国的方阵中退出，沦为一个中等国家。

　　纵观大英帝国的历史，其兴衰虽然是政治变革、工业革命、海外扩张等诸多历史因素的结果，但与苏伊士运河的开凿、掌控与丧失密不可分，可以说，在时间历史上没有哪一条运河像苏伊士运河这样，承载了一个世界帝国的兴衰，正可谓"成也苏伊士运河，败也苏伊士运河"。

Suez Canal and the Rise and Fall of the British Empire

Lü Guixia

Abstracts：After rising in the 17th century, the United Kingdom was committed to sea power and trade, and did not pay enough attention to the excavation of the Suez Canal. However, when Egypt signed a contract with France about the Suez Canal in 1854, the UK was aware of the seriousness. Because all kinds of obstruct were unsuccessful, the UK finally controlled the Suez Canal District by purchasing 44% of the canal stocks and garrisoning, and occupied Egypt finally. After the Second World War, the British became weaker and weaker. With the rise of nationalism in Egyptian and the development of the United States and the Soviet Union, the British was weakened again in the Suez Canal crisis in 1956 and became a second-class country in the end.

Keywords：Suez Canal；United Kingdom；Egypt

（责任编辑：胡克诚）

英国关于克拉运河计划的认知和政策[*]

王本涛^{**}

内容提要 19 世纪中叶以来，在克拉地峡开凿运河的计划备受关注。由于克拉地峡战略地位重要，英国人持续关注和积极探讨克拉运河的可行性。随着大国在中南半岛加剧扩张势力，为防止其他大国向克拉地峡和马来半岛渗透势力，英国转而反对任何克拉运河的开凿计划，并成为英国长期坚持的对克拉地峡的殖民政策。

关键词 克拉地峡 运河计划 英国政策

马来半岛及其南北两端的马六甲海峡和克拉地峡，自古以来都是东西方贸易和文明交流的重要通道。19 世纪以后，英国逐步确立了在东南亚的优势，并且控制了经过马六甲海峡的东西方海洋贸易交通要道。苏伊士运河开通以后，东西方贸易的航程大大缩短，马六甲海峡和新加坡的战略地位大大提高。与此同时，在苏伊士运河和巴拿马运河开凿热潮的推动下，克拉地峡运河计划再次成为关注的焦点。由于克拉地峡的战略地位与马六甲海峡的战略利益密切相关，因此引起英国的密切关注和高度警惕。在 19 世纪 50～60 年代，英国人积极参与克拉运河计划的讨论，对克拉地峡进行实地勘探和调研，还广泛讨论克拉运河计划的可行性。但是在 19 世纪 70

---

* 本文是国家社科基金西部项目 "19 世纪英国在东南亚的海洋政策研究"（批准号：15XSS004）和广西师范大学海上丝绸之路文化研究院的课题 "一带一路背景下马来半岛的海陆通道研究" 的阶段性成果。

** 王本涛，史学博士，广西师范大学历史文化与旅游学院副教授，主要研究方向为英国史、东南亚史。

年代以后，随着欧美列强在全球的殖民竞争进入新的阶段，东南亚和马来半岛也成为列强竞争的热点地区。为防止其他大国向克拉地峡地区的势力渗透，英国认为扼守马六甲海峡，控制马来半岛，不开凿克拉地峡最符合英国人的利益，因此通过对暹罗施加压力，反对其他大国在克拉地峡开凿运河的计划。

目前关于克拉运河计划的研究，国内外学者大多把关注的重点集中在当代克拉运河修建计划的讨论[①]，探讨开凿克拉运河的经济影响和政治影响，并从国际政治的视角分析克拉运河对于泰国及东盟国家、美国、日本、中国等国家的战略意义。从历史的视角探析克拉运河构想的演变以及大国围绕着这个计划所展开的斗争为数不多，代表性的论文有史蒂芬·多布斯的《1850年代以来泰国的克拉地峡与难以实现的运河计划》[②]，V. G. 基尔南的《1882—1885年的克拉运河计划：英法在暹罗和马来亚的竞争》[③]等。本文拟运用英国的原始档案材料，结合当时的国际背景，探讨英国在19世纪中叶以后对于克拉地峡和克拉运河计划的战略认知，剖析英国最终反对修建克拉运河的原因。

---

① 国外学者的研究主要有：Noorul Shaiful Fitri Abdul Rahman, "A Descriptive Method for Analysing the Kra Canal Decision on Maritime Business Patterns in Malaysia," *Journal of Shipping and Trade* 1(2016): 13; Amonthep Thongsin, *The Kra Canal and Thai Security* (master's thesis, The Royal Thai Naval Academy, 2002); Chen Ching-mu, Kumagai Satoru, "Economic Impacts of the Kra Canal: An Application of the Automatic Calculation of Sea Distances by a GIS," IDE Discussion Paper, 2016. 3; Alan Stevens Graham, *The Kra Canal: An Analysis of a Foreign Policy Alternative for the United States Navy in the Indian Ocean* (master's thesis, University of New Mexico, 1968); Rini Suryati Sulong, "The Kra Canal and Southeast Asian Relations," *Journal of Current Southeast Asian Affairs* 4 (2012): 109 – 125; Cheng Yong Lau, "The Kra Isthmus Canal: A New Strategic Solution for China's Energy Consumption Scenario?" *Environmental Management* 10 August 2015。国内学者的研究主要有：段立生《克拉运河的相关动议、争论及前景》，《东南亚南亚研究》2016年第2期；赵昌平等《克拉运河对南海的战略价值分析》，《大连海事大学学报》（社会科学版）2017年第3期；孙海泳《克拉运河方案：挑战、意义与中国的战略选择》，《太平洋学报》2014年第7期；任远喆《克拉运河与中国的海洋安全》，《亚太安全与海洋研究》2015年第3期；曹文振《中国海洋强国战略视野下的泰国克拉运河修建探析》，《亚太安全与海洋研究》2015年第3期。

② Stephen Dobbs, "Thailand's Kra Isthmus and Elusive Canal Plans since the 1850s," *National Studies of Southeast Asia* 4 (2016): 165 – 186.

③ V. G. Kiernan, "The Kra Canal Projects of 1882 – 5: Anglo-French Rivalry in Siam and Malaya," *History* 41 (1956): 137 – 157.

一 克拉地峡与克拉运河计划

克拉地峡位于中南半岛与马来半岛联结处的泰国南端，是处于普吉山脉和那空是贪玛叻山脉之间的狭长地带，从地形上看，"山脉低矮而不连续，将其看作是散布着山脉的滨海平原更恰当"①。克拉地峡的西海岸面向安达曼海，锯齿状分散着众多的河口。相反，紧靠泰国湾的东海岸是开阔连续的海滩、内陆潟湖和海岸阶丘。克拉地峡最窄处仅有 40 英里（64 公里），分水岭海拔高 75 米，被形象地称呼为"魔鬼的脖子"。地峡东西海岸均为基岩海岸，近海浪平风静，具有开凿运河的地理条件。

克拉地峡自古就是东西方交通的要道。在古代的航海技术和造船业还比较落后时，贸易商更多地选择通过克拉地峡的陆上捷径，而不是绕行马来半岛。马丁·斯图亚特－福克斯认为，在古代的东西方贸易中，货物从恒河河口南下缅甸海岸，或从南印度越过孟加拉湾，聚集在克拉地峡，在这里来自东地中海地区的重量较轻、价值昂贵的奢侈品经陆路运往暹罗湾，然后再重新装船沿岸航行运到广州。② 王赓武先生在分析古代中国在南海的贸易时指出，"当 5 世纪地峡地区恢复和平而马六甲海峡海盗猖獗时，商人又重新使用古老的横越半岛的贸易路线"③。法国学者米歇尔·雅克－埃尔古奇在《马来半岛：海上丝绸之路的十字路口》中，考察了 13 世纪以前马来半岛有关港口和商贸转运中心的发展变化历程，认为在从印度洋的孟加拉湾到泰国湾和南中国海的海上贸易网络中，克拉地峡是重要的陆上通道。在克拉地峡海岸的考古中发现的商业遗迹表明，"在国际贸易网络中可能存在着广泛使用跨越半岛的贸易线路"。④ 在古代东南亚的贸易中，经过克拉地峡海陆联运和绕行马六甲海峡的两条线路并行。事实上，后来的室利佛逝帝国就是控制着以马六甲海峡和克拉地峡为中心的战

---

① Avijit Gupta, *The Physical Geography of Southeast Asia* (New York：Oxford University Press, 2005), p. 50.

② Martin Stuart-Fox, *A Short History of China and Southeast Asia ：Tribute, Trade and Influence* (Australia：Allen & Unwin, 2003), p. 26.

③ Wang Gungwu, "The Nanhai Trade：A Study of the Early History of Chinese Trade in the South China Sea," *Journal of the Malayan Branch of the Royal Asiatic Society* 31 (1958)：56.

④ MichelJacq-Hergoualc'h, The Malay Peninsula：Crossroads of the Maritime Silk Road (100 BC – 1300 AD) (Boston：Brill, 2001), p. 32.

略地区，从而控制着东西方的贸易路线而发展成为强大的海洋帝国。由此可见，克拉地峡和马六甲海峡都是古代"海上丝绸之路"的要道。

大航海时代以来，随着西方殖民者的到来，东南亚地区首先卷入了西欧的殖民贸易体系之中。为了控制香料贸易，1511 年葡萄牙人攻陷马六甲，由此控制了这条贸易通道。此时的葡萄牙航海者就已经意识到，在克拉地峡开凿一条运河将会产生巨大的利益。[①] 暹罗的阿瑜陀耶王朝从 16 世纪开始与欧洲国家如葡萄牙、荷兰、法国等进行贸易往来。1677 年，阿瑜陀耶王朝的国王纳雷，曾让法国工程师德·拉马尔调查在暹罗王国南部开通运河的可能性，但限于当时的技术条件不切实际而作罢。1793 年，曼谷王朝的拉玛一世又提出修建运河，以便于使用军舰保护暹罗西海岸。[②] 此后修建运河的宏大设想在泰国被反复提起，但是限于技术条件和泰国的国力，一直未能予以实质性启动。在 19 世纪初期，英国东印度公司勘探过几条可能的运河河道，但没有决定开建运河。[③] 直到 19 世纪中期，随着苏伊士运河的开凿，克拉运河的话题再次成为大国关注的热点。

19 世纪中叶以来，政学各界和舆论媒体围绕着在克拉地峡修建运河的可行性展开持续不断的讨论。主张修建开凿运河的倡导者都认为，通过克拉地峡开凿一条连接安达曼海和南海的运河，与通行马六甲航道相比，可以大大缩短两者之间的海洋航线，据估计可以缩短航程 1200 公里，减少航行时间 72 小时。[④] 由于开凿运河造价巨大，也有相应的替代方案被提出。一个方案就是通过克拉地峡修建一条"陆桥"，修建铁路或高速公路连接安达曼海和泰国湾。另外一个计划是在马来半岛北部修建一条石油管道，以减少马六甲海峡拥挤的邮轮。[⑤]

参与这项运河计划讨论的除了泰国以外，先后有英国、法国、日本、

① "Remarks on the Project of Piercing the Isthmus of Kraw for the Connection of the Bay of Bengal with the Gulf of Siam and the China Sea", Ian Nish, *British Documents of Foreign Affairs-reports and Papers from the Foreign Office Confidential Print. Part* 1, *From the Mid-nineteenth Century to the First World War. Series E*, *Asia*, *1860 - 1914*, Vol. 27 (London: University Publications of America, 1995), p. 12.

② Ivica Kinder, "Strategic Implications of the Possible Construction of the Thai Canal", p. 110.

③ https://www. military. com/daily – news/2017/10/04/geopolitic-kra-canal. html.

④ Noorul Shaiful Fitri Abdul Rahman, "A Descriptive Method for Analysing the Kra Canal Decision on Maritime Business Patterns in Malaysia," *Journal of Shipping and Trade* 13 (2016): 2.

⑤ Chen Ching-mu, Kumagai Satoru, "Economic Impacts of the Kra Canal : An Application of the Automatic Calculation of Sea Distances by a GIS," IDE Discussion Paper, 2016.

美国、澳大利亚、中国等大国积极参与其中，此外还有新加坡、马来西亚、印尼等马六甲海峡的受益国也密切关注该运河计划的动态。但是开凿运河的计划至今仍然没有实现，仍然是以"纸上谈兵"为主，包括英国、日本、美国、泰国在内的多个国家和一些民间机构，多次对克拉地峡进行实地勘探，提出的克拉运河可行性研究方案达10种之多，但是最终仍然没有付诸行动，不了了之。

二 英国人对克拉运河计划的关注与讨论

从19世纪50年代开始，关于克拉运河的开凿计划再次成为关注的话题，也引起英国人对克拉地峡的兴趣与关注。从国际范围来看，有几个重要因素促使英国人开始考虑克拉运河的可行性。第一，英国在东南亚的殖民扩张和贸易发展的推动。1826年，英国把已经占领的槟榔屿、新加坡和马六甲合并成为海峡殖民地，从而基本上控制了交通要道马六甲海峡。新加坡很快就发展成为英国在东南亚的贸易中心和海军基地。1826年英国和缅甸签订《扬达坡条约》，割占了缅甸的阿拉干和丹那沙林地区。1852年又取得了下缅甸。此时英国已经完成了对印度的殖民征服，确立了英国在印度的殖民统治。从地图上可以清晰看出，从印度洋上的孟加拉湾、马达班湾、安达曼海到马六甲海峡，都处于英国的势力范围之下。从印度的加尔各答到新加坡的漫长的海岸线上，只有克拉地峡以南的泰属马来半岛领土未在英国的控制之下。第二，鸦片战争后，英国打开了中国的国门，占领中国香港，并以此为中心扩大在远东的侵略和贸易。英国在远东的贸易迅速发展，英国商船包括英国东印度公司商船和港脚贸易商船的对华贸易快速增长。[①] 马六甲海峡的航道日趋繁忙。第三，历史上长期讨论的苏伊士运河在法国公司的主导下正式动工。1854年，埃及新任总督赛义德·帕夏授权法国工程师斐迪南·德·雷赛布开凿苏伊士地峡。1858年雷赛布组织苏伊士运河公司，1859年破土动工，1869年11月17日正式通航。第四，英国与暹罗签署了通商条约，不但扩大了在暹罗的贸易，而且提高了英国对暹罗的影响力。这些因素都引发英国人对克拉地峡战略地位的重视。

1855年初，英国驻香港总督约翰·鲍林（又译作包令）担任特使，率

---

① 余定邦、喻常森等：《近代中国与东南亚关系史》，世界图书出版公司，2015，第338页。

团乘军舰出使暹罗，并迫使泰国国王拉玛四世（孟固）签订《鲍林条约》。《鲍林条约》签订不久，在克拉地峡开凿运河的构想就引起了英国人的兴趣。1856 年 6 月，一位在暹罗的实习翻译弗里斯特向英印政府提交报告，建议认真考虑在克拉地峡修建一条连接孟加拉湾和暹罗湾的运河。① 与弗里斯特同时提交的还有约翰·鲍林的推荐信函。约翰·鲍林在 1857 年出版的书中提出，既然英国和暹罗已经建立了正式的关系，就应该认真考虑克拉运河的开凿计划。"据说在孟加拉湾和暹罗湾之间开建一条水路通道不太困难。如果在克拉地峡开凿一条运河是可行的，那么，其重要性仅次于所提议建设的通过美洲的达连地峡的运河和埃及的苏伊士运河，希望我们与暹罗所开建的外交关系将导致这个问题的调查和解决，展开地理的和贸易的调查。"② 鲍林在提议修建克拉运河时，把设想的克拉运河与当时国际社会热议的巴拿马运河计划和苏伊士运河计划相提并论，认为其地位将会仅次于巴拿马运河和苏伊士运河。

1856 年 8 月，在暹罗的英国土木工程师戴维·多伊戈（David Doeg）致信英国首相帕麦斯顿，建议在克拉地峡和马来半岛修建铁路和运河，修缮暹罗境内的港口和航运设施。多伊戈认为修建一条连接位于英属丹那沙林墨吉河的运河，从而把暹罗湾和孟加拉湾直接联系起来。他试图说服帕麦斯顿相信，这条运河将带来的巨大价值，"打开马来半岛的地图一看，您就会看到我们的印度半岛和中国与暹罗的海岸之间具有巨大优势和不可估量的利益"③。英国外交大臣克拉伦登把这封信发给约翰·鲍林，指示他留意此事并对此做出判断，是否有必要就此问题向暹罗提出建议。

1858 年 1 月，劳埃德船级社（劳氏船级社）的亨利·怀斯致函外交部，建议尽快在克拉地峡建设一条连接东方属地的克拉运河，他提到弗里斯特和约翰·鲍林以前的建议，并认为通过克拉运河比绕道马六甲海峡节

---

① Ian Nish, *British Documents of Foreign Affairs-reports and Papers from the Foreign Office Confidential Print. Part 1, From the Mid-nineteenth Century to the First World War. Series E, Asia, 1860 – 1914*, Vol. 27 (London：University Publications of America, 1995).

② John Bowring, *The Kingdom and People of Siam；With a Narrative of the Mission to That Country in 1855*, Vol. 1 (London：John W. Parker and Son West Strand, 1857), p. 5.

③ Ian Nish, *British Documents of Foreign Affairs-reports and Papers from the Foreign Office Confidential Print. Part 1, From the Mid-nineteenth Century to the First World War. Series E, Asia, 1860 – 1914*, Vol. 27 (London：University Publications of America, 1995), p. 9.

省的时间"不是以天计，而是以周计"。① 值得注意的是，1858 年，英国刚刚镇压了印度民族大起义，英国正在进行侵略中国的第二次鸦片战争，并于该年 6 月与清政府签订《天津条约》。7 月，英国与日本签订《日本国大不列颠国修好通商条约》，是为《安政五国条约》之一。为了更好地促进和保证英国在东亚和南亚的利益，避免从印度到中国必须迂回马六甲海峡和新加坡的不便，怀斯建议在克拉地峡修建运河，从而直接把孟加拉湾和暹罗湾的水域连接起来。除了陈述有利的地理条件之外，怀斯还建议英国政府把大量叛乱的印度士兵运到位于孟加拉湾东部的圣马太岛或大象岛，可以为修建运河提供丰富的廉价劳动力。② 怀斯的建议受到英国外交部的重视，并把信函复印件转发给印度事务部、贸易部、海军部以及驻暹罗领事馆征求对修建运河的意见。

英国贸易部认为，虽然提议的克拉运河对于英国与东方的贸易至关重要，可以缩短现在必须通过危险的马六甲海峡的航行时间。但是，由于怀斯所建议的方案缺乏可行性的具体信息，贸易部不准备对此发表任何观点，只是建议英国在曼谷的领事馆进一步搜集详细信息，或者派遣工程师和其他人员进行实地勘察。③ 与此同时，怀斯的信函连同贸易部的观点，转发给英国驻暹罗的总领事罗伯特·尚伯克（Robert H. Schomburgk），并要求他调查克拉运河计划的可行性。

1858 年 5 月，尚伯克经过实地调研和汇总能搜集到的所有关于克拉地峡的资料后，就此问题发回一份长文报告——《关于打通克拉地峡连接孟加拉湾和暹罗湾及中国海的项目计划的意见》。④ 该报告认为，当时国际社

① Ian Nish, *British Documents of Foreign Affairs-reports and Papers from the Foreign Office Confidential Print. Part* 1, *From the Mid-nineteenth Century to the First World War. Series E*, *Asia*, *1860 – 1914*, Vol. 27（London：University Publications of America, 1995）, p. 2.

② Ian Nish, *British Documents of Foreign Affairs-reports and Papers from the Foreign Office Confidential Print. Part* 1, *From the Mid-nineteenth Century to the First World War. Series E*, *Asia*, *1860 – 1914*, Vol. 27（London：University Publications of America, 1995）, p. 10.

③ Ian Nish, *British Documents of Foreign Affairs-reports and Papers from the Foreign Office Confidential Print. Part* 1, *From the Mid-nineteenth Century to the First World War. Series E*, *Asia*, *1860 – 1914*, Vol. 27（London：University Publications of America, 1995）, p. 10.

④ "Remarks on the Project of Piercing the Isthmus of Kraw for the Connection of the Bay of Bengal with the Gulf of Siam and the China Sea", Ian Nish, *British Documents of Foreign Affairs-reports and Papers from the Foreign Office Confidential Print. Part* 1, *From the Mid-nineteenth Century to the First World War. Series E*, *Asia*, *1860 – 1914*, Vol. 27（London：University Publications of America, 1995）, p. 12.

会热议的三大工程，即开凿通过中美洲的运河、开通苏伊士地峡、铺设横跨大西洋的电报电缆，如果能够完成，将对整个文明世界产生重大影响。在此背景下，修建通过马来半岛克拉地峡的运河，也成为关注的焦点。他分析了关于克拉地峡的各种资料和数据之后，认为修建克拉运河将会给英国带来不可估量的经济利益，尤其是极大地促进英属印度和中国之间的商业贸易，同时也有利于巩固英国在东方的附属地。在提到修建运河的劳动力时，除了使用亨利·怀斯所建议的印度叛乱土兵以外，尚伯克还建议使用"中国苦力"，因为中国劳力更容易获得和管理。

然而，印度事务部和印度总督认为，不清楚怀斯的建议是由政府还是私人公司承担这项工程，对于他所说的使用已经判刑的印度叛乱土兵充当劳动力，这也是难以实行，因为已经开始把这些罪犯运送到安达曼群岛。英印政府还认为，假如实施这项工程，英国还需要重新占领昆仑岛①（越南南部南中国海中的一个群岛，1702 年东印度公司曾在该岛建立据点，1705 年该据点被摧毁）。怀斯再次回复关于克拉运河的有关建议，并且详细地描述了他所计算的印度和中国之间的距离，并强调修建水道大大缩短从孟加拉湾到暹罗湾的距离，而且对英国与中国之间的邮政往来产生影响。② 1858 年 9 月，印度事务部和英印政府回函称，这个项目无论从政治上还是商业上来说，都相当重要，相信英国政府不会忽视此事。至此，英国对于克拉运河计划的讨论没有了下文。

但是，英国人对于克拉地峡的关注和调研没有停止。1861 年 4 月，英国驻孟加拉的工程师亚历山大·弗雷泽上尉和詹姆斯·乔治·弗朗上尉驾驶"复仇女神号"汽船，从英属丹那沙林的克拉百利河河口溯流而上，后又穿越克拉地峡，到达暹罗湾。这个调查团通过对克拉地峡的勘察，认为完全可以在此建设一条连接孟加拉湾和中国海的通道，以替代"长远、危险和迂回的马六甲通道"。但与前人提出开通克拉运河的建议不同的是，调查团认为修建一条铁路更切实可行，而且"每英里的建设费用可能比在

---

① Ian Nish, *British Documents of Foreign Affairs-reports and Papers from the Foreign Office Confidential Print. Part 1 , From the Mid-nineteenth Century to the First World War. Series E , Asia, 1860 – 1914*, Vol. 27（London：University Publications of America, 1995）, p. 17.

② Ian Nish, *British Documents of Foreign Affairs-reports and Papers from the Foreign Office Confidential Print. Part 1 , From the Mid-nineteenth Century to the First World War. Series E , Asia, 1860 – 1914*, Vol. 27（London：University Publications of America, 1995）, p. 18.

印度的任何铁路都便宜"①。调查团在调查报告中，运用数据通过比较从锡兰或加尔各答到香港经过克拉通道和马六甲海峡两条线路的航程距离和时间成本，认为修建一条通过克拉地峡的铁路不但有利可图，而且价值重大。开通这条通道，不但极大促进欧洲、印度和中国之间的贸易，而且还可以引进强壮的和勤劳的人口（中国人）到该地区开发丰富的矿产。因此，英国政府应该尽快考虑联合暹罗政府，对克拉地峡进行进一步的勘测，以证实建设克拉通道使双方获益。② 这是首次提出在克拉地峡修建铁路的计划，或许受到美国在巴拿马修建铁路的影响，1855 年巴拿马铁路开通投入运营。

1872 年，英国又派遣 A. G. 利普顿上尉勘探克拉运河线路，希望找到缩短从印度到香港的航程。这次勘查从英属缅甸的维多利亚角出发，沿着克拉河（克拉百利河）而上，然后穿越克拉地峡，到达暹罗的春蓬，大约 30 英里的路程。③ 这实际上是克拉地峡最狭窄的地方，但是修建运河异常困难。这条通道周边都是高山峻岭，气候恶劣。克拉周边降雨强度大但有周期性，从 5 月到 10 月平均降雨量是 165 英寸，此时疟疾肆虐。但是在旱季，克拉百利河在克拉流入印度洋，宽不到 30 英尺，深只有 3 英尺。在此处修建任何运河，都必须深挖到海平面，因为没有足够的水量运行河闸系统，这是巨大的稻米运输船最需要的。地峡两岸的水位差异，几年前都已经确认，也必须考虑到潮汐变化。除了造价的问题，海平面运河也是不可能的，唯一的可选方案就是建设一系列水闸和蓄水池。东海岸也有很多缺陷，这侧的运河进出口都是不易的，需要建设特殊的海港，所有这些都意味着造价昂贵。④

这一时期英国人在克拉地峡的勘探活动及其对克拉地峡的认知，主要强调控制克拉地峡对于英帝国在远东的扩张和东西方贸易的战略意义。但是，无论是铁路计划还是运河计划，对于建设的可行性的论证仍然不足，实际上所得的调查数据也不准确。所以，在这段时期，英国并没有切实地

① Reinhold Rost, *Miscellaneous Papers Relating to Indo-China* (London: Trübner & Ludgate Hill, 1886) p. 289.
② "Report on a Route from the Mouth of the Pakchan to Krau, and Thence Across the Isthmus of Krau to the Gulf of Siam", Reinhold Rost, *Miscellaneous Papers Relating to Indo-China*, p. 285.
③ https://www. military. com/daily – news/2017/10/04/geopolitic – kra – canal. html.
④ Virginia Thompson, *Thailand: The New Siam* (New York: Macmillan, 1941), p. 132.

推动克拉运河的开凿工程。

英国人之所以在 19 世纪 50 年代开始关注克拉地峡及其运河计划，主要在于完成工业革命的英国工业实力雄踞世界，殖民势力和商业贸易遍布全球，此时英国已经完成了对印度的征服，占领了缅甸的阿拉干、丹那沙林和下缅甸，建立的海峡殖民地快速发展，完全控制了从孟加拉湾经马六甲海峡到中国等远东地区的贸易航线。此时正是世界大国热议巴拿马运河计划、苏伊士运河计划，大国之间激烈争夺这些运河的开凿权，以图控制连接世界大洋的重要航道和战略据点。这些因素促进了英国人对克拉地峡战略地位的审视，激发了他们对开凿克拉运河的热情。但是，由于苏伊士运河开凿尚未完成，没有成功的经验借鉴，对于克拉运河计划的可行性还没有深入的论证，加上英国完全控制马六甲海峡，并不急需开通其他新的贸易通道，因此，这段时期英国对于开凿克拉运河的讨论，经过一段时间的喧嚣后归于沉寂。

三 大国角逐克拉地峡与英国克拉运河政策的转变

19 世纪 70 年代以后，世界形势和欧洲的政治格局都发生重大变化。欧洲列强在对外侵略扩张方面，进入了所谓的"新帝国主义"阶段。英国放弃了在马来半岛的不干涉政策，在马来各邦推行"前进政策"，逐步控制和征服马来土邦。英国在缅甸和马来半岛的侵略逐步深入的同时，法国也在扩大对印度支那的侵略，越南、柬埔寨、老挝先后沦为法国的殖民地。暹罗正处于英法扩张的中间位置，如果开通克拉运河，则可以把安达曼海、暹罗湾、湄南河流域、湄公河三角洲直接联系起来，因此法国对于克拉地峡的战略地位以及克拉运河计划表现出越来越强烈的兴趣。从 1866 年到 1878 年，法国多次要求暹罗政府授予法国修建克拉运河的特许权[1]，这牵动着英国的战略神经。苏伊士运河开通以后，马六甲海峡和新加坡的战略地位大大提高。因此，"控制马六甲海峡和马来半岛对英国在太平洋地区的扩张有着重大战略意义"[2]。除了法国以外，普法战争以后的德国，随着经济军事实力的快速增长，快速走上海外扩张的道路。德国曾经派军

---

[1] http://kracanal-maritimesilkroad.com/en/story/history-of-kra-canal/.

[2] 余定邦：《东南亚近代史》，贵州人民出版社，1996，第 218 页。

舰到马来半岛调查，企图在那里建立军事基地。英国害怕德国一旦能在马来半岛立足，就会危及英国对马六甲海峡的控制权。① 在此背景之下，欧洲大国开始了在暹罗和克拉地峡的角逐，英国人认为马来亚的防御形势日趋严峻，因此调整了对暹罗和克拉地峡的政策。

19 世纪 80 年代，苏伊士运河开通后获得巨大成功，获得巨大声誉的法国工程师斐迪南·德·雷赛布此时不但在进行着巴拿马运河的冒险事业，而且也积极地参与克拉运河的投资计划。这让英国感觉到，暹罗有可能对法国让步，从而授权德·雷赛布的公司。

1881 年夏天，英国在曼谷的总领事帕尔格雷夫（Palgrave）了解到，有些法国资本家包括雷赛布与越南的西贡长官正在与暹罗谈判，商讨由法国人修建一条克拉运河。帕尔格雷夫认为，这意味着西贡将从中获益而新加坡将遭受损失。英国外交部次官朱利安·庞斯富特（Julian Pauncefote）认为，这件事非常严重。鉴于在雷赛布主导下的法国公司已经开始修建巴拿马运河，庞斯富特倾向于认为，"修建运河的工程问题容易解决，一旦运河开通，与中国的贸易肯定要转到新的路线上"②，这将严重损害英国的利益。1881 年 10 月，庞斯富特向英国驻曼谷领事发一份备忘录，"应该尽一切努力阻止暹罗没有事先与英国政府沟通就授予除英国公司之外的任何公司特许权"。他同时指示将此事通告印度事务部和海军部，"要考虑采取必要措施以保证反对任何外国公司实施此项计划"。③ 这段时期，英国的外交部文件显示，英国全力确保英国的利益不受损害，同时要求暹罗政府保证，在没有与英国政府磋商的情况下，不能授予修建运河的特许权。1882年，暹罗拉玛五世朱拉隆功（Chulalongkorn）根据帕尔格雷夫的要求，做出明确保证，鉴于英国政府的态度，推迟修建运河的任何决定。1882 年 2月，暹罗外交大臣正式声明，没有事先与英国磋商，不会授权建设克拉运河。

1882 年 6 月，关于克拉运河计划的争议再起。法国总办弗朗索瓦·德隆克勒（Francois Deloncle）到达曼谷，声称代表雷赛布向暹罗政府寻求克

---

① 余定邦：《东南亚近代史》，贵州人民出版社，1996，第 218 页。
② V. G. Kierman, "The Kra Canal Projects of 1882 - 5: Anglo-French Rivalry in Siam and Malaya," *History* 41（1956）：141.
③ Stephen Dobbs, "Thailand's Kra Isthmus and Elusive Canal Plans since the 1850s," *National Studies of Southeast Asia* 4（2016）：173.

拉运河的特许权。暹罗虽然也认为可能将从运河中获益，但是担心欧洲大国在暹罗的扩张与竞争。针对法国在暹罗的活动，英国海军部认为，克拉运河的价值尽管不可忽视，但是很可能被夸大了，所以不需要密切关注此事。殖民事务部认为，英国政策的重点应该是阻止法国获得运河区沿线的领土。英属丹那沙林的专员认为，维多利亚角靠近克拉百利河的河口，只要控制住维多利亚角，就足以确保英国对拟建的运河的控制。在众多的观点之中，新加坡的海峡殖民地总督弗雷德里克·韦尔德（Frederick Weld）的看法引人注目。[①] 韦尔德一直致力于推进英国在马来半岛的势力。在韦尔德看来，一条横断克拉地峡的运河，其东部的出口是多变的沙滩，这使得运河在商业上可能不会使用多年，此外，从欧洲或印度南部航行通过克拉运河到东方，不会节省太多的里程，而且还要支付通行费，所以它也不会对海峡殖民地的繁荣造成严重的影响。因此，所谓的新加坡的利益将因运河的开通受到损害的假设是错误的。但是，从政治的角度看待此事就完全不同了。如果一个其他大国获得在马来亚的立足点将会对英国造成很大的威胁，英国必须要保证牢牢控制住马来半岛上的任何运河。假如法国把马来亚变成第二个安南，那么暹罗将会任由法国处置。英国应该完全有理由坚持，计划的克拉运河必须在它的赞助和保护之下。韦尔德的观点受到殖民事务部和海军部的认可，实际上也影响到英国对于克拉运河的政策。

1882 年底，雷赛布从苏伊士运河公司派出由 6 名工程师组成的勘察团到达暹罗，法国军官保罗·贝利翁担任勘察团的领队。暹罗国王批准这个勘察团，并且委派一名他信任的英国水文地理学家阿尔弗雷德·洛夫特斯随团调研。1883 年 1～4 月，这个勘察团从东岸的春蓬登陆，经过克拉地峡，到达西部的拉廊，然后经过槟榔屿和新加坡返回，历时三个月。这个勘察团详细考查了克拉运河计划水道及周边的地形特征、山川河流、气候条件等。阿尔弗雷德·洛夫特斯在调研的报告[②]中认为，"在我看来，把克拉地峡作为一条从一个海洋到另一个海洋的运输线路，无论是运河还是铁路，都完全没用，即便是开凿运河或修建铁路是可行的，因为节省不了时

---

① V. G. Kiernan, "The Kra Canal Projects of 1882 – 5: Anglo-French Rivalry in Siam and Malaya," *History* 41 (1956): 145.

② A. J. Loftus, *Notes of a Journey Across the Isthmus of Kra*, *Made with the French Government Survey Expedition* (Singapore: Straits Times, 1883).

间，而且路途费用沉重"①。他还认为，弗雷泽上尉和弗朗上尉在 1861 年勘察后认为修建铁路可以节约时间的建议，在现在已经完全不适用了。勘察团的法国领队贝利翁也告诉法国驻曼谷领事哈曼德，调研表明克拉运河工程是不值得考虑的，估计造价高达 5 亿法郎，运河开凿成本远远大于运河的收益。至此，对于克拉运河的北部水道的讨论被搁置起来。

1884 年，法国总办德隆克勒又提出一个新的设想，在宋卡和董里之间开凿运河。这意味着从克拉往南移动几近 200 英里，远远离开了英国从下缅甸可以施加控制的地方。这条运河计划将穿越马来半岛，其宽度远远大于克拉地峡，东面可以利用宋卡湖，西面可以借助于董里河。在英国人看来，德隆克勒本人是一个沙文主义者，致力于推进法国在印度支那的扩张。英国新任的驻曼谷总领事欧内斯特·萨托认为，法国的真实意图是通过从暹罗争取到运河开凿特许权，从而可以在运河区部署力量，进而向南部的马来亚扩展影响力，这是英国不能容忍的。② 由于宋卡是泰国南部重要的商贸中心，而且暹罗人居多，所以暹罗政府不可能同意这条运河水道。但是，如果雷赛布的法国公司一旦完成巴拿马运河的开凿，很可能要对暹罗施加更大的压力。

但是，英国在马来半岛推行"前进政策"，尤其是向马来半岛北部各邦渗透，引起暹罗的不安。新加坡的海峡殖民地政府不断地要求将北部"独立"的各州置于英国保护伞之下，而暹罗国王朱拉隆功则认为，要加强对这些领地的控制，因为失去它们"损害一个国家的声望名誉"。③ 1885 年 6 月，欧内斯特·萨托（Ernest Satow）认为，要反对新加坡的兼并主义，尤其是在暹罗面对法国的压力下削弱暹罗是错误的。因此，萨托提出"如果英国不得不要求运河的特许权以阻止法国时，那么就必须对暹罗承诺，他们在半岛的权利受到尊重"④。由此可见，法国在马来半岛的扩张以及可能对英国的利益造成威胁，成为英国关注克拉运河问题的主要担忧。

① A. J. Loftus, *Notes of a Journey Across the Isthmus of Kra*, *Made with the French Government Survey Expedition* (Singapore: Straits Times, 1883), p. 18.

② V. G. Kiernan, "The Kra Canal Projects of 1882 – 5: Anglo-French Rivalry in Siam and Malaya," *History* 41 (1956): 151.

③ 〔澳〕芭芭拉·沃森·安达娅、伦纳德·安达娅：《马来西亚史》，黄秋迪译，中国大百科全书出版社，2010，第 234 页。

④ V. G. Kiernan, "The Kra Canal Projects of 1882 – 5: Anglo-French Rivalry in Siam and Malaya," *History* 41 (1956): 153.

1886 年，在马来半岛和克拉地峡的各种投机活动陷入低潮。暹罗的外交大臣德瓦旺亲王对萨托表示，运河计划整体上过于庞大，而且易于侵害暹罗的主权，"国王的态度非常明确和坚定，不会给予任何人修建通海运河的特许权"。拉玛五世在与雷赛布的通信中也表示，"克拉运河不是一项现代可以完成的工程"。① 雷赛布在给拉玛五世的回信中表示，一旦他完成巴拿马运河，就着手开凿克拉地峡。但是，此时巴拿马运河公司已经陷入危机，两年之后宣布破产。这个事件让所有克拉运河计划的设计者和投机者受挫。

19 世纪的 80 年代，在围绕着克拉运河的讨论中，英国更关注的是法国势力在克拉地峡和马来半岛的渗透。由于法国工程师雷赛布负责完成苏伊士运河的开凿，又在承担开凿巴拿马运河，在国际社会上具有很高的威望。在承建克拉运河的问题上，英国政府感到英国公司很可能竞争不过雷赛布的法国公司。为防止法国势力经克拉地峡南下，英国施加对暹罗的影响，要求暹罗政府保证，没有英国同意或者未经与英国事先协商，不把开凿克拉运河的特许权和运河区的领土授予或租借给任何其他国家和公司。

进入 19 世纪 90 年代，英法关系逐渐缓和。德国开始加强在东南亚渗透，企图在马来半岛扩张势力。② 1896 年 1 月，英法两国关于暹罗问题达成妥协，"英法两国进一步约定，不在这一地区获取英法两国及其国民和属地不能共同享有或不对他们平等开放的任何特权和利益"③。这实际上等于把暹罗变成英法两国势力扩张的缓冲地带。关于暹罗的独立，"上述条款不妨碍两大国采取可能商定的为维持暹罗王国独立而认为必要的行动"。④ 英国之所以要保证暹罗的独立，是因为"暹罗的稳定对于英国在这个地区的外交政策至关重要"：如果暹罗四分五裂或者被瓜分，英属印度和法属印度支那之间的缓冲带就不复存在。⑤ 英国的战略意图是防止其他大国包括法国在马来半岛和克拉地峡的扩张，但其前提条件是要保证英国对暹

---

① V. G. Kierman, "The Kra Canal Projects of 1882 – 5: Anglo-French Rivalry in Siam and Malaya," *History* 41 (1956): 155.

② 关于德国在马来半岛的扩张，参见 K. G. Tregonning, "How Germany Made Malaya British," *Asian Studies* 11 (1964)。

③ 世界知识出版社编辑《国际条约集 (1872 – 1916)》，世界知识出版社，1986，第 146 页。

④ 世界知识出版社编辑《国际条约集 (1872 – 1916)》，第 146 页。

⑤ Andrew Porter, *Oxford History of the British Empire*, Vol. Ⅲ, *The Nineteenth Century* (Oxford: Oxford University Press, 1999), p. 388.

罗政府的影响和控制。否则，"法国人、德国人或者俄国人①都可能会获得在克拉地峡开凿运河的特许权"②，从而威胁到英国在马来半岛的利益。

在英法达成协议不久，英国就开始了与泰国的谈判，以挫败德国的渗透企图。1897 年 4 月，英国和暹罗签订密约，暹罗国王保证"没有英国政府的书面同意，不授予、割让或出租任何的土地或贸易特权"。③ 这实质上是阻止泰国授予任何其他大国在西南海岸包括克拉地峡和泰属穆斯林邦国以特许权。对于英国而言，任何其他大国占领马来半岛的任何地方或者其沿海的任何岛屿，都被视为英国在孟加拉湾、安达曼海和马六甲海峡的潜在威胁，因而影响到印度东海岸和缅甸西海岸与中国之间的重要的贸易路线，影响到新加坡作为中转港口的重要地位。"控制马来半岛的大国在很大程度上一定控制着到远东的路线。"如果马来半岛的脖子被其他大国扼住，新加坡的优势地位将会遭到严重打击。④

此后的半个多世纪里，英国一直坚持这项克拉运河的政策，即反对任何其他大国开凿克拉运河，除非英国政府的同意或与英国协商，暹罗政府才可以授权其他国家或公司。事实上，不仅仅是开凿运河，任何其他大国企图在马来半岛扩张势力，都引起英国的警惕。1904 年英法协约使得英法在东南亚的紧张关系放缓，但是仍然有传言，德国人和俄国人对于克拉地峡计划有很大兴趣，这意味着 1897 年《英暹密约》不足以保证抵制欧洲对暹罗南部地区的介入。于是，英国外交部放弃了他们反对向北部四个马来半岛扩展殖民势力的政策。1909 年 3 月，英国驻曼谷大使拉尔夫·佩吉特和暹罗外交大臣德瓦旺亲工缔结条约⑤，暹罗把吉打州、玻璃市、吉兰

---

① 关于俄国人在东南亚的扩张企图，参见 Karen Snow, "St. Petersburg's Man in Siam: A. E. Olarovskii and Russia's Asian Mission, 1898 – 1905," *Cahiers du Monde russe* 48 (2007): 611 – 636。

② Andrew Porter, *Oxford History of the British Empire*, Vol. III, *The Nineteenth Century* (Oxford: Oxford University Press, 1999), p. 388.

③ Ian Nish, *British Documents of Foreign Affairs-reports and Papers from the Foreign Office Confidential Print. Part 1, From the Mid-nineteenth Century to the First World War. Series E, Asia, 1860 – 1914*, Vol. 27 (London: University Publications of America, 1995), p. 9.

④ Kees van Dijk, *Pacific Strife, The Great Powers and Their Political and Economic Rivalries in Asia and the Western Pacific 1870 – 1914* (Amsterdam: Amsterdam University Press, 2015), p. 284.

⑤ Ian Nish, *British Documents of Foreign Affairs-reports and Papers from the Foreign Office Confidential Print. Part 1, From the Mid-nineteenth Century to the First World War. Series E, Asia, 1860 – 1914*, Vol. 27 (London: University Publications of America, 1995), p. 215.

丹州和丁加奴州的宗主权转让予英国，暹罗同意不承认第三国在暹罗南部的军事存在，并授予英国独家享有对连接曼谷和新加坡的铁路建设资助和监督的特权。作为回报，英国放弃了在暹罗的治外法权。

第二次世界大战结束后，1946 年 1 月 1 日，英国和暹罗签订和平协定，其中一个重要内容是：暹罗承诺没有英国的同意，不开凿通过克拉地峡的运河。英国学者索尔·罗斯认为，这个条款代表着"英国自获得新加坡以来关于东南亚的政策中始终不变的内容"，自从莱佛士强行闯入新加坡以来，就认识到克拉地峡的重要性和价值，英国决策者就受到修建克拉地峡运河这件事的困扰。[①] 事实上并非如此，在 19 世纪 80 年代以前，尽管英国人也密切关注克拉地峡的战略地位以及克拉运河计划，但是英国并没有为此困扰。一方面，英国牢牢控制着马六甲海峡，另一方面，克拉运河计划是否可行一直是个很大的问题。到 80 年代以后，欧美列强掀起了瓜分世界的狂潮，英法两国在东南亚围绕着对暹罗的争夺展开竞争，随着德国的势力开始在马来半岛渗透，为了防止其他大国威胁英国在马来半岛的利益，英国对克拉地峡的政策转向通过施加对暹罗的影响，提防其他大国控制克拉地峡，"英国决定反对任何对克拉地峡的要求，这被视为对马来亚防御的严重威胁"[②]。英国的这项政策一直坚持到第二次世界大战以后。

结　论

19 世纪，英国对克拉地峡运河计划的关注，随着英国势力在东南亚的扩张而深入。到 50 年代，一方面英国在东南亚地区和马来半岛占据了优势，另一方面对苏伊士运河计划和巴拿马运河计划的讨论甚嚣尘上，大国之间争夺运河的开凿权。在此背景下，克拉地峡的地理条件和战略位置引起国际关注，英国开始关注和讨论克拉运河计划。关于克拉运河计划的两次热潮，都与苏伊士运河和巴拿马运河的开凿进程密切相关。但是，克拉地峡靠近马六甲海峡，开通运河后缩短的航程和节省的时间，都远小于苏伊士运河和巴拿马运河，所以可行性一直是最大的争议点。

---

① Saul Rose, *Britain and Southeast Asia* (Baltimore: The Johns Hopkins Press, 1962), p. 158.

② Nicholas Tarling, *Imperialism in Southeast Asia*: *A Fleeting Passing Phase* (Routledge: New York, 2001), p. 286.

对于英国而言，与其说关注克拉运河计划，不如说更关注克拉地峡的战略地位。由于海峡殖民地牢牢掌握着马六甲海峡，而且英国逐步加强对马来半岛的控制，防止其他大国在克拉地峡的渗透与扩张，成为英国的主要目标。从全球的视野看，在 19 世纪晚期，克拉地峡以及马来半岛也成为欧洲列强争夺殖民地和势力范围的关注点，不仅是法国，包括后来的德国、俄国和日本对这个地区的兴趣日益增加，克拉运河计划因而在大国竞争中成为不断被提议和争论的议题。但是英国坚持认为，反对任何的克拉运河计划，最符合英国的利益。这构成了英国长期奉行的关于克拉运动计划的政策基础。

British Cognition and Policy on Kra Canal Projects

Wang Bentao

Abstract：There have been various schemes for the construction of a shipping canal through Kra Isthmus since the middle of nineteenth century. In view of strategic importance of Kra Isthmus，British continued to survey the region and discuss the feasibility of a canal project. In order to balance the competing demands of imperial powers on its territory，British colonial policy was always against the construction of any canal through Kra Isthmus.

Keywords：Kra Isthmus；Canal Project；British Policy

（责任编辑：吕桂霞）

试析伊利运河对美国早期区域经济的影响

许凯文[*]

内容提要 19世纪上半叶，在殖民霸主英国主导的国际经贸体系中美国的主要贸易对象仍是英国。对外贸易是美国经济发展的重要组成部分，而纽约市是美国重要的工农业产品外贸港口城市。伊利运河的开辟突破了阿巴拉契亚山脉的阻隔，从而使纽约及东部工业区的经济辐射到中西部农业区。因此，伊利运河是美国东部工业区的经济纵深进行经济辐射的重要一环。伊利运河的修建不仅使东部区域经济辐射到中西部区域，同时催生了五大湖工业区的雏形。在1851年第一条贯穿阿巴拉契亚山脉的铁路建立之前的26年中，伊利运河一直是沟通美国东西部经济贸易的唯一陆上经济动脉。毫无疑问，在美国早期发展的运河时代，伊利运河在促进东西部区域经济发展的过程中起到重要作用。伊利运河引领时代且使纽约一跃成为美国的经济和金融中心。一条运河改变了纽约的命运，也创造了一个国家的历史。

关键词 伊利运河 运河时代 区域经济 纽约 中西部 五大湖

伊利运河是于1825年建成的美国历史上第一条贯穿阿巴拉契亚山脉的运河[①]，在全国交通网络与经济体系的构建过程中具有独特的战略意义与关键的经济价值。它突破了阿巴拉契亚山脉的地形限制，开拓了美国的国

---

* 许凯文，南开大学世界近现代史研究中心博士研究生，主要研究方向为美国史。

① 在伊利运河修建之前，也有少量运河修建，但都没有跨越阿巴拉契亚山脉。美国最早的运河于1794年建成，在1790~1800年之间纽约州、宾夕法尼亚州以及马萨（转下页注）

内市场，并成为继续开发西部的前哨。在水陆交通方面，伊利运河联系了纽约与五大湖，并向西通过运河连接辛辛那提，从而沟通了密西西比水系，最终形成全国性的水运交通网络。在经济连通方面，它首次实现了美国东部经济中心与美国中西部新兴开发区的经济互动，使中西部地区加快承接国内外产业转移，进而推动了五大湖工业区的形成和中西部区域经济腾飞。

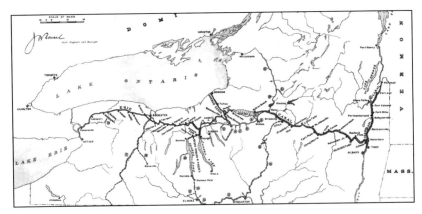

伊利运河为主干的纽约运河体系①

伊利运河选择以奥尔巴尼为起点，以布法罗为终点，是结合地形地貌、技术条件与经济水平等诸多因素综合的结果。在当时的技术条件下，要建立一条穿越阿巴拉契亚山脉、运输量巨大的贸易交通线，修建运河是最佳选择。而受到阿巴拉契亚山脉两侧普遍陡峭的地形限制，只有奥尔巴尼到布法罗之间的相对平坦地形适宜开挖运河。② 另外，1812 年第二次美英战争以后，纽约在美国东海岸港口城市群中的地位凸显，成为美英贸易的主要窗口，奥尔巴尼所在的哈德逊河入海口恰好是纽约。所以伊利运河以奥尔巴尼为起点，以布法罗为终点，实际上将纽约与五大湖连接起来，

（转上页注①）诸塞州都曾尝试修建州内短途运河，而经济效益不明显。伊利运河的通航首次实现了贯穿阿巴拉契亚山脉的梦想，将美国东部大洋与西部内陆水系相连。［Ronald E. Shaw, *Erie Water West: A History of the Erie Canal, 1792 - 1854* (Lexington: University Press of Kentucky, 1990), p. 427.］作为当时美国东西部区域经济交流沟通的唯一渠道，伊利运河巨大的经济效益催生了运河建设的热潮，引领了美国的运河时代。［George R. Taylor, *The Transportation Revolution 1815 - 1860* (Oxon: Routledge, 2015), p. 33.］

① John A. Bensel, *The New York State Barge Canal*, Albany: N. Y. Office of the State Engineer and Surveyor, 1912, p. 9.

② Merwin S. Hawley, *The Erie Canal: Its Origin Its Success and Its Necessity: a Paper Read Before the Buffalo Historical Club February 3, 1868*, Buffalo, NY: Courier Office, 1868, p. 26.

成为美国外贸中心与内陆地区联系的桥梁。

在 1851 年第一条贯穿阿巴拉契亚山脉的铁路建立之前的 26 年中，伊利运河一直是沟通美国东西部经济贸易的唯一陆上经济动脉。[①] 同时 1851 ~ 1852 年水路运输是铁路运输的 6 倍。[②] 在运河时代，伊利运河是最早沟通东西部区域的交通与经济动脉，推动农业扩张与东西部工商业城市不断兴起发展，并催生了五大湖工业区的雏形。由此可见，促进东西部区域经济发展具有前瞻性作用和战略影响。

一 伊利运河修建与运河时代

美国独立革命后虽然在政治上摆脱了英国的统治，但在经济上却仍然依赖英国，是英国的农业原料附庸。直到第二次英美战争后，美国才开始真正的产业革命，走上了独立发展经济的道路。英美战争结束后英国商人通过远洋轮渡聚集纽约进行国际贸易，也为美国东部带来了新的发展机遇。纽约成为美国对外贸易中心，急需扩大经济腹地并扩大交易规模，促进东西部区域经济发展是伊利运河修建的经济动因。

1. 突破山脉阻隔，沟通区域经济

修建伊利运河是沟通区域经济与国际贸易需要。英国是世界工厂，并主导国际贸易。英国工业革命时期，英国的工业品和原材料主要靠纽约与利物浦之间的黑球航线作为北美的主要贸易航线。[③] 纽约是美国国内贸易与国际贸易的重要一环。19 世纪初，纽约已成为英美国际贸易主要的港口城市，也是美国东海岸的外贸中心。纽约急需扩大经济腹地并扩大交易规模。然而被阿巴拉契亚山脉阻隔的狭小东部区域已不能为纽约提供充分的出口原料和商品市场，中西部腹地农业产品亟须运到美国东部地区和海外地区。[④]

① Carter Goodrich, *Government Promotion of American Canals and Railroads, 1800 - 1890* (Westport, Conn: Greenwood Press, 1974), p. 113.

② Meyer B. Henry, *History of Transportation in the United States Before 1860*, Hardpress Publishing, Washington D. C.: Carnegie Institution of Washington, 1917, p. 181.

③ James F. Shepherd, Gary M. Walton, *Shipping, Maritime Trade, and the Economic Development of North America* (Cambridge: Cambridge University Press, 1972), p. 187.

④ Stanley L. Engerman, Robert E. Gallman, *The Cambridge Economic History of the United States: The Long Nineteenth Century* (Cambridge: Cambridge University Press, 2000), p. 553.

在 19 世纪初期，美国山脉水系走向是阻碍美国抓住机遇利用国际贸易发展的障碍。"纵贯南北的阿巴拉契亚山脉，形同一道巨大的天然屏障，把东部的沿海商业城市和西部的农业产区隔离开来。在当时极为落后的交通条件下，东部地区和西部地区的商业贸易往来和交流非常有限，东部城市的商人往往只好望山兴叹。"① 纽约的东北部工商业是经济龙头，但是阿巴拉契亚山脉的阻隔却使中西部乃至全国的经济发展缺少最重要东西运输线。它不仅使美国广大的西部地区无法成为东部的经济腹地，遏制了美国国际贸易的扩展，更是美国东部地区工业化的严重阻碍。② 南北向山脉的阻隔限制了东部地区的经济增长与美国在国际贸易中的地位，修建东西向横跨山脉的人工水道迫在眉睫。而另一方面，汽船的发明也凸显了水运交通的便捷性，为伊利运河的修建提供了技术条件基础。

2. 纽约州投资修建

在伊利运河修建之前，纽约州议员曾向联邦政府提出资助申请，但没有获得联邦政府直接投资。当时的联邦政府一年的收支只有 2000 多万美元，而克林顿州长报出的伊利运河预算是 700 万美元，这相当于国家要拿出一年财政支出的三分之一帮助一个州来修建一条水路通道。联邦政府明确告诉克林顿，在修建伊利运河的资金上联邦政府爱莫能助。③ 时任纽约市市长的德威特·克林顿坚持修建伊利运河有重大意义，他认为"首先，运河能降低商品运输成本，尤其是大宗货物贸易的成本，从而促进内陆贸易，加强美国中西部地区与东部地区的商贸联系。其次，伊利运河能促进东部制造业和西部农业的互补，同时开拓了双方的市场，实现互利共赢。再次，伊利运河能带动沿线以及美国中西部地区城镇发展，带动人口增长"④。

尽管伊利运河建设没有获得联邦政府直接投资，但最终通过借由华尔街发行州政府债券筹措了启动资金。"当华尔街得知纽约州急需一大笔资金的时候，开始兴奋起来，按照当时的常规，佣金费率在 1% 左右，华尔街在这

---

① 韩启明：《建设美国：美国工业革命时期经济社会变迁及启示》，中国经济出版社，2004，第 105～106 页。

② Stanley L. Engerman, Robert E. Gallman, *The Cambridge Economic History of the United States: The Long Nineteenth Century* (Cambridge: Cambridge University Press, 2000), p. 554.

③ Ronald E. Shaw, *Erie Water West: A History of the Erie Canal, 1792 - 1854* (Lexington: University Press of Kentucky, 1990), pp. 49 - 50.

④ Roy G. Finch, *The Story of the New York State Canals: Historical and Commercial Information* (Albany: J. B. Lyon Corporation, 1925), p. 12.

个项目中可以获得 7 万美元。"① 伊利运河债券开始受到市场的追捧，而资金的充裕又加快了运河的建设。"原计划十年完成的伊利运河工程，整整提前了两年，伊利运河起自纽约州东部的奥尔巴尼，西至连接大湖区水路的布法罗，全长 363 英里，是通往西部的重要水路，经过 8 年施工，于 1825 年完成。"②伊利运河突破山脉阻隔，沟通东西部区域经济与国际贸易。

3. 引领运河时代

伊利运河引领美国运河时代，兴起了运河建设热潮。如果说美国交通建设的热潮最早表现为国家公路的修建，那么美国交通运输最重要的革命性突破，是由伊利运河的开凿引起的。该运河挖掘于 1818～1825 年，是联结东部和西部的第一条人工河道。伊利运河的成功带动了美国各州建设运河的热潮，其中多数运河走向为东西向，旨在构建便于东西部区域联系的交通网络。

"为了和纽约港争夺西部贸易的控制权，宾夕法尼亚州开始抢修通往西部的运河，其他东部各州也从伊利运河的成功中看到优越性，纷纷用运河将内地和沿海连接起来"③；中西部各州则赶修从内地到五大湖的运河，以便利用伊利运河给它们带来的机会。"于是，1825 年之后在全国出现了一个开凿运河的热潮，并由此形成了三个明显的高峰期或周期，到 1860 年全国已建成运河 4254 英里。"④

交通运输网的完善对区域经济和城市化的影响更为直接强烈。"从 1815 年到 1854 年是修建运河的高潮期，被称之为'运河时代'。"⑤ 人们根据东北部河流众多的特点，因地制宜，修建运河，连接主要河流与城市。"至 1840 年，美国已开凿运河 3000 英里，不仅连接了大西洋沿岸城市，而且也深入内陆，包括中西部的城镇。"⑥ "1840 年，美国已经拥有世

---

① Walter Werner and Steven T. Smith, *Wall Street* (New York: Columbia University Press, 1991), p. 181.

② Linda Thompson, *Building the Erie Canal* (Minnesota: The Rourke Book Company, 2013), p. 28.

③ G. C. Fite and J. E. Reese, *An Economic History of the United States* (Boston: Houghton Mifflin, 1973), p. 264.

④ 何顺果：《美国边疆史——西部开发模式研究》，北京大学出版社，1992，第 161 页。

⑤ Marguerite S. Snyder, *The Steffeys in America: From Colonial Days to the Space Age* (Washington, D. C.: M. S. Snyder, 1964), p. 17.

⑥ Meyer B. Henry, *History of Transportation in the United States Before* 1860 (Washington: Carnegie Institution of Washington, 1917), p. 552.

界上最完整的运河系统，运河的总长度为 3326 英里（5352 公里），到 1860 年全国已建成运河 4254 英里。其中绝大部分（70% 左右）位于东部的宾夕法尼亚州、纽约州和中西部的俄亥俄州。"①

二　促进纽约及东部经济发展繁荣

由于伊利运河的开辟突破了阿巴拉契亚山脉的阻隔，从而使东部工业区的经济辐射到中西部五大湖农业区。伊利运河的修建进一步发挥了纽约及东部城市的内河航运优势，扩大了纽约的市场和原料市场。伊利运河的通航使纽约成为国内国际贸易的中转站。纽约以国际贸易、金融、经济中心为依托，不断向世界彰显其影响力和辐射力，不但大大加强了自己在世界经济中的地位，而且还有力地推进了美国东部区域经济的发展。

1. 促进纽约及东部城市的繁荣

伊利运河通航显示了运费低廉、便捷的优越性。伊利运河通航以后，从奥尔巴尼到布法罗之间的旅途，不论通行时间和运输费用都显著下降。"时间从 20 天减为 6 天，费用从 100 美元 1 吨降为 10 美元 1 吨。从布法罗运一吨货到纽约市，以前要花费 100 美元，历时三个星期；现在则花费 15 美元，全程只需八天。"② 这样，汽船与运河互补，提高了运输效率，大大降低运费，货运方面最低可减少 90% 以上。"从布法罗到纽约市平均吨英里货运价格由 1817 年的 19 美分降至几年后的 2 美分，甚至一度低至 1 美分。"③ "伊利运河开放后第一年收入 75 万美元，几年之内就收回了全部投资，显示了巨大的经济效益。"④ "伊利运河的运营收益不仅早就偿还了 4150 万美元的政府债券，而且还用来维修和扩大伊利运河的航道。"⑤ 经过几十年运营，伊利运河还积累了大量收入盈余。

纽约州的伊利运河是美国最早贯通东西部交通的杰作，也是 19 世纪上

---

① George R. Taylor, *The Transportation Revolution 1815 – 1860*（Oxon：Routledge，2015），p. 287.

② Ronald E. Shaw, *Erie Water West：A History of the Erie Canal，1792 – 1854*（Lexington：University Press of Kentucky，1990），p. 214.

③ Ronald E. Shaw, *Erie Water West：A History of the Erie Canal，1792 – 1854*（Lexington：University Press of Kentucky，1990），p. 270.

④ 〔美〕福克讷：《美国经济史》（上），王锟译，商务印书馆，1989，第 351 页。

⑤ Merwin S. Hawley, *The Erie Canal：Its Origin Its Success and Its Necessity：A Paper Read Before the Buffalo Historical Club February* 3，1868，Buffalo，（N. Y.：Courier Office，1868），p. 148.

半叶交通革命时期最为成功的典范。它把大湖区和纽约等东部大城市有效地连接起来了，从而打开了通往俄亥俄、印第安纳、伊利诺伊境内偏僻地区的通道。西进移民可以直接从纽约出发经哈德森河上行至奥尔巴尼，再进入伊利运河经大湖区到达西部。"西部移民的农、牧产品、木材、矿石可以经过这条水路运往纽约。东部的工业品、日用品也可以源源不断地运往西部的沿河移民点。伊利运河给纽约带来了繁荣，使其成为东北部受益最大的港口。"①

伊利运河建成之后，纽约市的经济活动范围和商业影响力获得了前所未有的扩张，从前曾经超过或者一度和纽约市并驾齐驱的东部城市如波士顿、费城、巴尔的摩等，从此无法挑战纽约市第一大商业城市的地位。纽约市作为一个港口城市，其经济繁荣与航运密切相关，伊利运河的通航对纽约的经济影响尤为重要。

伊利运河的通航与成功促使港口城市纽约成为全国性商业中心，成就了纽约"帝国之都"的美誉。纽约繁荣的主要表现是城市人口爆炸性增长。"1820年的纽约人口为12.37万，费城的人口是11.2万；到1860年，这两个数字就变成了108万和56.6万。"② 同样令人吃惊的是纽约作为一个港口城市的迅猛发展："1800年，美国的外来商品大约只有9%通过纽约港进入美国，到1860年，这个比例已经跃升到62%。"③ "在纽约州运河体系的东端，纽约市在1850年已经成为全球最主要的大都市中心，拥有超过70万的人口，与1825年伊利运河刚通航时期几乎翻了4倍。"④

伊利运河对纽约及东部城市最重要的影响在于为纽约经济发展注入经济动力。"从布法罗到纽约，陆上运输的运费曾达每吨100美元，由运河运输只要10美元。"⑤ "从1815年到1840年，纽约的人口及其对外贸易额增大了近3倍，到1840年，美国1/2的进口货与1/3的出口货都在纽约转

① 张友伦：《美国西进运动探要》，人民出版社，2005，第313~314页。
② John S. Gordon, *The Great Game: The Emergence of Wall Street As a World Power, 1653 - 2000* (New York, N. Y: Simon & Schuster, 2000), p.41.
③ Milton M. Klein, *The Empire State: A History of New York* (N. Y.: Cornell University Press, 2005), p.310.
④ Peter L. Bernstein, *Wedding of the Waters: The Erie Canal and the Making of A Great Nation* (New York: W. W. Norton, 2005), p.319.
⑤ Edward P. North, "The Erie Canal and Transportation," *The North American Review* 170 (1900): 123. retrieved from Jstor Database. www. jstor. org/stable/25104942.

运。"① 到 1850 年，纽约已经成为美国首屈一指的大都市，全美最大的商业中心，其商品种类齐全可供应国内外市场，从东部新英格兰的纺织品，宾夕法尼亚的矿石，到西部各州的小麦、畜产品都可以在纽约见到。② 在相当程度上，伊利运河造就了纽约的繁荣。在伊利运河开通后不到 40 年的时间里，原先比费城和波士顿小得多的纽约，作为一个连接东西部贸易的港口城市，一跃成为美国最大城市。

与此同时，伊利运河的繁荣还带动了沿线城镇的兴起，促进纽约州运河沿线城市的发展与繁荣。"罗彻斯特在 1820 年是一个村子，但是 1825 年以后迅速成为一个繁荣的城市和全国主要的面粉中心。"③ 锡拉丘兹、尤蒂卡和运河沿岸 12 个较小的地方也几乎有同样引人注目的发展。④ "到 1867 年，纽约州的商业贸易额与进出口总额合计达 5.6 亿美元。"⑤ 运河经济的繁荣，促进了伊利运河两岸城市的兴起。这些运河边岸的一些城市如水牛城、罗彻斯特城、特洛伊城等等，后来都发展成为经济多元化的工商业大都市，有人于是称伊利运河为 "城市之母"。⑥ 美国东北部的众多工商业城市，通过运河系统，第一次敲开了西部市场的门户。以伊利运河为核心的水运交通网的形成，不仅加快了城市化的步伐，而且，它彻底改变了美国国内的贸易走向，变南北流向为东西流向。⑦ 这样，就奠定了大西洋沿岸城市的领先地位，加强了全国经济以东北部为轴心的地域分布格局；既为美国经济的整体发展铺平了道路，又为北部在内战中战胜南部准备了条件。

伊利运河在 1825 年完成建成后即可全线通航，这在美国运河史上无疑是质的飞跃。"在伊利运河之前，美国各州修筑运河的尝试都因山脉阻隔

① Milton M. Klein, *The Empire State: A History of New York* (N.Y: Cornell University Press, 2005), p. 309.

② Edward K. Spann, *The New Metropolis—New York City, 1840 – 1857* (New York: Columbia University Press, 1981), p. 198.

③ John T. Schlebecker, *Whereby We Thrive: A History of American Farming, 1607 – 1972* (Ames: Iowa State University Press, 1975), pp. 89 – 90.

④ David M. Ellis and Sherri G. Cash, *New York State: Gateway to America: An Illustrated History* (California: American Historical Press, 2008), p. 55.

⑤ Merwin S. Hawley, *The Erie Canal: Its Origin Its Success and Its Necessity: A Paper Read Before the Buffalo Historical Club February 3, 1868*, Buffalo, N.Y.: Courier Office, 1868, p. 31.

⑥ Merwin S. Hawley, *The Erie Canal: Its Origin Its Success and Its Necessity: A Paper Read Before the Buffalo Historical Club February 3, 1868*, Buffalo, N.Y.: Courier Office, 1868, p. 30.

⑦ Ronald E. Shaw, *Canals for a Nation: The Canal Era in the United States, 1790 – 1860* (Lexington: The University Press of Kentucky, 2014), p. 165.

未能实现贯通东西的目标。"① "伊利运河的通航提高了纽约州的经济地位，使纽约市成为全球性的贸易港口。"② 与此同时，其通航更重要的意义在于使沿线城市的经济得到发展，特别是为待开垦的中西北部地区的工农业发展引入的可观的国内国际市场。

伊利运河是首条打通被阿巴拉契亚山脉阻隔的东西水系的运河，伊利运河引领了运河时代。因此，伊利运河在美国交通革命史中尤为重要，有不可替代的意义，甚至对美国内战的政治格局也产生深远的影响。在 1851 年第一条贯穿阿巴拉契亚山脉的铁路建立之前的 26 年中，伊利运河一直是沟通美国东西部经济贸易的唯一陆上经济动脉。③ 伊利运河的开辟突破了阿巴拉契亚山脉的阻隔，成为美国外贸中心与内陆地区联系的桥梁，从而使东部工业区的经济辐射到中西部五大湖地区。"它进一步发挥了纽约及东部城市的内河航运优势，将纽约与五大湖连接起来，扩大了纽约及东部城市的销售及原料市场。"④

2. 成就了华尔街

伊利运河债券是华尔街的第一个工程债券。在筹建伊利运河过程中，联邦政府很明确地告诉克林顿州长，在修建伊利运河的资金上联邦政府不能提供半分帮助。⑤ 克林顿回到纽约后，寻求华尔街的支持。克林顿州长表示华尔街有足够的能力承销伊利运河债券，这是政府的第一个工程项目，也是华尔街的第一个工程债券，双方都很谨慎，决定债券分期发行，工程分段进行。"两年之后，最初的一段运河就修通了，每一道闸口就是一个收费站，当年闸口的收益达到 25 万美元，而当时投入的资金不到 100 万美元。"⑥ "伊利运河给纽约州政府带来的巨额收入远远超出了预估收入

---

① Ronald E. Shaw, *Erie Water West: A History of the Erie Canal, 1792 - 1854* (Lexington: The University Press of Kentucky, 1990), p. 401.

② Edward K. Spann, *The New Metropolis—New York City, 1840 - 1857* (New York: Columbia University Press, 1981), p. 5.

③ Merwin S. Hawley, *The Erie Canal: Its Origin Its Success and Its Necessity: A Paper Read Before the Buffalo Historical Club February 3, 1868* (Buffalo, N. Y.: Courier Office, 1868), p. 31.

④ Milton M. Klein, *The Empire State: A History of New York* (N. Y: Cornell University Press, 2005), p. 315.

⑤ Hepburn A. Barton, *Artificial Waterways and Commercial Development (With a History of the Erie Canal)* (New York: The Macmillan Company, 1909), p. 25.

⑥ John S. Gordon, *The Great Game: The Emergence of Wall Street As a World Power, 1653 - 2000* (New York, NY: Simon & Schuster, 2000), p. 44.

额，这是运河投资者始料未及的好事。从 1826～1834 年伊利运河实际收入的通航税可知，伊利运河的巨大经济成就是如此的史无前例。"① "良好的经济回报很快刺激了华尔街承销商的热情，伊利运河债券开始受到市场的追捧。伊利运河的修建在当时的美国引发了对运河概念证券的狂热，迅速增加了华尔街以及波士顿和费城等其他主要资本市场的交易量。"② 伊利运河为纽约带来史无前例的商业机遇，纽约从进出口货物中收取代租费、运费、保险费等，积累了大量财富，逐渐成为金融中心。

纽约成为金融中心体现在华尔街的成长。伊利运河开通之后，随着纽约城市地位的增长，纽约很快变成了世界上有史以来最大的新兴城市。与此同时，华尔街金融贸易在美国经济建设中的作用日益明显，华尔街在经贸中占据的位置更加显赫，由此确立了它在美国金融中执牛耳的地位。"华尔街是美国财富与力量的集聚地，1841 年竣工的商业交易所成为纽约这一商业中心的权力代表。"③ 伊利运河扩大了纽约的腹地，使大湖区成为纽约的市场和原料产地，由此提高了纽约的商业与金融中心地位。因此，伊利运河不仅带动了纽约的兴起，也通过经济辐射促使纽约周边东部城市群的迅速发展。

"一条运河改变了纽约的命运，也创造了一个国家的历史。"④ 伊利运河将美国经济的火车头与中西部区广阔的原料消费市场紧密联系。它保证了美国东部工业经济的繁荣与外贸出口的稳定，也为中西部的工业化带来动力。⑤ 伊利运河是纽约州建造，它使纽约成为经济和金融中心。

三　推动中西部区域经济发展

在 1851 年第一条贯穿阿巴拉契亚山脉的铁路建立之前，伊利运河自

---

① Hepburn A. Barton, *Artificial Waterways and Commercial Development* (*With a History of the Erie Canal*) (New York: The Macmillan Company, 1909) p. 36.

② John S. Gordon, *The Great Game: The Emergence of Wall Street As a World Power*, *1653 – 2000* (New York, NY: Simon & Schuster, 2000), p. 45.

③ Milton M. Klein, *The Empire State: A History of New York* (N. Y: Cornell University Press, 2001), pp. 282 – 283.

④ Peter L. Bernstein, *Wedding of the Waters: The Erie Canal and the Making of A Great Nation* (New York: W. W. Norton, 2005), p. 22.

⑤ Gerard Koeppel, *Bond of Union: Building the Erie Canal and the American Empire* (New York: Da Capo Press, 2009), p. 179.

1825 年起一直是沟通美国东西部经济贸易的唯一陆上经济动脉。伊利运河通过传递东部经济发达地区对中西部落后地区的经济辐射，实现了对开发较晚的美国中西部地区经济的带动。而伊利运河促进中西部区域经济大发展则是从农业到工业现代化的全方位推动：推动西进运动、加速西部地区农业扩张以及促成新的农业产业带的形成；伊利运河突破山脉阻隔，沟通东西部区域经济，促进中西部工业经济的崛起，尤其是催生了五大湖工业区雏形。

1. 中西部农业产业带形成

伊利运河首先通过推动西进运动，为美国西部区域经济发展奠定基础。促进西进移民，固然为美国中西部城市化的发展奠定了坚实基础，但真正推动中西部地区经济快速发展的依然是美国中西部地区商贸体系的建立与商品经济的发展。伊利运河打开了通向东部资本主义市场的道路，也促进了西部工商业的兴起，从而提高了对西部农产品和畜产品的需求。

在 1825 年伊利运河建成之前，西部的农业产品需要通过俄亥俄河和密西西比河运到南端的新奥尔良，然后再转运到美国东部地区和海外地区。伊利运河建成以后，美国中西部譬如俄亥俄流域的农业产品可以通过五大湖直接运往东部城市巨大的消费市场。[1] 从这一点上说，伊利运河引起的交通革命与美国市场革命密切相关。"19 世纪 60 年代以后，随着芝加哥、密尔瓦基、圣路易斯、辛辛那提等城市的兴起和蓬勃发展，五大湖附近的一些州也开始发展奶牛业和蔬菜生产，威斯康星州基本上不再生产小麦，而以生产鲜奶、奶酪、黄油等奶制品为主，被称为'美国的奶牛业之乡'。"[2] "西进的移民在基本上征服了大草原地区的同时，又对西部的大平原地区跃跃欲试。利用效率较高的农业机械，面向国内蓬勃发展的工商业和城市市场，在大平原地区出现了许多占地数千英亩以上的超大型小麦农场。大平原地区成为美国新的、最重要的小麦生产带。"[3]

地区专业化对美国农业发展产生积极影响。美国农业的商品活动范围，从来不限于美国境内，而是自始至终以世界为市场，各个地区专业化农业生产及其竞争优势，对美国农业发展显得尤其重要。另外，美国国内

---

① G. C. Fite and J. E. Reese, *An Economic History of the United States* (Boston: Houghton Mifflin, 1973), p. 292.

② 韩启明：《建设美国：美国工业革命时期经济社会变迁及启示》，中国经济出版社，2004，第 193 页。

③ 韩启明：《建设美国：美国工业革命时期经济社会变迁及启示》，第 210 页。

的农业产品，不仅满足城市居民的需要。"由于专业化的农业布局，农村地区和农村地区之间也互通有无，互为市场。美国中部地区的小麦带和玉米带，不仅为美国绝大部分城乡地区提供小麦等粮食产品，而且提供猪肉、牛肉等肉类食品。农业地方专业化生产，促进美国国内地区之间互通有无，进一步扩大了农业产品的国内市场。"[①]

由于伊利运河的修建以及 19 世纪三四十年代五大湖及密西西比河及其支流航运业的发达，中西部生产的粮食及肉类等产品有了更多的销售市场可供选择而不仅仅是昔日的南部市场，中西部地区因此成长为美国内陆第一个小麦和玉米商品粮基地，并确立了它在整个国家社会中的地位。[②] 俄亥俄流域、密西西比河流域、五大湖地区的西部农业地区渐渐成为美国甚至世界的谷仓，西部地区的城市也越来越多、城市的规模日益扩大。[③] 由此可见，修建伊利运河率先推动了美国中西部农业的大发展。

2. 催生五大湖工业区雏形

伊利运河的通航，促进移民大量涌入开发中西部地区，推动中西部城市化，为中西部工业经济的崛起奠定基础。从城市人口比率来看，从 1820 年至 1860 年，美国北部与西部的城市人口占总人口比率都呈现明显的加速发展趋势。美国西部的城市人口占总人口比率上升了 16%，东部城市人口比率从 9.4% 上升到 25.6%。相比之下，南部城市人口比率仅上升了 5%。[④] 从总人口比率来看，美国人口总数百分比呈现出北部、西部比重加速提升，南部比重逐年下降的趋势。[⑤] 这说明北方人口的增长率大于南方。北方人口的急剧增加除了城市经济发展，人口自然增长以外，还由于外来移民大批涌入中西部地区。伊利运河的通航使其成为西进运动与人口迁徙的动脉与桥梁。

伊利运河推动西进运动与经济开发，也孕育了中西部工业经济发展的基础。伊利运河促进中西部农牧业、初级加工业迅速发展。西部丰富的资

---

① 韩启明：《建设美国：美国工业革命时期经济社会变迁及启示》，第 222 页。

② 何顺果：《美国边疆史——西部开发模式研究》，北京大学出版社，1992，第 196～197 页。

③ Willard W. Cochrane, *The Development of American Agriculture: A Historical Analysis* (Minneapolis: University of Minnesota Press, 1993), p.68.

④ U. S. Department of Commerce and Labor, *A Century of Population Growth: From the First Census of the United States to the Twelfth, 1790–1900* (Washington: Bureau of Census, 1909), p.57.

⑤ U. S. Department of Commerce and Labor, *A Century of Population Growth: From the First Census of the United States to the Twelfth, 1790–1900* (Washington: Bureau of Census, 1909), p.58.

源吸引了东部大批的商人、企业和金融机构纷纷到西部投资，帮助西部地区为解决自己面临的问题和加工处理自己生产的农、牧产品，慢慢发展起各种制造业和加工业，使美国中西部许多商业市镇向商业大城市发展。[1]美国中西部农业和畜牧业商品化的突出地表现在食品加工业上。"一系列加工业在中西部的兴起，这些加工业原本是经贸中心的附属初级工业，但由于伊利运河带来的巨大贸易量而成为这些商业城市初期发展的经济支柱。"[2]

伊利运河不仅显著地推动了中西部的经济开发，为进一步工业化奠定基础，而且也直接推动采矿业、冶炼行业等重工业发展。自 1825 年伊利运河通航伊始，伊利湖南部沿岸的铁矿就得到开发，在哈德逊河上游出现了铸造炉子和铁管的铸造厂。[3]"1826 年，在伊利湖附近的佩因斯维尔有三座炼铁炉投入生产，正在建造的还有三座以上的炼铁炉和同样数量的锻铁炉。"[4]"1847 年以后，起源自五大湖地区、中西部各州的农业产品数量，已经开始超过来自纽约州西部地区的农业产品数量。由于运河船只颇为适合载运谷物、矿产等大宗商品，直到 1870 年以前，伊利运河的农业产品和矿产品的年载运量一直超过火车的货物运输量。"[5]

可以说，伊利运河对中西部经济发展的最深远影响是催生五大湖工业区雏形。五大湖工业区是美国最重要的工业产区，是美国实现工业化与现代化的中流砥柱。

伊利运河推动西进运动，将五大湖区率先成为 19 世纪美国中西部最重要的农牧产品加工业与农机制造业基地，这就为五大湖工业区的产生提供了前提条件。"五大湖工业区的兴起，首先是受到西部拓殖运动的直接推动，移民来到美国中西部从事农业，而拓荒垦殖需求各种农具，以应付不同的地形和土壤。"[6] 这为大湖区工业的兴起奠定了基础，突出地表现在农

---

① G. C. Fite and J. E. Reese, *An Economic History of the United States* (Boston: Houghton Mifflin, 1973), p. 289.

② Peter L. Bernstein, *Wedding of the Waters: The Erie Canal and the Making of A Great Nation* (New York: W. W. Norton, 2005), pp. 357 – 358.

③ Lawrence A. Peskin, *Manufacturing Revolution: The Intellectual Origins of Early American Industry* (Baltimore, Maryland: Johns Hopkins University Press, 2007), p. 154.

④ 张友伦：《美国工业革命》，天津人民出版社，1981，第 91 页。

⑤ 韩启明：《建设美国：美国工业革命时期经济社会变迁及启示》，第 107 页。

⑥ Stanley L. Engerman, Robert E. Gallman, *The Cambridge Economic History of the United States: The Long Nineteenth Century* (Cambridge: Cambridge University Press, 2000), p. 323.

机制造业上：不仅表现在农机具质量的改进方面，也表现在农机具制造业的厂址选择方面。为了开发草原带和整个中西部的需要，先是在芝加哥建立了收割机制造厂，1865 年其产量达 55000 台。其后，与之配套的农机具，如脱粒机、割草机、强种机等等，亦相继发明并在中西部许多工厂投入生产，芝加哥、辛辛那提、路易斯维尔迅速发展成农机制造中心。五大湖工业区的兴起，其次还受到西部农业和畜牧业商品化的推动，尤以食品加工业迅速发展为典型。农机制造业和农产品加工，成为中西部两项非常重要的制造业，前者的产品主要供应中西部本地使用，而后者则主要是运往东部市场的。[1]

五大湖区工业的兴起，得益于这一地区的自然资源和优越的水运交通条件，而伊利运河正是为五大湖区提供低廉便捷的水运、横贯东西部的关键交通要道。中西部城市的大规模、普遍性兴起，是美国工业化向纵深发展的最直接反映。如前所述，中西部拥有丰富的自然资源和优越的地理条件，农业开发也已完成，工业化的展开乃是水到渠成。五大湖区东面的阿巴拉契亚山地是美国最重要的煤田，其储量占全国的一半。"苏必利尔湖的西面和南面是美国重要的铁矿产区，蕴藏量约占美国的 80%，在休伦湖和密执安湖沿岸还有丰富的石灰石、锰、铀、金、银、铜和盐等矿产资源。"[2] 五大湖区丰富的铁矿资源以及廉价的水运条件，对美国的钢铁工业发展起很大作用。19 世纪 40 年代初苏必利尔湖铁矿石产区被发现，带动了五大湖区采矿业的发展。"采矿者需要相应的采矿设备，而当时美国中西部的采矿技术刚刚起步。因此，采矿设备多由东部的匹兹堡等工业中心生产，经过伊利运河及其支线运往苏必利尔湖，有色金属矿的开采亦是如此。"[3]

伊利运河的修建联通了美国东部的哈德逊河水系与西部五大湖水系，由此凸显了五大湖具有重要的航运价值，对附近地区经济发展起着很大促进作用。"五大湖不仅彼此相连，而且还有许多天然水道与运河同海洋连通一气。"[4] 中西部不仅为东北部的工业革命提供了粮食、原料和市场，而

---

[1] 何顺果：《美国边疆史——西部开发模式研究》，北京大学出版社，1992，第 283 页。

[2] Ralph H. Brown, *Historical Geography of the United States: Under the Editorship of J. Russell Whitaker* (New York: Harcourt, Brace & World, 1962), p. 467.

[3] Lawrence A. Peskin, *Manufacturing Revolution: The Intellectual Origins of Early American Industry* (Baltimore, Maryland: Johns Hopkins University Press, 2007), p. 156.

[4] Gary M. Walton, and Rockoff Hugh, *History of the American Economy* (Ohio: South-Western/Cengage Learning, 2010), p. 153.

且随着西进运动的发展和中西部逐步投入开发，美国工商业的重心也逐渐西移，并最终在中西部形成了一个新的工业区，这就是以重工业为主的五大湖工业区。由于它在本质上仍是东北部核心地区的扩大，又与原来的传统的工业区东北部连成一片，在美国经济史上通常称之为"东北部——五大湖工业区"。[1] 伊利运河的经济辐射作用推动了在五大湖区南岸和西岸形成五大钢铁工业中心，主要是芝加哥、克利夫兰、底特律，以及德卢斯和托利多。[2] 便捷的交通网络有利于生产和资本的高度集中，对五大湖区的钢铁工业产生巨大影响。

综上所述，伊利运河的战略影响是开拓了中西部的五大湖经济带，催生五大湖工业区。伊利运河沿线的各个城市逐步承接来自纽约的产业转移，使罗彻斯特、布法罗、克利夫兰的农产品加工业与机械制造业得到长足发展，在形成农业带的同时推动了机械制造业兴起，进而催生五大湖工业区雏形。

结　语

伊利运河的独特地位在于它是第一条跨越阿巴拉契亚山脉的运河，并且是唯一通过大量有效运输建立起横贯阿巴拉契亚山区的经济带的运河。[3] 在1851年第一条贯穿阿巴拉契亚山脉的铁路建立之前的26年中，伊利运河一直是沟通美国东西部经济贸易的唯一陆上经济动脉，同时"1851～1852年水路运输是铁路运输的6倍"。[4]

在美国早期发展的运河时代，伊利运河在促进东西部区域经济发展的过程中起到重要作用。"伊利运河为代表的运河时代使美国东西部两大经济区率先实现了商品双向流通。伊利运河的开辟突破了阿巴拉契亚山脉的

---

[1]　Cynthia C. Northrup, *The American Economy: A Historical Encyclopedia* (Santa Barbara, California: ABC-CLIO, 2012), p. 237.

[2]　Kenneth Warren, *American Steel Industry, 1850 – 1970: A Geographical Interpretation* (Pittsburgh, Pennsylvania: University Of Pittsburgh Press, 1989), p. 56.

[3]　Peter L. Bernstein, *Wedding of the Waters: The Erie Canal and the Making of A Great Nation* (New York: W. W. Norton, 2005), p. 365.

[4]　Meyer B. Henry, *History of Transportation in the United States Before 1860* (Hardpress Publishing, Washington: Carnegie Institution of Washington, 1917), p. 181.

阻隔，从而使纽约及东部工业区经济率先辐射到中西部农业区。"① 伊利运河使东部区域经济辐射到中西部区域，战略影响是开拓了中西部的五大湖经济带后催生为五大湖工业区雏形。区域经济生产要素的自由流动促进了分工与专业化生产。美国东部与中西部分别以纽约、辛辛那提为中心，在区域内部与周边的城市群形成独立而又相互联系的一体化经济圈。以这两个经济圈为首，经济区域进行了区域分工，并依靠伊利运河进行物资交换与商品流动。

伊利运河不仅通过经济辐射为美国中西部和五大湖地区的经济发展带来动力，也为美国区域经济体系的完善与经济网络的形成提供了成功的点轴辐射开发范式。在 19 世纪上半叶，纽约拓宽和确立了它在金融业、进出口贸易等方面的领导地位，传递东部发达区域经济中心的经济辐射。美国东部地区的工商业经济发展获得了更广阔的腹地支持。中西部地区为东部地区供应商品粮，并为东部的工业产品提供了巨大的消费市场。从纽约以国际贸易带动国内经济增长的策略来看，伊利运河推动形成美国区域经济架构的重要性在于沟通国内外贸易双重作用。伊利运河所采用的点轴开发模式更是各国经济体系完善过程中广为借鉴的典范。因此，伊利运河是英国主导的国际贸易体系向美国纵深经济辐射的重要一环。

伊利运河突破山脉阻隔，沟通东西部区域经济。伊利运河将美国经济的火车头与内陆广阔的生产消费市场紧密联系。它保证了美国东部工业经济的繁荣与外贸出口的稳定，也为中西部的工业化带来动力。它成就了美国纽约帝国之都的荣耀，也缔造了五大湖工业区辉煌的基础。毫无疑问，伊利运河在促进区域经济发展和在形成美国东西互补的区域经济的形成起到重要作用。伊利运河引领运河时代且使纽约一跃成为美国的经济和金融中心。"一条运河改变了纽约的命运，也创造了一个国家的历史"② 这句话恰如其分地评价了伊利运河促进美国东西部区域经济发展的前瞻性战略影响。

---

① Ronald E. Shaw, *Erie Water West: A History of the Erie Canal, 1792－1854* (Lexington: The University Press of Kentucky, 1990), p. 1.

② Peter L. Bernstein, *Wedding of the Waters: The Erie Canal and the Making of A Great Nation* (New York: W. W. Norton, 2005), p. 22.

The Influence of the Erie Canal on the Early Regional Economy of the United States

Xu Kaiwen

Abstract: In the first half of the 19th century, the main trade target of the United States was the United Kingdom, while colonial hegemony UK dominated the British-led international economic and trade system. Foreign trade has taken an important role in the US economic development history, and New York City has been an important foreign trade port city for industrial and agricultural products. The opening of the Erie Canal broke through the barriers of the Appalachian Mountains, allowing the economy of New York and the eastern industrial zone to radiate to the Midwestern agricultural region. Therefore, the Erie Canal is an important part of the economic radiation of the eastern industrial zone of the United States. The Erie Canal not only radiated the eastern regional economy to the central and western regions, but also laid a solid foundation for the prototype of the Great Lakes Industrial Zone. In the 26 years before the establishment of the first railroad running through the Appalachian Mountains in 1851, the Erie Canal had always been the only land-based economic artery which combined the East and West of the United States. Undoubtedly, in the early canal era of the United States, the Erie Canal played an important role in promoting the economic development of the eastern and western regions. The Erie Canal leads the times and makes New York a global economic and financial center. A canal changed the fate of New York and created a country's history.

Keywords: Erie Canal; Canal Era; Regional Economy; New York; Midwest; Great Lakes

（责任编辑：吕桂霞）

开创运河考古研究的新局面

——代"运河考古"专栏主持辞

魏　坚[*]

中国考古学有着传统的研究对象，比如遗址、墓葬、宗教和手工业遗存等，作为历史时期水利工程遗存的大运河却很少为考古学界所关注。尽管如此，在大运河申遗过程中，以"辨其形，识其所"为主要内容的考古学研究，还是在阐明大运河历史变迁与沿革，以及遗产构成等方面做了大量的工作，在展示大运河风貌完整性的同时，也诠释了大运河遗产的核心价值，从而为大运河申遗的成功打下了坚实基础。

通过大运河申遗工作，我们不难发现，对于京杭大运河这样一个特殊遗迹的研究，尤其是大运河本体的研究，考古学具有无可替代的独特作用。因此，在"后申遗时代"的运河研究中，考古学应该扮演更为重要的角色，而专门进行运河研究的"运河考古"应该成为考古学研究中非常值得关注的一个方向。之所以这样说，我认为主要基于如下两点。

第一，考古学在运河研究中具有无可比拟的优势。

就考古学的研究对象而言，无论遗迹还是遗物，都是古代人类通过各种活动所遗留下来的实物资料。因此，作为一条为保障漕粮运输而人工开凿的渠道，大运河本身就是考古学研究的直接对象，考古学的方法也必然适用于运河考古的研究。

＊　魏坚，历史学博士，中国人民大学历史学院教授、博士生导师，考古文博系主任、北方民族考古研究所所长。兼任国务院学位委员会考古学科评议组成员、中国元史研究会副会长、中国岩画学会副会长。主要从事阴山以南考古学文化的发掘研究。

　　首先是考古学资料对于运河研究的重要性，这在运河漕仓考古研究上有着明确的体现。漕仓作为古代仓储的重要组成部分，其区别于其他仓储的特点有三：一是选址上的缘水而设；二是码头是漕仓的重要组成部分；三是储量超大。由于历史文献记载太过简略，除了南新仓、北新仓和富义仓等明清时期的仓址外，其余的漕仓遗址，如含嘉仓、回洛仓、黎阳仓等全部都是经过考古勘探和发掘才找到准确的仓址。特别是黎阳仓，新中国成立后虽然有过多次的文物调查，但却始终没有找到其确切位置，直到2011年才通过考古勘探找到确切位置，而洛口仓至今尚未找到准确位置。通过考古发掘还揭示出了各漕仓与漕渠的位置关系和距离远近，如黎阳仓仓址"东濒黄河故道，西距卫河（隋唐时期的永济渠——引者注）约1.5公里"①，回洛仓"向西200～300米左右为瀍河河道"②，且两个仓址中均发现有漕渠的遗迹。考古发掘还揭露出了各漕仓的码头遗址，如作为含嘉仓、子罗仓和回洛仓共同码头的新潭遗址，这是一个类似于北京积水潭码头的遗址，就是通过隋唐洛阳城水系考古发掘得以揭露出原貌③，而镇江转般仓的码头遗址也是随着该仓址的发掘一起出土的④。至于漕仓储量的巨大，尤其是地下仓窖储粮之巨，考古发掘所揭示出来的情形，远较文献记载震撼，比如含嘉仓160号窖就贮存了满满一窖50万斤粟子。

　　其次是考古学的方法对于运河研究的重要性。考古学最基本的研究方法是地层学和类型学。就运河研究而言，地层学一方面可以对水利工程进行的年代进行判断，以明确其早晚关系和绝对年代，另一方面可以通过地层剖面来判断疑似建筑物本体结构是否为人工所为，进而通过对地层形成原因、物体来源的分析来复原工程的工艺流程。就类型学而言，河道、仓储、闸坝等工程如同考古研究中的器物，有其基本形态，也有组合、变化和发展，可以通过分类排比，找出其发展变化的规律，这是其他学科无法替代的。

　　第二，当前运河考古相关资料还存在不适应运河研究的问题。

---

① 马晓建：《河南浚县隋代黎阳仓遗址》，《大众考古》2015年第5期。
② 谢虎军、张敏、赵振华：《隋东都洛阳回洛仓的考古勘察》，《中原文物》2005年第4期。
③ 洛阳市文物考古研究院：《近年来隋唐洛阳城水系考古勘探发掘简报》，《洛阳考古》2016年第3期。
④ 南京博物院、镇江博物馆：《江苏镇江双井路宋元粮仓遗址考古发掘简报》，《东南文化》2011年第5期。

就目前考古发掘展示的资料而言，还有进一步提高的空间。以运河水闸为例，绝大部分水闸特别是节制闸，均是历元、明、清三代或明、清两代修建的。通常是元代初建、明清两代重修和补修，或者明代初建、清代重修或补修。每个时代都会在闸体上留下自己时代的特征或痕迹，这些特征或痕迹最主要的载体就是砌筑闸墙的条石。如山东聊城周家店闸发掘报告中所提及的，元代建闸所用条石"规格较大，表面凹凸不平，较为粗糙，可见非常明显的加工过程中所形成的凿刻痕迹"，而民国时期建闸所用条石则"规格较小，表面较为平整"①，由此可见，从元至清，各时期条石的规格和修整程度大不相同。在这种情况下，如果考古发掘中能将每一层条石的规格单独记录，就很容易从发掘报告或简报中看出其时代来，但遗憾的是，我们目前所见的报告或简报多是笼统地写条石"规格尺寸不一"，然后给出一个长度、宽度和厚度的范围，这样就无法一一对应条石的尺寸，更无法将某一尺寸的条石对应到闸墙的某一层上去，也就不可能辨认出相应的时代差别来。

另外，对于水闸而言，消能防冲是建造水闸中首先要考虑的因素，涉及这一因素最重要的就是闸口直墙跟迎水雁翅和分水雁尾之间的夹角，这些夹角在不同的时代应该也有所不同，但除了长安闸和刘堡闸的发掘简报外，其余水闸的发掘报告或简报中均没有提及，这难免会使得水闸结构和受力的相关研究大打折扣。造成这种现象的根本原因，我们以为在于从事运河发掘的考古工作者缺乏水利学方面的背景知识，而具有水利方面知识的人员又不从事考古发掘，同样的现象也存在于运河漕船的考古发掘和研究中。

从这个意义上说，作为拥有大运河世界文化遗产的中国，如果能够有意识地将运河考古作为考古学研究中一个专门方向，对于今后有关运河的考古发掘和研究必将大有裨益。

有鉴于此，作为国内目前唯一专门刊载运河研究成果的刊物——《运河学研究》，依托考古，立足运河，开辟"运河考古"专栏，为从事运河考古研究和有着运河考古调查、发掘经历的志同道合者提供一个研究和交

---

① 山东大学文化遗产研究院、聊城市文物局、聊城市东昌府区文物管理所：《山东聊城周家店闸遗址调查、发掘简报》，载山东大学文化遗产研究院编《东方考古》（第 13 辑），科学出版社，2016，第 275 页。

流的平台，在促进中国运河史的重新认识和运河学研究的长远发展方面，是一项极好的创意！由此推进大运河沿线各省、市考古文博机构能有更多从事运河考古工作的同仁加入运河考古研究的行列。为此，可从以下两点提供的启示，做好今后的保护和研究工作。

第一，2012～2013年，为了配合大运河申遗工程，南京市博物馆在镇江博物馆的配合下，对位于镇江的京口闸遗址东侧闸体进行了重点发掘，清楚地呈现了京口闸的发展演变情况，并弄清了闸体的形制和内部结构。浙江省文物考古研究所则在海宁市文物保护管理所的配合下，对位于海宁市的长安闸遗址的"三闸两澳"及相关设施进行了调查和发掘，基本弄清了文献中无载的"三闸"和"两澳"的具体位置和结构、形制。官士刚《宋代运河水闸的考古学观察》一文，充分利用这两批调查、发掘资料，结合相关文献，完整呈现出了宋代运河水闸在设计建造、由木质向石质转变等方面的技术细节。这是今后运河考古研究必须推进的方向。

第二，运河申遗成功并非保护的结束，而是一个新的开始。在"后申遗时代"，京杭大运河将面临更大的挑战，要想进一步做好保护工作，最主要的就是要通过更多的考古工作对京杭大运河遗产的"家底"和内涵进行更深入的摸底。吴志刚《京杭大运河山东段故道考古资料三例简析》一文，以瓦日铁路、青兰高速公路、岚曹高速公路跨越京杭大运河故道的考古调查、勘探资料为基础，综合分析后认为，这三例工程的主体都呈东西向线性跨越京杭大运河的故道，三者所属的河道段代表了当前京杭大运河山东段河道保存的两种典型形态——完全遗址状和使用中水道。这是今后工作面临的主要方面。

宋代运河水闸的考古学观察[*]

官士刚[**]

内容提要 宋代是中国大运河水闸技术发展的高峰期，包括船闸在内的各种闸型都取得了突破性进展。随着镇江京口闸和海宁长安闸等遗址考古工作的进行，发现了一批有关宋代水闸的实物资料，本文以此为基础，结合相关文献的记载，将宋代运河水闸在设计建造、由木质向石质转变等方面的技术细节进行较为完整地呈现。

关键词 宋代 运河水闸 京口闸遗址 长安闸遗址

所谓"河出自然，无所用闸，河由穿凿，闸以收之"[①]，由"穿凿"而来的运河从一开始就跟闸有着密不可分的联系，通过闸来"节宣"[②] 和"蓄养水力"[③]，以保证航行和运输的需要。所以到唐开元初年，大运河扬州段就出现了"我国有据可考的最早的船闸"[④] ——扬子津斗门。不过，这一时期的船闸还仅仅只是在功能上具备了雏形，结构上并不完善，直到北宋雍熙元年（984）"累石及安木傍壁"[⑤]"设悬门积水"[⑥] 的西河闸在运

---

* 本文为国家社科基金"京杭运河山东段考古资料的整理与研究"（18BKG028）的阶段性成果。

** 官士刚，历史学博士，聊城大学历史文化与旅游学院副教授，主要研究方向为运河考古、宋元明考古。

① 陈锦：《勤余文牍·续编》卷2《运河复古议》，《续修四库全书》第1548册 集部，上海古籍出版社，2001，第699页。

② 钱泳撰，张伟校点《履园丛话》卷4《水学·建闸》，中华书局，1979，第100页。

③ 傅泽洪辑录《行水金鉴》卷130《运河水》，商务印书馆，1937，第1890页。

④ 郑连第：《唐宋船闸初探》，《水利学报》1981年第2期。

⑤ 罗振玉编纂《鸣沙石室佚书正续编》，北京图书馆出版社，2004，第249页。

⑥ 《宋史》卷307《乔维岳传》，中华书局，1977，第10118页。

河跟淮河连接处建成，运河水闸的形制和结构才正式定型。此后，运河水闸沿着从木质到石质、由"悬门"式闸门到"叠梁"[①] 式闸门的方向逐步演进，这种发展演变的趋势在宋代运河水闸的考古资料中体现得十分清晰。

一 宋代运河水闸的考古发现

自 2006 年 12 月国家文物局将大运河列入《中国世界文化遗产预备名单》，大运河申遗工作正式启动，到 2014 年 6 月中国大运河申遗成功，八年的时间内围绕着大运河进行了大量的考古工作，最能体现中国大运河技术水准的水闸更是考古工作的重点，取得了一批勘探、调查和发掘资料。其中属于宋代水闸遗址的是位于江苏省镇江市的京口闸遗址和位于浙江省海宁市的长安闸遗址。

（一）镇江京口闸遗址

京口闸遗址位于江苏省镇江市中华路以东、长江路以南、宝塔路以西，面积 9 万余平方米。为配合大运河申遗和镇江市的城市建设，镇江市博物馆联合南京市博物馆先是于 2011 年 8 ~ 12 月对京口闸遗址进行了勘探，根据勘探获得的信息在 2012 年 6 月至 2013 年 1 月对东侧闸体进行了重点发掘，清楚地呈现了京口闸的发展演变情况，并弄清了闸体的形制和内部结构。[②]

由于西侧闸体掩埋在中华路下面而无法发掘，因此，京口闸遗址的发掘仅针对已发现的河道和东侧的闸体。经过解剖，如图 2 所示，京口闸遗址所出遗迹的时代跨度很大，从唐代一直到清代（见图 1）。其中唐代的遗

---

① 河道两旁有两个开在木头或者石块内相对布置的垂直门槽，槽内可滑动一连串大木闸板，用绳子绑在它的两端，以便将闸板随意放下或拉起。每边岸上都有绞车或滑轮装在木头或石架上，像起重机一样，以帮助放好或撤除闸板。这种方法有时改进为把大木闸板连在一起，形成一个连续的平面，然后将平衡重块放在缆索的末端，使闸板可在门槽里升高或降低。参见〔英〕李约瑟《中国科学技术史》第四卷《物理学及相关技术》第三分册《土木工程与航海技术》，科学出版社，2008，第 399 ~ 400 页。
② 霍强、陈长荣：《江苏镇江考古发现明清京口闸遗址》，《中国文物报》2013 年 5 月 15 日。

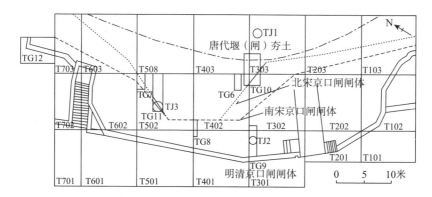

图 1 唐代至明清时期京口闸东侧闸体位置示意图

资料来源：《镇江京口闸遗址》，江苏大学出版社，2015，第 22 页。

迹即为《新唐书》所载齐澣修建的京口埭[①]的东侧埭体，在清代东侧闸体东约 16 米处；北宋时期揭露了东侧闸体的下雁翅，在清代东侧闸体东约 10～13 米处；南宋时期仅揭露了东侧闸体的石墙和夯土，在清代东侧闸体东约 5.8～9 米处；明代东侧闸体揭露较为完整，包括闸口、上下裹头、夯土等，在清代东侧闸体东约 5.5 米处；清代东侧闸体分为三期，一期揭露出了闸墩、裹头、夯土和河岸，二期揭露出了闸体、闸口和雁翅，三期则揭露出了加修的闸体、河岸和码头。[②] 显然，从唐代到清代，京口闸（埭）一直在向西发生位移。结合距此直线距离约 900 米处、2009～2010 年发掘的宋元粮仓遗址中所揭示出的宋代至清代运河河床一直在向北位移的情况（见图 2）[③]，大运河河道自唐代至清代在镇江存在一个向西、向北移动的过程，而大运河跟长江连接的入江口应当在逐渐向西转移，当无疑问。

北宋京口闸东侧闸体的下雁翅结构为中间夯土的夹板墙，包括板墙、木桩、木方和夯土四部分（见图 3）。京口闸雁翅墙体的主要支撑为两排板

① 《新唐书》卷 128《齐澣传》，中华书局，1975，第 4470 页。在 2012 年 6 月至 2013 年 1 月对镇江明清京口闸的发掘过程中，京口埭得以部分揭露，由此可以大致看出唐代埭的建造方法：埭由含沙性的黄褐夹青灰色土分层夯筑而成，土质致密紧实，就揭露的部分而言，共分四层，总厚度约为 1.65 米，每层厚度约为 0.4 米，夯筑水平很高，每层都有密集的夯窝，夯窝直径约 5 厘米，圆形弧底，整个夯土层略呈弧形分布，不过，遗憾的是，并未发现石料和草。参见镇江博物馆《镇江京口闸遗址》，江苏大学出版社，2015，第 22 页。

② 镇江博物馆：《镇江京口闸遗址》，江苏大学出版社，2015，第 22～30 页。

③ 南京博物院、镇江博物馆：《江苏镇江双井路宋元粮仓遗址考古发掘简报》，《东南文化》2011 年第 5 期。

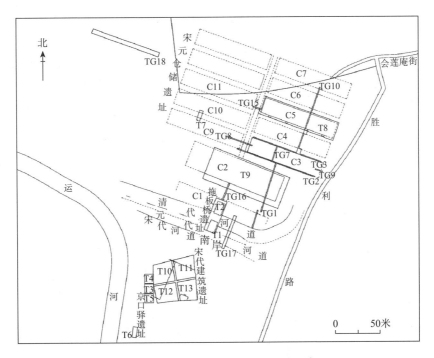

图2 镇江宋至明、清运河河道位移示意图

资料来源:《江苏镇江双井路宋元粮仓遗址考古发掘简报》,《东南文化》2011
年第5期。

墙,由于地势的原因,北边一排板墙较南侧一排更高,也正是因此,发掘
揭露出来的北侧一排的高度只有0.3~0.6米,而南侧一排则有3米之高;
两排板墙均由宽0.3米、厚0.05~0.1米的木板横向叠加而成,二者南北
相距0.75米。板墙由木桩和木方来加以固定,其中,每排板墙的南侧都有
一排交错排列的木桩紧紧贴附其上,并用方形铁钉铆合固定,北侧一排木
桩稍细,直径0.2米,分布稍显稀疏,间距为0.9米,南侧一排稍粗,直
径0.25米,分布较为密集,间距0.65米;木方共分三部分,板墙南侧的
部分跟板墙一样呈东西向,并紧紧贴抵在板墙中部起加固作用,另外两部
分则跟板墙垂直,且呈上、下两层分布,间隔约1米,分别以跟板墙垂直
的南北向抵在板墙的上部和中部,上层木方横置于板墙上方以抵护,下层
木方则在板墙中部垂直穿过,跟南侧的东西向木方以榫卯形式连接,呈
"T"字形,木方的规格大致相同,宽0.35、厚0.3米,木方上都凿有长方
形孔以便打入地钉加固。墙体的主体是夯土墙,就揭露的部分而言,总厚
度约为0.85~3.75米,填筑在板墙与木方铆合形成的空间内,共分五层:

最下一层为含沙性的黄灰色土，第二层为含沙性的灰黄色土，第三层为含黄土块儿的黄褐色土，第四层为含沙性的青灰色土，最上一层为含黄土块和沙性的黄灰色土，从分层来看，夯土墙的做法是将不同质地的土放入两排板墙中逐层夯筑，夯筑水平较高。① 北宋京口闸雁翅墙体的土质和土色跟宋元粮仓遗址第④层的完全一致，跟该遗址北宋仓基夯土和磉墩的土质、土色亦完全一致。②

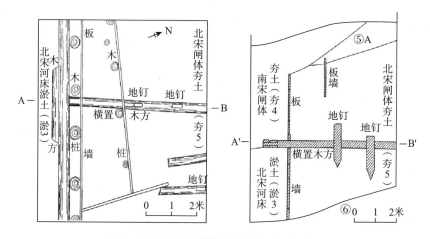

图 3　京口闸北宋闸体雁翅结构平、剖面图
资料来源：《江苏镇江京口闸遗址发掘简报》，《东南文化》2014 年第 1 期。

（二）海宁长安闸遗址

长安闸遗址位于浙江省海宁市长安镇区闸塘湾及其西侧，面积约 18 万平方米。其中上闸遗址位于闸塘湾南端的长安镇城区东、西街交界处，中闸遗址位于中闸桥南侧的长安镇城区双闸路北端，紧邻铁路，下闸遗址位于闸塘湾北岸的长安镇城区辛江路南端，而上澳遗址和下澳遗址则分别位于上闸遗址、下闸遗址的西侧和西北侧。该遗址很早就已暴露于地表，1985 年海宁市文物部门虽然对其登记备案，但却一直没有发掘。

为了配合大运河申遗工程，在海宁市文物保护管理所配合下，浙江省文物考古研究所于 2012 年 3 ~ 6 月对长安闸遗址的"三闸两澳"及相关设

① 镇江博物馆：《镇江京口闸遗址》，江苏大学出版社，2015，第 22 ~ 24 页。
② 南京博物院、镇江博物馆：《江苏镇江双井路宋元粮仓遗址考古发掘简报》，《东南文化》2011 年第 5 期。

施进行了调查和发掘，基本弄清了文献中无载的"三闸"和"两澳"的具体位置和结构、形制；2013 年 3～4 月再次调查"两澳"遗址，找到连接上澳和上闸之间的澳口遗址。

由于近现代的破坏和民居、厂房等建筑的占压，上闸遗址和两澳遗址均都仅仅进行了调查，并未发掘，而下闸遗址和中闸遗址虽然进行了发掘，但东北西南走向的下闸仅存留有相对完整的一条北闸墙，正南正北走向的中闸则仅存南半部的一半，包含东、西闸墙的各一半（见图 4）。不过，上闸跟中闸之间的河道长度却得以测量清楚，长度为 180 米，按照宋代 1 步合今 1.54 米的比例[1]，则上闸跟中闸之间的距离约为 117 步，跟《咸淳临安志》所载中闸"八十余步至上闸"[2] 有较大差距。

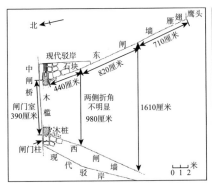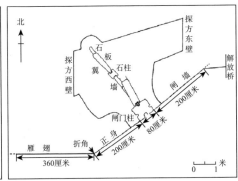

图 4　长安闸中闸和下闸平面图（左侧为中闸，右侧为下闸）

资料来源：《东方博物》（第 48 辑），浙江大学出版社，2013，第 28、29 页。

尽管如此，如果将中闸遗址和下闸遗址结合起来看，长安三闸的结构和形制大致能够复原出来。长安三闸的平面均为对称的"八"字形，无闸墩，由闸室直墙、闸门柱、翼墙、迎水雁翅和五部分组成。三闸中仅有中闸可测闸门宽度，宽 6.9 米，仅有下闸可测闸室长度，长 6.3 米，上闸闸室长度应同于此，中闸除了闸门柱垂直于河道方向外，其余的闸墙均呈"八"字形展开，直墙跟雁翅、雁尾没有明确的区分，也即闸室长度为闸门柱的宽度 80 厘米。中闸底部有木门槛，其西端和东端分别延伸进入西、东闸门柱的底部约 0.7 米，暴露在外的部分长 1.03、宽 0.65、厚 0.35 米，

---

① 陆敬严、华觉明主编《中国科学技术史：机械卷》，科学出版社，2000，第 142 页。

② 潜说友纂修《咸淳临安志》卷 39《山川十八》，《宋元方志丛刊（4）》，中华书局，1990，第 3715 页。

为了固定木门槛，木门槛的底部和两侧均有木桩打入河底。①

除了上述运河上的水闸之外，其他考古发现的宋代水闸还有 2003 年发掘的扬州宋大城南宋至元代北门水门遗址②，2008 年发掘的仪征南宋至清代真州城东门水门遗址③，2009 年发掘的泰州后周和宋代古城南水关遗址④，2016～2017 年发掘的仪征南宋真州城西翼城下水闸遗址⑤。这些水关遗址中均发现有水闸遗迹，有些还跟运河有直接或间接的关系，如扬州宋大城北门水门“遗址所处位置，是五代时期的‘周小城’和宋代的‘大城’共同的北城墙跨越玉带河（宋大城的官河，时称漕河之处）”⑥，仪征真州城东门水门“所跨越的河道宋代称运河，又称漕河，即是现在仪扬运河在宋代的通江运道”⑦。这些水关遗址连同上海志丹苑水闸遗址，都可以为考察与它们同时代的运河水闸的建造技术提供重要的实物佐证，尤其是宋、元等较早时期缺少足够实物证据的运河水闸。

二　考古所见宋代运河水闸的建造技术

镇江京口闸和海宁长安闸分别属于北宋和南宋时期的运河水闸，透过两个遗址的考古发现，可以管窥北宋时期和南宋时期水闸的建造技术。

（一）北宋木构水闸的建造

镇江京口闸北宋时期的闸体仅仅发掘了东侧闸体的下雁翅（见图 5），因此无法知晓其整体面貌，但结合文献还是能找到一些线索。

---

① 浙江省考古研究所、海宁市文物保护管理所：《江南运河长安闸遗址的调查与发掘》，载浙江省博物馆编《东方博物》第四十八辑，浙江大学出版社，2013，第 28 页。
② 中国社会科学院考古研究所、南京博物院、扬州市文物局江苏扬州唐城考古队：《江苏扬州宋大城北门水门遗址发掘简报》，《考古》2005 年第 12 期。
③ 扬州市文物考古研究所、仪征市博物馆：《江苏仪征真州城东门水门遗址发掘考古发掘简报》，《东南文化》2013 年第 4 期。
④ 南京博物院、泰州市博物馆：《江苏泰州城南水关遗址发掘简报》，《东南文化》2014 年第 1 期。
⑤ 《仪征发现古城墙遗址或为南宋西翼城遗址，意外发现宋代水闸》，《扬州晚报》2017 年 3 月 11 日。
⑥ 中国社会科学院考古研究所、南京博物院、扬州市文物局江苏扬州唐城考古队：《江苏扬州宋大城北门水门遗址发掘简报》，《考古》2005 年第 12 期。
⑦ 扬州市文物考古研究所、仪征市博物馆：《江苏仪征真州城东门水门遗址发掘考古发掘简报》，《东南文化》2013 年第 4 期。

图5 北宋京口闸东侧闸体的下雁翅

资料来源：《江苏镇江京口闸遗址发掘简报》"彩插一"。

1. 北宋水闸的特征

元人沙克什《河防通议》中曾以"安置闸坝一座物料"为题，详细记载了建造一座闸的物料及其规格。据刘浦江先生研究，沙克什的《河防通议》乃是以"金都水监本《河防通议》（监本）和宋沈立《河防通议》（汴本）为蓝本，经他删定合编而成的"①，其中的"汴本"所载内容即为沈立《河防通议》中所载的内容，而"安置闸坝一座物料"的相关内容恰恰出自"汴本"，从这个意义上说，沙克什《河防通议》中所载的"安置闸坝一座"就是北宋时期的水闸。

据《河防通议》所载，北宋时期建造一座闸需要物料包括"厢板八十片，擗土板八十片，底板四十片，四摆手板六十片，以上计二百六十片"，此外还有"截河板六十片""刺水板二十片""吐水板二十四片""板橛四十八个""立贴木一十二条""卧贴木三十条""金口立贴木四条""压板地杖九条""辘颊木八条""顺水地杖二条""过水地杖二条""排槎木柱二十条""角柱四条""金口柱二条""衬板地杖一十二条""吐水地杖五条""刺水地杖二条""涎衣梁四条""门渠杖一条""攀面拽后橛八条""脚板二片""闸板八片""地丁五十八条""吐水桩三十条""凤翅桩二十条""哗口木四条""永定柱五十二条""拽后木五十二条""转轴四条""上下水拦口桩一百六十条""梁头锅五十二道""钉梁头三寸丁三百一十

---

① 刘浦江：《宋、金治河文献钩沉——〈河防通议〉初探》，载北京大学中国古代史研究中心编《舆地、考古与史学新说——李孝聪教授荣休纪念论文集》，中华书局，2012，第377页。

二个""板钺股三十二个""起板钩索三十二条""打板索上钩环二副"
"挂板钩搭三十二个""丁铁梁头计三千八百七十八个,平盖五寸丁三千一
百一十二个,候头一尺丁三百四个"。① 很显然,所有物料中只有木质和铁
质材料,不见石质材料,则用《河防通议》所载物料建造的只能是木构水
闸。由此而言,北宋时期的水闸当为木构水闸。

著名建筑史学家傅熹年先生曾根据《河防通议》所载的物料绘制了宋
代木构水闸示意图 (见图6)②。

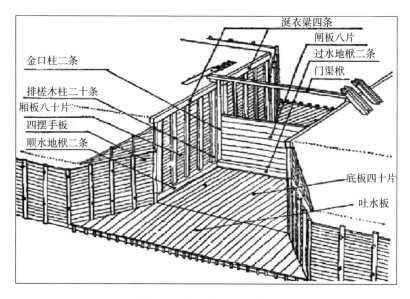

图6 宋代木构水闸示意图

资料来源:《唐长安大明宫玄武门及重玄门复原研究》,文物出版社,1998,第216页。

在傅先生所绘宋代木构水闸示意图中,《河防通议》所载之物料名称
仅仅出现了11种,而这些物料的名称在宋元时期其他文献中都能找到对应
的词。"厢板""四摆手板"和"地丁"应当对应着《营造法式》之"卷
輂水窗"中提及的"厢壁板""四摆手"和"地钉"③,"卷輂水窗"为宋
代城市的水关,《东京梦华录》载北宋东京城"东城一边其门有四,东南

---

① 沙克什:《河防通议》卷上《料例第三》,载王云五主编《丛书集成初编》第1486册,
中华书局,1985,第11页。

② 傅熹年:《唐长安大明宫玄武门及重玄门复原研究》,参见《傅熹年建筑史论文集》,文
物出版社,1998,第216页。

③ 李诫:《营造法式(一)》卷3《壕寨制度·石作制度·卷輂水窗》,商务印书馆,1933,
第67页。

曰东水门，乃汴河下流水门也，其门跨河有铁裹窗门，遇夜如闸垂下水面"[1]，显然这种水关的形制"如闸"；"擗土板""吐水板""底板""攀面拽后橛""拽后木"则对应着元初《水利集》之"建石闸"中提及的"擗土桩""断水板""底板石""拽后桩""拽后木"[2]，而无论"擗土板"还是"擗土桩"，其形制应当就是"擗土木雁翅"[3]。至于各种"地杖"等找不到对应词的那些物料，应当是木构水闸中特有的结构，石质的"卷輂水窗"和石闸中均不存在。

2. 北宋水闸的雁翅和闸口

根据发掘报告，北宋京口闸遗址雁翅所使用的木料主要包括宽 0.3、厚 0.05 ~ 0.1 米的板墙木板，直径 0.2 ~ 0.25 米的木桩，以及宽 0.35、厚 0.3 米的木方[4]。按宋营造尺 1 尺 = 31.4 厘米折算，则板墙木板宽 0.96 尺、厚 1.6 寸 ~ 3 寸，木桩直径 6.4 ~ 8 寸，木方宽 1.1 尺、厚 0.95 尺，这跟"阔一尺，厚二寸"的摆手板、"径七寸"的凤翅桩和"阔一尺，厚八寸"的衬板地杖[5]的尺寸大致吻合。从这个意义上说，北宋京口闸遗址雁翅的板墙木板、木桩和木方应该分别对应着《河防通议》中所载的"四摆手板""凤翅桩"和"衬板地杖"，北宋京口闸遗址的情况能跟《河防通议》所载北宋木构水闸的数据相互印证。

此外，《河防通议》中所载建造一座水闸的物料中还包括"金口立贴木四条，各长一丈五尺，阔七寸，厚五寸；……金口柱二条，各长二丈一尺五寸，阔一尺五寸，厚一尺；……闸板八片，长二丈三尺，阔一尺四寸，厚六寸"[6]，由于水闸的闸门通常称为金门，则闸口即为金口，这在傅熹年先生所绘图中十分明确，因此这里的"金口柱"就是木构水闸的闸门柱，"二条"则是两侧各一根，另外的四条"金口立帖木"显然就是附着在金口柱两侧起固定作用的装置。又，宋人胡宿《真州水闸记》中所载真

---

① 孟元老撰，王永宽译注《东京梦华录》卷 1《东都外城》，中州古籍出版社，2010，第 23 页。

② 任仁发：《水利集》卷 10《营造法式·造石闸》，《续修四库全书》第 851 册集部，上海古籍出版社，2001，第 115 ~ 117 页。

③ 司农司撰，石声汉校注《农桑辑要校注》卷 2《播种》，农业出版社，1982，第 39 页。

④ 镇江博物馆：《镇江京口闸遗址》，江苏大学出版社，2015，第 22 ~ 24 页。

⑤ 沙克什：《河防通议》卷上《料例第三》，第 11 页。

⑥ 沙克什：《河防通议》卷上《料例第三》，第 11 页。

州水闸的形制是"横木周施，双柱特起"①，"横木周施"表明了该水闸木构的特征，而"双柱特起"说的就是该水闸的闸门柱情况，闸门两侧各有一根闸门柱，而且特别突出。文献中的这些记载充分表明北宋京口闸的闸口应该有专门的闸门柱。

《河防通议》中所载金口柱"长二丈一尺五寸，阔一尺五寸，厚一尺"，闸板"长二丈三尺，阔一尺四寸，厚六寸"②，按照营造尺 1 宋尺 = 31.4 厘米计算，则金口柱长 6.75、宽 0.47、厚 0.31 米，闸板长约 7.22、宽 0.44、厚 0.19 米。由于金口柱的厚度为 0.31 米，按照槽口进深稍多于金口柱厚度的 1/2 计算，再结合前述水闸槽口的进深数据，大致按进深 0.21 米计算，则北宋时期木构水闸的闸口宽约 7.22 - 0.21 - 0.21 = 6.8 米，高度约为 6.75 米，闸槽口宽约 0.19、进深 0.21 米。

3. 北宋水闸的闸基

虽然北宋京口闸遗址并未发掘至闸基，根据《河防通议》的记载亦无法复原北宋时期木构水闸的闸基情况，但北宋时期木构水闸的闸基可以根据其他考古资料来进行推测。由苏州齐门古水门水闸遗址的基础部分来看（见图 7），其底部是在河底之上用 100 多根圆木做成三层叠压的木排，中间一层的 50 根圆木垂直于水流方向横铺于闸底，该层的东、西两端上、下各有 6 根圆木顺水流方向叠压于圆木之上，从而形成上、下两层。下层圆木的安置方法较为特别，其先将朝上一面用工具刨平，然后放入由生土层向下挖出的凹槽内，凹槽的深度刚刚好是圆木的直径，这样就充分保证了下层的圆木放入凹槽中后恰好跟生土层表面持平，使得中间一层圆木可以牢牢着力于生土层上，三层圆木之间用铁锭连接，中间的空隙则嵌入石块或者石片，最大限度减少虚空的部分，保证支撑的稳固性。这样的结构，既保证了该水闸基础能够充分起到支撑作用，又使两端的上、下两层圆木可以牢牢固定住中间一层，从而"形成三层叠压稳固的木结构基础"③。值得注意的是，在三层木排的南、北两侧均垂直打入一排木桩，而在中间一层圆木的两端各对称盘砌四层青石，青石的尺寸是长 11.5、宽 0.9、厚 0.27 米，这两项措施进一步确保了闸基的稳定性。京口闸遗址的闸基虽然

---

① 胡宿：《文恭集》卷 35《记·真州水闸记》，载王云五主编《丛书集成初编》第 1889 册，中华书局，1985，第 420 页。

② 沙克什：《河防通议》卷上《料例第三》，第 11 页。

③ 苏州博物馆考古组：《苏州发现齐门古水门基础》，《文物》1983 年第 5 期。

未必完全如此，但应该存在类似于此的可能性。

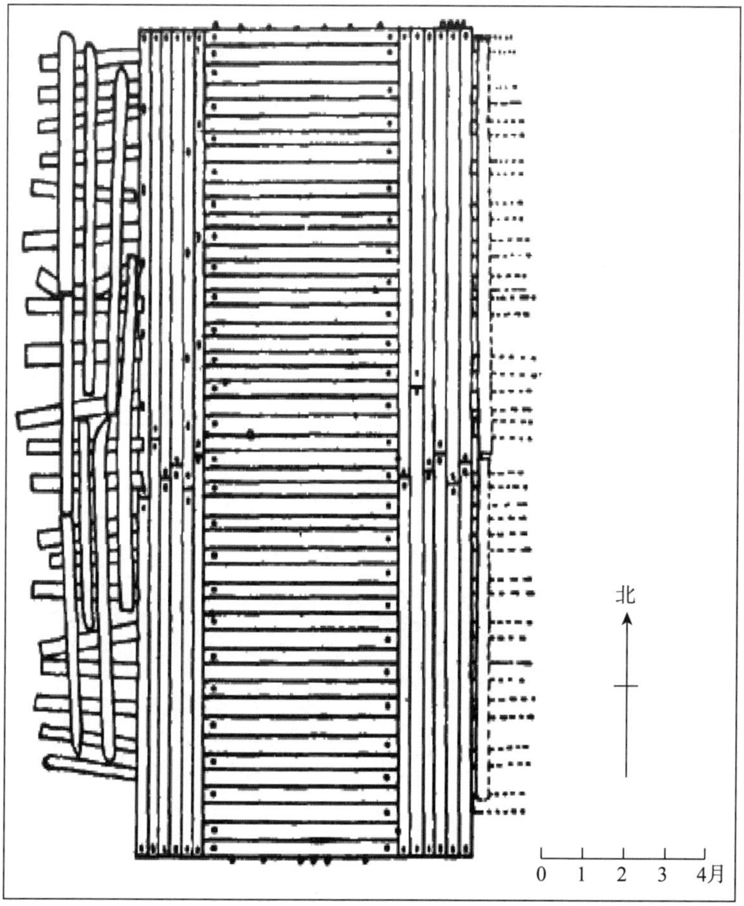

图 7　苏州齐门古水门木结构基础平面图
资料来源：《苏州发现齐门古水门基础》，《文物》1983 年第 5 期，第 55 页。

（二）南宋石构水闸的建造

在长安闸的"三闸两澳"中，虽然仅仅部分发掘了中闸和下闸遗址，但将二者结合起来，可以较为清晰地呈现出长安闸的结构和建造技术。

1. 长安闸的结构

根据发掘报告，长安三闸均无闸墩①，如图 8 所示，闸门柱均嵌入闸

---

① 浙江省考古研究所、海宁市文物保护管理所：《江南运河长安闸遗址的调查与发掘》，载浙江省博物馆编《东方博物》第四十八辑，浙江大学出版社，2013，第 28 页。

墙的中部，中闸闸门柱平面为边长约0.8米的正方形，下闸闸门柱平面为长0.8、宽0.68米的长方形。闸门柱均四面有槽：朝向闸内的槽口尺寸均较大，中闸门柱的槽口宽0.2、进深0.18米，下闸门柱的槽口宽0.18、进深0.2米，当为安置闸板所用；两侧的槽口均向闸室一侧偏，中闸门柱两侧槽口均宽0.09、进深0.09米，下闸门柱两侧槽口宽0.08、进深0.07~0.09米，主要是将闸室直墙中条石上的榫部嵌入槽内，用灰浆注缝，起到固定闸门柱的作用；内侧的槽口尺寸也较小，中闸门柱槽口宽0.1、进深0.08米，下闸门柱槽口宽0.09、进深0.06米，上部主要是嵌入燕尾榫铁锭以连接翼墙上部的长条形顶石，中部和下部则主要是跟翼墙中、下部石板上的石榫相连，而翼墙中的石板之间亦自上而下榫卯相连，并用灰浆灌缝，在确保翼墙稳固的同时，也将闸门柱牢牢锁在翼墙上。[①]

图8 长安闸中闸和下闸闸门柱（左侧为中闸西侧闸门柱，右侧为下闸东侧闸门柱）
资料来源：《东方博物》（第48辑），浙江大学出版社，2013，第30、28页。

如图9所示，闸门柱内侧槽口所连接的上部长条形顶石、中下部的两组石板和一根石柱就构成了翼墙，中闸的翼墙没有石柱，仅有中下部的三块石板。如上所述，这些石板和石柱之间彼此以榫、槽相连，并用包括糯米、鸡蛋清在内的特殊黏合剂填缝[②]。石柱西侧为支撑翼墙的叠砌石块，石块之间亦用灰浆灌缝；东侧为掺杂在沙土中的乱石块，对翼墙也有支撑作用。

前已述长安闸的闸门柱和翼墙均为石质，长安闸的闸墙也均为长方形条石错缝叠砌而成。砌墙所用条石规格尺寸不一，长0.55~1.1米、厚0.13~0.2米。底部打满地钉，地钉直径0.08~0.15米不等，间距约为

---

① 浙江省考古研究所、海宁市文物保护管理所：《江南运河长安闸遗址的调查与发掘》，载浙江省博物馆编《东方博物》第四十八辑，浙江大学出版社，2013，第27、29页。

② 国家文物局：《申报世界遗产文本：中国大运河》（未刊资料），2013，第144页。

图9　长安闸翼墙残迹和翼墙结构图（左侧为翼墙残迹，右侧为翼墙结构）
资料来源：《东方博物》（第48辑），浙江大学出版社，2013，第32、28页。

0.1～0.3米。中闸西闸墙残长12.2米、残高1.7米，东闸墙残长19.7米、高约3米，东闸墙自闸门柱向外4.4米之处似乎有折角，但并不明显，无法区分是闸室的直墙还是雁翅，东侧雁翅的东南端有裹头的遗存；下闸闸室的西直墙长5.5米，西直墙跟西雁翅的折角为145°，雁翅残长3.6米。在下闸西直墙高于正常水位约0.5米的地方分布有4个半圆形的小孔，间距均为0.53米，直径均为0.16米，且都向闸室内倾斜，就小孔的位置而言，应该是上、下斜向撑木的着力点，由于在闸墙上未见绞关的痕迹，笔者推测这些小孔当为安置起降闸板的设施所用。①

2. 长安闸的技术数据

作为现存世界航运史上建造年代最早的复闸，长安闸首创的运河闸澳制，其通过上、中、下三闸和上（积水）、下（归水）澳等完善的工程设施，既能通过水量的调节来让航道更加平稳，又能通过水量的循环利用来达到节约用水的目的，代表了我国古代水利工程技术的最高水准。由于长安闸的中闸保留了以闸门柱为起点的一侧完整闸体，因此可以对该遗迹的关键结构和参数进行推算，以体现该水闸的工程技术水准。

首先是水闸泄流能力。虽然揭露出来的水闸遗址闸门柱高度无法完全反映闸室的高度，如长安闸下闸闸门柱水面以上可见部分高度约为2.7米，中闸则为1.9。前述根据《河防通议》所得北宋水闸的闸口宽6.8米，闸室高约6.75米，闸槽口宽0.19、进深0.21米，而长安闸中闸的闸口

---

① 浙江省考古研究所、海宁市文物保护管理所：《江南运河长安闸遗址的调查与发掘》，载浙江省博物馆编《东方博物》第四十八辑，浙江大学出版社，2013，第27～28页。

宽约 6.9 米、闸槽口宽约 0.2、进深 0.18 米，但考虑到同一时代水闸的各种参数变化不会太大，则将长安闸中闸闸室的高度定为 6.8 米。要运用有关的流量公式来进行计算，就必须要知道水闸使用时的水情及水位，由于这一点并不具备，所以只能通过假定一般情况下水流速度应接近于或小于土的不冲流速来进行推算。

由于过水的断面高度 h 为 6.8 - 0.35（闸底木门槛的高度）= 6.45，过水断面的宽度 b 即为闸门的宽度 6.9 米，又长安闸所在地域的土质为"青黄色泥沙土"，这种土在中等密实情况下水深大于 3 米的容许不冲流速值 v = 0.4 米/秒，假设以此流速作为水流过闸的平均流速，则长安闸中闸的最大泄流量 Q = v * h * b = 0.4 * 6.45 * 6.9 = 17.8，即每秒约 17.8 立方米水量，而水闸的单宽流量[1] q = Q/B = 17.8/6.9 = 2.6 方/秒·米。很明显，长安闸中闸的单宽泄流量值较小，而且如前所述，中闸闸室的长度很小，几乎等于闸门柱的宽度，因此，水流通过闸室并不需要太多时间，通过后即快速扩散，对于消能防冲的要求极低，该水闸不需要太过复杂的消能工程[2]。

其次是水闸建成后对水流速度和泥沙冲刷的影响。该项目的推算以仅仅考虑水闸闸门的束窄功能和闸门的启闭功能为前提。U 为水流流速，长安中闸进水口闸墙最宽处约为 23 米，河道的宽度肯定大于这一数字，水闸建成后中部收窄，闸门宽度仅为 6.9 米，如果以最小的束窄比而言，则水流速度至少要增加 3.3 倍。随着流速的增加，水流的挟沙能力也会随之提高。根据挟沙力公式 $S_* = 0.07 (p_s U^3/gh\omega)^{1.14}$，其中，$S_*$ 为挟沙力，p_s 为悬沙密度，U 为平均流速，g 为重力加速度，h 为水流深度，ω 为沙粒沉降速度。在这一公式中，假定其他参数不变，仅考虑水流流速对挟沙力的影响，当水流流速增加 3.3 倍时，则水流的挟沙能力将增加 61 倍。

三　宋代水闸建造技术的进步

镇江京口闸遗址和海宁长安闸遗址分别代表了北宋和南宋运河水闸的

---

[1] 单宽流量是水力学中的一个重要概念，指过水断面为矩形时单位宽度通过的流量。参见四川省水利电力厅编《水利管理常用词汇》，四川科学技术出版社，1983，第 35 页

[2] 消能工指消除泄水建筑物或落差建筑物下泄急流的多余动能，防止或减轻水流对水工建筑物的冲刷破坏而修建的工程设施。参见徐乾清《中国水利百科全书》，中国水利水电出版社，2006，第 1512 页。

情况，将二者发掘呈现出来的情况相结合，就可以发现宋代运河水闸建造技术的进步之处。

首先，水闸主要物料由木质变为石质。众所周知，石材的重量要远远大于木材，用一系列石材建造的石质水闸其自重本身就是一个很大的问题，单靠自然的基础很难承受，因此，水闸材质由木到石变化的一个重要前提是解决水闸的基础问题，即必须要用人为干预来辅助自然地基承受石材的自重。这种人为的干预一是靠选址时对于建闸地域土质的判断，二是通过密植地钉来予以加固，更多情况下，在无法选择建闸地域的情况下，就要靠密植地钉。从现有的文献资料和考古资料来看，北宋时期似乎并没有解决这一问题，如前述《河防通议》所载建造一座水闸所用的物料中仅有"地丁五十八条，各长六尺，径六寸"[①]，如果勉强将"吐水桩三十条"纳入起固定作用的地钉之列，一座水闸总共也仅有88根地钉，支撑一座木闸似乎可以，但要支撑通体石材的石闸，是远远不够的。以长安闸为例，其西闸墙"底部植满木桩，木桩直径8～15厘米不等，木桩间距约为10～30厘米"[②]，西闸墙的残长为12.2米，假定木桩间距为20厘米，且仅有一排，则这一排木桩数应为61根。以此推算，仅仅西闸墙的地桩数量就要超过上述的88根，何况东闸墙底部也是"直径8～15厘米的木桩"，还有翼墙的木桩、木门槛底部及两侧的木桩和闸底板的木桩。

北宋时期的水闸虽然由于地钉的问题而没有最终迈出从木质到石质的关键一步，但却进行过类似的尝试。2009年12月至2010年6月发掘的江苏泰州城南水关遗址早期水门遗迹，在条石垒砌的摆手"残损位置发现残留有十多根直径6～15厘米的木桩，木桩的底端被削成了三棱形"[③]，这些木桩就是水门翼墙之下的地钉，显然数量不是很多，所以仅能支撑水门这种墙体长度、宽度和高度均不是很大的建筑。到北宋末年的《营造法式》开始有了"单眼卷輂，自下两壁开掘至硬地，各用地钉打筑入地"[④]的明

① 沙克什：《河防通议》卷上《料例第三》，《丛书集成初编》第1486册，中华书局，1985，第11页。

② 浙江省考古研究所、海宁市文物保护管理所：《江南运河长安闸遗址的调查与发掘》，载浙江省博物馆编《东方博物》（第四十八辑），浙江大学出版社，2013，第28页。

③ 南京博物院、泰州市博物馆：《江苏泰州城南水关遗址发掘简报》，《东南文化》2014年第1期。

④ 李诫：《营造法式（一）》卷3《壕寨制度·石作制度·卷輂水窗》，上海商务印书馆，1933，第67页。

确规定。显然，南宋水闸易木为石的变化当是地钉技术逐步提高的结果。

其次，闸门柱的安全和固定措施更加完善。在北宋的木构水闸之下，其闸门柱只能采用跟闸墙分体建造然后再嵌入的方式，即前引《河防通议》中单独的"金口柱"，其实这种木制闸门柱在前述南越国汉代木构水闸遗址中即已存在（见图 10），南越国汉代木构水闸的闸门柱是在闸口"两侧竖木桩用榫卯嵌入枕木（闸底基座——引者注）的两端"，中间的两根木桩上凿有宽 0.1、进深 0.12 米的槽口，槽口中横排有"3 块挡板，残高约 1.7 米"①。这两根位于中间、凿有槽口的木桩就相当于北宋的"金口柱"，也就是说，从汉代到北宋一千多年的时间内，木构水闸的闸门基本没有变化，之所以会如此，笔者以为当是因为这种闸门形制是木构水闸的唯一选择。

图 10 南越国木构水闸闸门柱（由西向东）

资料来源：《南越国遗迹》，广东人民出版社，2011，第 38 页。

---

① 广州南越国遗迹申报世界文化遗产工作领导小组办公室编《南越国遗迹》，广东人民出版社，2011，第 22 页。

南宋时期。水闸虽然易木为石，但这种闸门形制却继续沿用，也就出现了长安闸嵌入闸墙中部、四面开槽的正方体或长方体闸门柱①。较之之前的木制闸门柱，长安闸的闸门柱多出的两个侧面槽口和背面槽口均为连接两侧闸墙和背后翼墙的石"卯"，用以跟两侧闸墙和背后翼墙石板上的"榫"对接，所以这三个槽口尺寸均要远远小于闸门柱内侧用于安置闸板的槽口。以中闸为例，闸门柱内侧用于安置闸板的槽口宽 0.2、进深 0.18 米，两侧槽口则宽 0.08、进深 0.07 ~ 0.09 米，外侧连接翼墙的槽口宽 0.09、进深 0.06 米②，下闸闸门柱两侧和外侧槽口的尺寸跟下闸基本相同③。闸门柱两侧和外侧的槽口除了跟两侧闸墙和背后翼墙以榫卯形式连接外，还用灰浆灌缝以进一步加固。如图 11 所示，这种嵌入闸口直墙的闸门柱形式，到元代初年依然使用④，且不设闸墩。

图 11 元初志丹苑水闸的闸门柱

资料来源：《志丹苑：上海元代水闸遗址研究文集》，科学出版社，2015，第 20 页。

除了闸门柱以特殊形制来确保稳固之外，长安闸还有特制的翼墙来牵拉闸门柱以进一步确保闸门柱的安全。长安闸翼墙的建造方法，前面已经阐明，此不赘述。

---

① 中闸闸门柱平面为边长约 0.8 米的正方形，下闸闸门柱平面为长 0.8、宽 0.68 米的长方形。参见浙江省考古研究所、海宁市文物保护管理所：《江南运河长安闸遗址的调查与发掘》，载浙江省博物馆编《东方博物》第四十八辑，浙江大学出版社，2013，第 27、29 页。

② 浙江省考古研究所、海宁市文物保护管理所：《江南运河长安闸遗址的调查与发掘》，载浙江省博物馆编《东方博物》第四十八辑，浙江大学出版社，2013，第 29 页。

③ 具体数据参见浙江省考古研究所、海宁市文物保护管理所《江南运河长安闸遗址的调查与发掘》，载浙江省博物馆编《东方博物》第四十八辑，浙江大学出版社，2013，第 27 页。

④ 上海博物馆编《志丹苑：上海元代水闸遗址研究文集》，科学出版社，2015，第 36 ~ 37 页。

再次，闸墙砌筑的黏合剂更加先进。长安闸砌筑所用黏合剂除了前述的灰浆之外，还有一种就是翼墙内部石板之间连接所用的包括糯米、鸡蛋清在内的特殊黏合剂①。无论灰浆还是用糯米和鸡蛋清特制的黏合剂，北宋时期都不存在，都是到南宋时期才出现的。

就现有的考古发掘资料而言，江苏扬州宋大城北门遗址第Ⅰ期门道边壁属于五代末期至北宋初期，其砌筑大城砖所用的黏合剂是泥浆，而到第Ⅱ期即南宋时期的门道边壁，黏合剂就成了石灰膏②；属于北宋时期的江苏泰州城南水关遗址早期遗迹，其"石材上下层之间填以糯米汁砂浆"③；属于南宋时期的江苏仪征真州城东门水门遗址石壁则是"用白灰膏黏合"④，同样属于南宋时期的宋大城北门水门遗址的"石壁是加工过的条石错缝垒砌而成，条石之间用掺加糯米汁的石灰膏进行黏合"，北段摆手的"石条之间用白灰膏黏合"⑤。由这些发掘记录不难发现北宋到南宋时期砌砖或石所用黏合剂的发展顺序：从五代至北宋初期的泥浆，到北宋时期的糯米汁砂浆，到南宋时期的石灰膏或掺加糯米汁的石灰膏，正如扬州宋大城北门水门遗址发掘报告中所言，"从砌石、砌砖用石灰膏进行黏合的特点来看，目前揭露出来的水门遗址极有可能是南宋时期的遗存"⑥，同属于南宋时期的长安闸翼墙则使用了掺加糯米、鸡蛋清在内的特殊黏合剂，呈现出了较为清晰的演进脉络。从中不难发现，黏合剂的配比技术越来越高，黏合效果也相应地越来越好。

---

① 国家文物局：《申报世界遗产文本：中国大运河》（未刊资料），2013，第 144 页。

② 中国社会科学院考古研究所、南京博物院、扬州市文物局江苏扬州唐城考古队：《江苏扬州宋大城北门遗址的发掘》，《考古》2012 年第 10 期。

③ 南京博物院、泰州市博物馆：《江苏泰州城南水关遗址发掘简报》，《东南文化》2014 年第 1 期。

④ 扬州市文物考古研究所、仪征市博物馆：《江苏仪征真州城东门水门遗址发掘考古发掘简报》，《东南文化》2013 年第 4 期。

⑤ 中国社会科学院考古研究所、南京博物院、扬州市文物局江苏扬州唐城考古队：《江苏扬州宋大城北门水门遗址发掘简报》，《考古》2005 年第 12 期。

⑥ 中国社会科学院考古研究所、南京博物院、扬州市文物局江苏扬州唐城考古队：《江苏扬州宋大城北门水门遗址发掘简报》，《考古》2005 年第 12 期。

An Archaeological Observation on the Grand Canal Sluice of the Song Dynasty

Guan Shigang

Abstract: Song Dynasty is the technical peak of the development of Grand Canal sluice in ancient China, and the various types of sluice, including shiplock, have made breakthrough progress. Exploring the archaeological sites of Zhenjiang Jingkou Shiplock and Haining Changan Shiplock and other shiplocks, a number of physical data about the sluices of the Song Dynasty have emerged. This essay, which is based on archaeological findings and the relevant historical documents, represents a comprehensive study of the technical details of the design and construction of canal sluice in Song Dynasty and the transformation from wood to stone.

Keywords: Song Dynasty; Grand Canal Sluice; Jingkou Shiplock Site; Changan Shiplock Site

（责任编辑：胡克诚）

京杭大运河山东段故道考古
资料三例简析[*]

吴志刚^{**}

内容提要 京杭大运河山东段故道考古资料多为配合国家基本建设工程所得，零星、分散，且多为内部资料。本文公布了京杭大运河山东段配合工程的三例故道考古资料，并根据文献记载及考古成果进行了相关分析，对工程涉及运河故道的起始年代、变迁和现状形成进行了初步研究。

关键词 京杭大运河山东段 运河故道 考古资料

京杭大运河作为世界最长的古运河，各段河道因地理原因本就特点纷呈，当前的故道保存和利用状态更是各异。随着大运河申遗、利用运河段南水北调工程和其他基本经济建设工程的开展，围绕京杭大运河山东段故道，近年做了较多考古工作。申遗和南水北调考古资料部分已经公开发表，但占最大比例的其他基本建设工程考古资料，因获取的信息简单，目的也是为配合工程而进行文物影响评估，属内部资料，未向社会公开。本文所用三例，皆为作者领队和主笔配合线形基本建设工程跨越京杭大运河故道的考古调查、勘探资料，综合分析后，对工程涉及相关京杭大运河段故道的起始年代、变迁和现状形成进行了初步研究。

---

* 本文为国家社会科学基金项目"京杭运河山东段考古资料的整理与研究"（18BKG028）的阶段性成果。

** 吴志刚，考古学及博物馆学硕士，山东省文物考古研究院馆员，主要研究方向为商周考古和运河考古。

一 瓦日铁路涉及京杭大运河段故道

京杭大运河为国家级重点文物保护单位，根据国家文物局的要求，所有涉及京杭大运河的工程必须实施专项考古调查勘探并进行文物影响评估。瓦日铁路建设时名称为山西中南部铁路通道，东西横跨京杭大运河故道。为做好铁路建设中的文物保护，受山东省文物局的指派，2014 年山东省文物考古研究所对瓦日铁路跨越京杭大运河段进行了考古调查勘探，形成了《山西中南部铁路穿越京杭运河段考古调查勘探报告》。[①]

该工程涉及京杭大运河段位于山东省济宁市梁山县小安山镇李官屯村东和山东省泰安市东平县常仲口村的交界地带，调查勘探时工程占压区域已不见完整河道踪迹，线路南北两侧间或散落有未被完全填埋的沟、坑，运河故道整体呈遗址状。

（一）工程占压处地层

1. 河槽内堆积

除去现存的沟、坑，根据钻探出青灰色河泥的深浅程度，确定运河河槽内堆积，可探部分分为 11 层。

①层：地表向下 0.3 米，灰褐色土，颗粒较大，包含物杂乱，为现代堆积。

②层：距地表 0.3~0.5 米，黄褐色垫土，含红色黏土颗粒，土质较致密。

③层：距地表 0.5~0.6 米，黄褐色黏土，较纯净，略松软。

④层：距地表 0.6~0.8 米，黄褐色淤土，含红色黏土块，黏性较大。

⑤层：距地表 0.8~1.0 米，含细砂及零星蚌壳、螺壳，土质较疏松。

⑥层：距地表 1.0~1.3 米，浅黄褐色淤土，含红色黏土块，土质较致密。

⑦层：距地表 1.3~1.6 米，浅黄褐色淤土，含细砂，黏性较大。

⑧层：距地表 1.6~2.3 米，浅黄褐色淤土，含较多细砂、黑色斑点及

---

① 山东省文物考古研究所：《山西中南部铁路穿越京杭运河段考古调查勘探报告》，内部资料，2014。

螺壳，土质较疏松。

⑨层：距地表 2.3 ~ 2.6 米，浅灰褐色淤土，含较多细砂和黄褐色斑点。

⑩层：距地表 2.6 ~ 3.5 米，浅青灰色淤土，含细砂，较松软。

⑪层：距地表 3.5 米下，青灰色淤沙土，泛黑，纯净，富含水，铲探不过，深度不明。

2. 东堤堆积

根据探孔不存浸水堆积及和耕土区自然堆积的不同，确认河道东侧东堤可探部分分 5 层。

①层：地表向下 0.3 米，灰褐色土，颗粒较大，包含物杂乱，为现代堆积。

②层：距地表 0.3 ~ 0.5 米，浅黄褐色垫土，含砂粒，土质较疏松。

③层：距地表 0.5 ~ 0.8 米，黄褐色垫土，土质较致密。

④层：距地表 0.8 ~ 1.7 米，黄褐色垫土，含细砂、石灰、草木灰、蚌壳、螺壳等，土质较疏松。

⑤层：距地表 1.7 ~ 3.5 米，黄色粉砂土。

其下富含水，铲探不带。

3. 西堤堆积

根据探孔不存浸水堆积及和耕土区自然堆积的不同，确认河道西侧西堤可探部分 3 层。

①层：地表向下 0.3 米，灰褐色土，颗粒较大，包含物杂乱，为现代堆积。

②层：距地表 0.3 ~ 1.8 米，浅黄褐色垫土，土质较致密，包含物极少。

③层：距地表 1.8 ~ 3.8 米，黄色粉砂土，含细沙，土质较致密。

其下富含水，铲探不带。

（二）河槽宽度、走向

勘探确定瓦日铁路占压区河道、河堤后，分别向南北两侧 200 米范围内布置排孔，进一步了解了该段河道情况；在钻探过程中，所有探孔分别编号并详细记录，并用全站仪测绘、定位。通过上述方法，确定本区域内河道宽度在 58 ~ 60 米，在本区域 400 米范围内河道没有弯曲，基本呈南北向，稍偏西。

（三）河堤宽度

根据河道东西两侧的地层堆积，通过在东西两侧布置排孔，确定运河两岸以占压区域为中心400米内的河堤宽度。西侧河堤宽度平均在90米左右，东侧宽度自南向北从100米减少到70米左右。从地层堆积来看，开挖运河前运河西岸高过东岸，地势本不平，应为有意识选择的低洼地区。

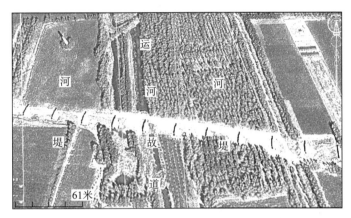

图1　瓦日铁路涉及京杭大运河故道河槽、河堤分布示意

（四）对瓦日铁路占压故道段的认识

通过考古调查勘探发现，在瓦日铁路工程占压区，地下存在完整的古运河河道河槽、河堤，地表部分河道以洼地、水塘、沟渠形式残存。河道在该段基本呈正南北方向，大堤遭完全破坏，残存河堤均埋藏于现代堆积下。河岸堆积不见青灰色淤土，河堤两侧可见0.3～1米厚不等的松散垫土，为河道清淤堆土。

该段京杭运河故道虽然大部分地表已不可见其形态，但地下犹存，是东平和梁山的分界线。二县确定边界时，河道应清晰可辨，为其界河。

本次勘探没有发现可供判断年代的遗物，但该段运河规范、清晰，河道历史上有清淤现象，没有二期施工的遗迹，废弃时间明确。史载，元至元二十年（1283），兵部尚书李奥鲁赤主持开凿济州河，由今汶上十里堡进入梁山县五里堡，经开河、袁口、馆驿、李官屯等，由张官屯进入安民山（今东平大安山）；元至元二十六年（1289），礼部尚书张孔孙主持开凿会通河，自袁口折向西北，经韩岗、蒋庄、魏庄、大吴，进入寿张（今属河南台前县），袁口以南延用济州河故道，袁口以北原济州河则逐渐淤废，今已无迹；明洪武二十四年（1391），黄河决口，会通河淤塞；永乐九年（1411），工部尚书宋礼主持疏浚，并开凿新渠，新渠自袁口起，北上沿今梁山县与汶上县、东平县交界线，抵达东平大安山，新渠开凿后，原由袁口经韩岗至寿张的故河道遂废。[①] 由上所记可知，瓦日铁路工程穿越区为历史上使用时间最长的明清京杭大运河，是明代宋礼始凿的运河故道，废弃后地表以上堤坝消失殆尽，河道也被逐渐被填埋圈占，因后世成为县界，故留有间断的洼地、沟渠残存。

二　青兰高速公路涉及京杭大运河故道

青兰高速聊城段东西横跨京杭大运河故道。受山东省文物局的指派，2015 年山东省文物考古研究所对该工程跨越京杭大运河段进行了专项考古调查、勘探，形成了《国高青兰线东阿界－聊城（鲁冀界）段穿越京杭大运河段考古调查勘探暨文物影响评估报告》。[②]

青兰高速公路涉及京杭运河故道段位于聊城市江北水城旅游度假区的凤凰街道（原李海务镇）大柳张东、蔡庄西。其涉及故道段当前呈两种形式存在，部分被二干渠利用，为使用中水道，部分因二干渠裁弯取直，呈遗址状。

（一）工程占压处地层

1. 二干渠西堤外

可探堆积分四层。

①层：地表向下 0.3 米，为现代耕土层堆积。

②层：距地表 0.3 ~ 0.8 米，黄褐色土，颗粒大，包含物较多，散见零星瓷片。

③层：距地表 0.8 ~ 1.3 米，黄色淤砂土，纯净，略松软。

④层：距地表 1.3 米下，红褐色土，黏性较大，致密。

---

① 姚汉源：《京杭运河史》，中国水利水电出版社，1998，第 103 ~ 117 页。

② 山东省文物考古研究所：《国高青兰线东阿界－聊城（鲁冀界）段穿越京杭大运河段考古调查勘探暨文物影响评估报告》，内部资料，2015。

2.0 米下富含水，铲探不过。

2. 运河故道东堤外

可探堆积分 6 层。

①层：地表向下 0.3 米，为现代耕土层堆积。

②层：距地表 0.3~1.0 米，现代垫土，含砂粒、蚌壳，土质较疏松，当为原运河故道堤坝土，系原河槽清淤土。

③层：距地表 1.0~1.1 米，红褐色黏土，土质较致密。

④层：距地表 1.1~1.2 米，路土。

⑤层：距地表 1.2~1.7 米，黄色淤砂土。

⑥层：距地表 1.7 米下，红褐色土，黏性较大，致密。

2.2 米下富含水，铲探不过。

3. 故道东堤堆积

可探堆积分 4 层。

①层：地表向下 0.3 米，为原耕土层堆积，部分地段被近年清淤土覆盖。

②层：距地表 0.3~4.2 米，浅黄色粉砂土，土质细腻，较致密。

③层：距地表 4.2~5.3 米，黄色粉砂土，包含黏土块，为最初筑堤时堆积，土质致密。

④层：距地表 5.3 米下，黄色淤砂土。

6.0 米下含水，铲探不过。

图 2　青兰高速公路涉及京杭大运河段裁弯取直前故道走向

（二）河槽宽度、走向

青兰高速公路跨越处的京杭大运河段当前为引黄二干渠，跨越点处河槽今地表已不存，现存引黄二干渠河道为裁弯取直后的河道。根据田野走访调查，本段河道取直时间在 20 世纪 70 年代末，取直后的引黄二干渠河道长度为 580 米左右，系在原运河故道西河堤外新开河槽。

原运河河槽和河堤被厚厚的粉沙淤土覆盖，二干渠历年清淤土和原故道填土及堤坝土质相同。为查明河道分布和河道宽度，考古勘探相关探孔均采用长杆和套铲进行，最深孔达 6 米以上。

根据不同排孔铲探到的河道青灰色淤泥颜色深度，基本确认青兰高速设计区域内的中心河槽最大宽度可达 38 米。6 米下因含水量较大探铲不能带土，本次勘探未能确定河槽深度。由于堆积皆为粉沙淤土，且没有经过夯打，原运河故道河槽的护坡和河槽界线难以区分。

勘探仅对青兰高速设计区域跨运河故道段进行了东西横排孔勘探，裁弯取直段其他部位未进行全面的排孔勘探，只对原运河河道的弯曲方向进行了单孔追踪，但根据对未裁弯取直段的调查和其他运河故道段的调查，原运河河道中心河槽的宽度应在 38 米左右。加上两岸护坡和河漫滩宽度，整体河槽宽度应达 50～60 米。

图 3　勘探确认的运河故道和青兰高速公路关系

（三）河堤宽度

根据地层堆积，通过布置排孔，确定了青兰高速公路跨越运河故道东岸的河堤始筑堤坝宽约 35 米，后因历年清淤渐宽渐高，历史最大宽度可达 80 米。故道东侧河堤可分为两部分，其中临耕地部分因取土破坏形成最高达 2.7 米左右的断崖面，外扩至耕地，地表部分比相邻耕地高约 0.5～1 米，断崖面西为 30 余米的河堤。青兰高速公路跨越运河故道处的原西岸河堤，因裁弯取直工程已基本无存。

（四）对青兰高速公路占压故道段的认识

通过考古调查勘探确认，青兰高速跨越京杭运河段当前为引黄二干渠的一部分，该段当前河堤、河道虽经后世整饬，运河整体风貌犹在。青兰高速公路工程跨越点，因为现代的裁弯取直，跨越处运河故道淹没于地下。

考古勘探没有发现可供判断年代的遗物，从当前河堤高度和堤外淤土可以确认历史上有多次清淤，当前河堤两侧有界桩，因不能侵占农田堆土，现代清淤粉砂土多直接附于堤上，形成当前可见的高耸河堤。该段运河规范、清晰，除裁弯取直段外没有其他新开挖或淤塞河槽。史载，元至元二十六年（1289），礼部尚书张孔孙主持开凿会通河；明洪武二十四年（1391），黄河决口，会通河淤塞；永乐九年（1411），工部尚书宋礼主持疏浚。[①] 由上所载可知，青兰高速工程跨越段是元明清以来的运河河道，相对于清代运河，该段故道河槽进行了深挖，河堤增高，历年进行了新的护坡处理。

三　岚曹高速公路涉及京杭大运河故道

岚曹高速公路进行文物调查勘探时项目名称为枣菏高速公路，东西横跨京杭大运河故道。遵照山东省文物局文件精神，受山东省高速公路集团的委托，2017 年山东省文物考古研究所对该跨越京杭大运河故道段实施了考古调查勘探，形成了《枣庄至菏泽高速公路跨越京杭运河故道考古调查

---

① 姚汉源：《京杭运河史》，中国水利水电出版社，1998，第 103～117 页。

暨文物影响评估专项报告》。[①]

岚曹高速公路涉及京杭大运河故道位于山东省济宁市微山县南阳镇南阳岛一带。因该工程跨越京杭运河故道段整体位于微山湖中，运用传统铲探方法难以取得资料，主要采用了地面、水面踏查并结合铲探的方式进行。

（一）岚曹高速公路跨越京杭运河故道段情况

岚曹高速公路在 K45 ~ K46 路段跨越京杭运河和京杭运河故道。跨越点京杭大运河故道和正在使用中的京杭运河河道相互交叉。从跨越区新老运河河道的交汇情况来看，新运河宽度明显宽，该处老运河河道完全隐没在新运河河道中，亦不存在堤坝。

（二）对岚曹高速公路占压故道段的认识

岚曹高速公路占压故道段属会通河微山段，是大运河全段唯一一段湖中运道。元代自鲁桥向北开济州河，同时南浚泗河，至顺二年（1331）建南阳闸[②]。2012 年有关单位曾对湖中运道南阳闸南部分做过水下考古，[③]但岚曹高速公路建设工程涉及京杭大运河故道段位于南阳岛北部，北至鲁桥，南至南阳闸，并不在 2012 年度水下考古范围内。

明嘉靖四十四年至隆庆元年（1565 ~ 1567），工部尚书朱衡开漕运新渠，北自南阳、南至留城，即南阳新河，又称夏镇新河。[④] 由上可知，该段京杭运河故道初为泗河，南阳新河开通后，经历多次疏浚，后随着地理形式的变迁，成为湖中运河的一部分，京杭大运河新航道开通后，该段故道已经变成南阳岛居民的生产生活水道，充分体现了大运河沿线人工干预下的河湖水系的变迁以及运河工程与之相适应的演进历程。

---

① 山东省文物考古研究所：《枣庄至菏泽高速公路跨越京杭运河故道考古调查暨文物影响评估专项报告》，内部资料，2017。
② 姚汉源：《京杭运河史》，中国水利水电出版社，1998，第 104 页、第 110 ~ 111 页。
③ 中国国家博物馆、山东省文物局、济宁市文物局、微山县文广新局：《2012 年京杭大运河（微山段）湖中运道水下调查简报》，《东方考古》第 11 集，2014 年 12 月。
④ 《明史》卷 85《河渠三》，中华书局，1974；万历《兖州府志》卷 19《河渠志》，齐鲁书社，1985。

图4 岚曹高速和京杭大运河新、旧河道关系

结　语

以上三例工程均主体东西向线性跨越京杭大运河故道，其所属河道段代表了当前京杭大运河山东段保存的两种典型形态，即完全遗址状和使用中水道。大运河作为世界文化遗产，要"保护好，传承好，利用好"，就要对其进行深入调查、研究。目前，大运河山东段成功获批的世界遗产要素，如南旺分水枢纽、船闸、斗门、钞关等，均属研究热点。但作为遗产最大构成部分的运河故道，当前保存形态各异，相关研究有限，应获得更多关注。

Three Cases Brief Analysis of Archaeological Data of the Old River Course in the Shandong Section of the Beijing-Hangzhou Grand Canal

Wu Zhigang

Abstract：The archaeological data of the Shandong Section of Beijing-Hangzhou Grand Canal are mostly obtained in coordination with the national capital construction projects. This paper publishes the archaeological data of three old canals in the Shandong section of the Beijing-Hangzhou Grand Canal. Based on the literature records and archaeological results, the paper makes a preliminary study on the origin, evolution and present situation of the old canal.

Keywords：Shandong Section of Beijing-Hangzhou Grand Canal；Old River Course；Archaeological Data

（责任编辑：官士刚）

明清河北运河城市变迁研究[*]

——以东光县为例

郑民德[**]

内容提要 明清时期的东光县是京杭运河沿岸重要的漕运码头、河工重地、商业中心，其兴起、发展、衰落与运河均有着密切关系，同时大运河也给东光留下了不计其数的物质与非物质文化遗产。作为河北省运河城市的重要组成部分，东光的政治、经济、文化都带有浓厚的运河色彩，通过对运河历史文化的深入挖掘，不但有助于"运河文化带""运河经济带"建设，而且对于河北省运河文化建设的系统发展及文化遗产的保护与利用、运河旅游业发展都有着重要意义。

关键词 运河 东光县 运河文化带

随着中国大运河列入《世界遗产名录》，国家、地方社会对于运河文化的研究日益重视，"运河文化带""运河经济带"建设也日新月异，不断发展。河北省运河文化底蕴深厚，境内与运河相关的物质、非物质文化遗产不计其数，有着重要的历史、现实价值。2017年7月，河北省省长许勤主持召开大运河文化带建设联席会议，要求以高度的政治责任感和历史使命感推动大运河文化带建设，切实把大运河保护好、传承好、利用好。随

---

* 本文为国家社科基金项目"明清山东运河河政、河工与区域社会研究"（16CZS017）的阶段性成果。

** 郑民德，历史学博士，聊城大学运河学研究院副教授、硕士生导师，主要从事运河文化、社会史研究。

后河北各市、县相继出台运河文化带建设相关政策，推出实施河北段大运河重点遗产保护展示工程、开展河北段大运河重要遗址和沉船点考古调查、加大河北段大运河遗产和沿线非物质文化遗产保护展示力度、建立河北段大运河数据系统四项措施以促进河北运河文化带建设的发展。而运河经济、文化的科学发展离不开对传统历史资源的挖掘，通过对明清东光境内河道工程、商业发展、区域社会等方面的探讨，不但可以丰富河北省的历史文化资源，保存与整理宝贵的运河遗产，而且对于河北省区域社会经济发展、文化建设、生态环境建设也具有重要的意义。

一 明清东光县运河与河工建设

运河文化包含的内容非常丰富，其中河道文化、工程文化是重要组成部分，也是运河文化研究的基础。明代东光归直隶河间府景州管辖，清雍正年间因设天津府，于是割河间府东半归天津府，东光直属河间府，景州降为散州。东光地处"九河下梢"，境内河道纵横，水域环境复杂，经常发生洪涝之害。除南运河外，还有宣惠河、漫河、屯氏河、徒骇河等河流，"其地虽无天险，而平原广隰，转漕所通，近接沧瀛，遥接齐鲁，实为腹地"①。作为京畿门户，东光是江南、山东、河南漕粮入京的必由之路，每年上万艘漕船从此经过，而商船、民船更是不计其数。为了保障漕路畅通，明清两朝不但设置了大量河政官员负责东光运河的疏浚、抢修事务，而且施建了诸多河道工程，在一定程度上维护了区域社会稳定与河道安澜。

东光地势低洼，地近渤海，历史时期就有大量的河流在此泛滥。据《驳孙禁开笃马河方略》记载："古说九河之名，有徒骇、胡苏、鬲津，今见在成平、东光、鬲界中。"②另据《蓬窗日录》载："徒骇等河故道皆在河间、沧州、南皮、东光、庆云、献县，山东平原、海丰，由宁津、吴桥、南皮诸处直达东海。"③《阅微草堂笔记》亦载："东光有王莽河，即胡苏河也。旱则涸，水则涨，每病涉焉。"④复杂的水域环境与丰富的水资

---

① 光绪《东光县志》卷 1《疆域形胜说》，清光绪十四年刻本。
② 许商：《驳孙禁开笃马河方略》，载严可均编《全汉文》，商务印书馆，1999，第 503 页。
③ 陈全之：《蓬窗日录》，上海书店出版社，2009，第 8 页。
④ 纪昀：《阅微堂笔记》，浙江古籍出版社，2015，第 185 页。

源一方面造成了严重的水患问题，同时也为运河的开凿提供了便利。早在三国时期，曹操就已在河北平原上开凿运河，隋代永济渠在东光县西二百步，宋、金御河也经东光县境，不过这些时期的运河主要以军事、漕粮运输为主，商业、文化交流方面的作用不大。元朝建都大都后，将隋唐运河裁弯取直，运河由汶上南旺分流后，南流由徐州入黄河，北流经张秋、聊城、临清、德州、东光、沧州等地至天津、北京。运河沿线城市随之兴起，东光也成为北通京津、南系齐鲁的重要漕运码头，城市发展迈向了新台阶，出现了新的特点。

东光运河位于直隶河间府境内，为卫河一部分，位于县城西部。① 卫河在清代又称南运河，"源出河南卫辉府辉县之苏门山百门泉，东北会淇、漳诸水，过临漳分流为二：其一北出，经大名，至武邑以入滹沱；其一东流，经大名东北，出临清，合会通河至直沽会白河入海。自山东德州界入直隶景州，经吴桥、东光、南皮、沧州、青县、静海，至天津府北三岔口入海，计长八百余里"②，其中大部流经今河北境内，是河北最主要的航运通道，对漕粮运输、商业流通、文化交流起着重要作用。据康熙《东光县志》载"卫河又名御河，为今漕运要津，在县西三里许，源出卫辉，故名。经故城、吴桥，有大龙湾、小龙湾，紫回环带，由县治西而北，下至沧州、青县、静海、天津卫东入海"③。东光县运河的具体流向为南由吴桥界流入，北流经县城西码头，至南皮、交河两县交界处，其中又分东西两岸"运河东岸南自连镇火神庙南界牌吴桥界入境，对岸与景州以河心为界，北至十二里口南高家坟北月堤南，由南皮县界出境，计河程六十里。西岸南自紫泥湾张家楼景州界入境，北至杨家圈界牌交河县界出境，对岸与南皮以河心为界，计水路六十里"④，修筑有大量的堤坝、浅铺等水利工程设施以保障运河的平稳运行。在诸多的水利工程中，尤以浅铺、堤坝最为重要，东光运河两岸有浅铺九处、堤四十处，知名者有夏口浅、李家浅、任家浅、狼拾浅、彭家堤、王家堤、霍家堤、李家堤、张家堤等，其名称一般由所处村庄地点或姓氏命名，其中浅铺设于明代，"额设长夫八

① 顾祖禹：《读史方舆纪要》，商务印书馆，1937，第5019页。
② 赵慎畛：《榆巢杂识》，中华书局，2001，第80页。
③ 康熙《东光县志》卷2《山川》，清康熙三十二年刻本。
④ 光绪《东光县志》卷1《山川》。

十一名，遇旱干浚浅，专责长夫"①，负责运河的疏浚、捞沙工作，人员从沿河村庄中佥派，明中后期至清代则主要依靠雇募，薪俸从县财库银中支付。

直隶运河为漕运要道，临近京畿，同时又是商路通途，所以地位至关重要。明代总理河道都御史总揽全河事务，其属下北河工部分司衙门负责济宁至天津河道的管辖。清代分工更为细密，将河道总督一分为三，其中曾一度专设直隶河道总督驻天津，负责境内运河、子牙河、永定河等河道的防洪、抢险、运输事务，东光运河也为直隶河政之一。东光运河的具体管理者为河间府管河通判、东光县管河主簿、卫汛千总与把总、河兵与堡夫等，这些管理者在明清因河政政策与河道形势的变化也会发生变化。明代东光运河为正六品的河间府管河通判管理河段之一，康熙三十二年（1693）因管河通判专管景州、东光、吴桥等十一州县卫所河道，长度近八百里，长途奔波，事务繁杂，而天津同知事务清简，止催趱沧州、青县、静海并天津三卫、六州县重空漕船，不负责河道疏浚、修防事务。为减轻管河通判压力，平衡河政负担，提高运作效率，"将景州、吴桥、东光、交河、南皮五州县河道与夫重运回空漕船，照旧责令通判修防、挑浚、催趱外，其沧州、青县、静海三州县并天津三卫河道与夫重空漕船，一并分与天津同知专管修防、挑浚、催趱"②。东光县另有管河主簿，协助县令管理、治理境内运河，每年运河的淤滩疏浚与挑挖、堤防培筑、河岸植柳都由其负责。东光运河分南北两汛，以河神庙前牌坊为界，南汛有堤十九处，汛一处、堡十四座，由连镇把总一员率战守河兵十二名、汛夫四百四十八名管理；北汛有堤十六处、堡十四座，由东光县主簿率战守河兵十二名、汛夫四百四十八名管理。另外在运河险要处的大龙湾置千总一员防守捕盗，在夏口置守备一员防河催漕③，维持河防要津的治安、漕运秩序。在这些河工管理部门中，管河通判、管河主簿属文职，自成系统，而守备、千总、把总属军事编制，归天津道员所辖的南运河营管理，统属于河道总督管辖。正是不同系统、不同人员的相互合作与配合，才使包括东光运河在内的直隶运河在明清数百年的时间里保持着相对的平衡与稳定运转。

---

① 光绪《东光县志》卷 1《河防》。
② 刘献廷：《广阳杂记》卷 5，清同治四年钞本，第 151 页。
③ 康熙《东光县志》卷 2《乡里》。

东光境内河流众多，除运河外，还有宣惠、滹沱、马颊、沙河、双河、漫河等河流，"盖自唐宋以来，县境平陆，为诸水冲溃成渠者不知凡几，而县境诸河又为流沙淤填无迹者亦不知凡几"[1]。在诸河中，以运河最为重要，所以明清两代围绕运河及其他河流所施行的工程不计其数，这些工程对于保障运道通畅，防范洪水起到一定的作用，但同时也扰乱了部分河流的自然流向，造成了严重的水患、盐碱问题，甚至使流域内不同州县因水利争端产生了大量矛盾，恶化了百姓的居住环境。康熙三十八年（1699）圣祖南巡至东光县，命直隶巡抚李光地查勘漳河、滹沱河故道，覆疏称："大名、广平、真定、河间所属，凡两河经行之处，宜开浚疏通，由馆陶入运。老漳河与单家桥支流合，至鲍家嘴归运，可分子牙河之势。"[2] 宣惠河为东光境内另一重要河流，接纳河北境内七十二洼之水，下游分为两支，南支为金沙岭、北支为范家口，暴雨时节常常宣泄不及，给沿岸各县造成灾害。乾隆五年（1740）县令赵宁挑浚宣惠河，使洪水得以宣泄，但数年后复淤。同治年间县令陈锡麟再次疏浚，为防止两岸崩塌，修筑堤坝，使河岸得以牢固，几年后县令胡寿嵩挑河十里，水势得减。光绪元年（1875）县令陶治安深感本境水利失修、旱涝频繁的危害，劝民挑浚宣惠河，结果因旱灾严重而作罢。清末因运河淤塞，河工失修，"黄河夺运，决则水大至，灌数州县，而东光为尤甚"[3]，光绪十二年（1886）县令周植瀛以工代赈，大修河工，通过筑堤以加固河防。东光境内连镇为河工重地，商业枢纽，但运河弯曲较多，每逢雨季，险象丛生，后当地谢姓乡绅为保境安民，倡议捐资修建了谢家坝，该坝为夯土坝，坝体为灰土加糯米浆逐层夯筑，异常坚实，代表着中国古代水工技术最高水平，已列入《世界遗产》名录。除工程措施外，东光民众为祈盼河流安澜，还修建了大量的神灵庙宇进行祭祀。如马头镇运河东有河神庙"庙制正殿向西三间，前为山门，又前临河有坊，西曰'万古安澜'，东曰'长堤永护'，殿后为吕祖祠，缭以周垣"[4]。另有水神大王庙四座，分别在刘庄、大龙湾、洪庙、陈庄，庙宇壮丽，香客辐辏，"瞻便行旅，是又推广河神之灵"[5]，

---

① 光绪《东光县志》卷1《山川》。
② 《清史稿》，中华书局，1977，第3824页。
③ 光绪《东光县志》卷1《河防》。
④ 光绪《东光县志》卷5《祀典》。
⑤ 光绪《东光县志》卷5《祀典》。

其他像真武庙、关帝庙、土地庙、奶奶庙在东光境内的分布数量也很多，这些神灵功能众多，其中部分神灵兼有水神的性质，寄寓着百姓们希望风调雨顺、五谷丰登的希望与理想。

尽管明清两朝东光地方政府与社会采取了种种措施以治理当地的水患问题，但在以"保漕"为目标的国家政策下，仍然产生了诸多的弊端与负面影响。据《东光县志》载"东光堤岸素称完固，一遇淤滩即并力挑浚，又每岁植柳若干，预备牢固堤岸之用，法称极善。但频年筑堤取土，多掘毁岸边民地，夫民之地毁而额征如故，人情亦有大不堪者"①，可见运河工程的修建破坏了农业设施，使百姓的正常生产遭到破坏，降低了粮食的产量，对民众的生活产生了威胁。而在传统漕运衰落后，由于运河管理功能的丧失及调节周边自然环境能力的削弱，区域社会民众对洪患的防范及对水资源的争夺也更加剧烈。光绪九年（1883）运河赵家堤决口，与上游德州之水合流至金沙岭，宣惠河分泄不及，北为范家堤所阻，洪水倒漾，被淹二百五十余村庄，东光、沧州村民为守护本乡田地，舍命相争，发生严重冲突，死伤四十七人，酿成了巨大祸患，史称"沧州、东光之民因水决堤，争斗相杀成大狱"②，事件发生后，中央、地方政府非常重视，于白家坊子以东于家洼建滚水坝以泄洪流，后又增修坝顶，并购买民地建汛房三间，驻汛夫一名随时观察水势，保障河防的安全。

明清两朝，相关河工衙署、管理人员的设置，提高了东光的政治地位，而运河工程的施行，在一定程度上也使运河在长时期内得以畅通，促进了经济、文化的交流，使东光成为运河沿岸重要的漕运码头与物流转输枢纽，刺激了区域社会城镇、商业的繁荣。但同时，运河也是一把双刃剑，在带来交通优势的同时，也导致了严重的水患问题与区域社会争端，留下了诸多的后遗症，在自然环境、生态环境、农业生产方面都有大量的负面作用，这些都是值得关注的。

二 城镇与商品经济的发展及繁荣

京杭大运河首先是一条航运通道，承载着国家漕粮运输，有着浓厚的

---

① 康熙《东光县志》卷 2《河防》。
② 光绪《东光县志》卷 1《河防》。

政治属性，但同时它也是一条经济、商业、文化之河。东光县作为重要的沿运城市，其境内城镇的兴起与发展、商业的繁荣、贸易的发达都与运河密不可分，有着明显的运河特色。运河带来了南北商贾、客货，也加强了不同文化之间的交流与融合，使东光在河北的经济、商贸地位不断提升。东光与运河是一种息息相关、荣辱与共的关系，这种发展轨迹也体现了河北沿运城市、城镇的普遍化特征。

东光为水陆通衢，"据渤海上游，与南、交为依辅，以吴、阜为襟喉，连镇控其南，夏口扼其北，凡为乡屯者九、地方三十六、堡二、汛地三、铺递七、义仓九，而村庄七百"①，其地在河间府东南160里，东至南皮县界42里，东南至宁晋县界33里，南至吴桥县界20里，西南至景州界30里，西至阜城县界35里，西北至交河县界44里，北至京师640里，有运河与官道相连通，非常方便于商贾、货物的流通与贩运。另外境内还有运河渡口六处，分别为连镇东光口渡、大龙湾渡、马头镇渡、油房口渡、夏口渡，有浮桥一座，其他桥梁数十座，为行旅、居民的出行提供了便利。

东光县著名的商业码头有三处，分别为东光镇、夏口镇、连窝镇，三镇均位于运河沿岸，有舟楫之利。东光镇位于县治附近，又名马头镇，"自西郭门至南运河，长亘四里许，为赴省要冲，钱粮起解由于斯，商贾贸易由于斯"②，是全县重要的经济、交通中心，外地及本地商帮多将货物贩运至东光镇，然后以该镇为中心，向周边乡镇、村落进行销售，所以东光镇具有商业辐射的重要作用。《光绪东光县志》亦载，"县治西二里有曰东光镇，交卫河，为南北舟楫往来交通之处，居民视治壤颇庶，而河西视河东相倍，其园林之盛，土地之饶，他镇集莫与"③，"马头镇在县西三里，下临卫河，又县西南二十里为连窝镇，与县北二十里之夏口镇，皆卫河所经，水陆交汇，商旅凑集"④，是运河沿岸的大码头与商贸重地。夏口镇又名下口镇，在明代就属重要漕运、商业码头。朝鲜人崔溥在明弘治年间曾从京城沿运河南下，对沿线重要城镇均有描述，其《漂海录》一书中载"过王家口铺，至景州地方任家口铺。又过东光县，县治在河之东岸。又过油房口铺、北下口铺，至南皮县地方。过北下浅铺，又至交河县地方。

---

① 光绪《东光县志》卷1《疆域》。
② 光绪《东光县志》卷1《桥梁》。
③ 光绪《东光县志》卷5《祀典》。
④ 光绪《东光县志》卷5《邮政》。

过曹道湾、薄头镇（泊头），至新桥。又过镇武庙（真武庙）、药王庙、戚家堰、军屯，夜二更至泊薛家窝里前"[1]。《读史方舆纪要》也称"卫河有大小龙湾，萦回而下，经县北二十里，其地名下口，居民鳞集，行旅辐辏，俨然城市，谓之下口镇"[2]。河间府的下口镇、泊头镇均为河北运河名镇，交通便利、人烟密集、商贾辐辏，商业达到较高的发展水平，经济实力远超内地的城镇与乡村。连窝镇，简称连镇，在景州城东四十里，位于景州、东光、吴桥三县交接地带，因地势低洼，容易积水，又名连洼，该镇有水驿，为南北商旅往来必经之道，在河北诸镇中与泊头相齐名，商业极其发达。关于连窝镇经济的繁盛，在明清诸多史料中均有记载，明末清初人谈迁曾沿运河旅行，称该镇为"雄镇"[3]，有大量人口在此居住、贸易。《客窗闲话》亦载"连镇，布市也。居是地者，半以贸布为业"[4]，当地有大量的布业商人在此汇聚，土著居民也从事布匹的贩运贸易，通过水路销往山东、直隶、天津、北京等地。

　　明清两朝东光依靠交通之利，在沿河诸处还有大量的集市、庙会，如东光王家集，距县城 25 里，"盖往来孔道"[5]，人口密集，商业繁荣，甚至建有专门的养病堂，以供年老无依的病人治疗、修养，具有慈善性质。其他如"逢一、六日集场，邑西三里马头镇，邑东二十五里秦村，邑东北六十里裹头村，邑北二十五里燕台，邑西二十五里营裹，邑北二十五里房家寺。逢二、七日集场，邑南十八里连镇（四、九日有小集），邑东南二十五里陶家店，邑东北三十五里灯明寺，邑北二十里夏口，邑西北三十八里土山，邑西三十里薛家庙，邑西三十里砖门。逢三、八日集场，本城集四关轮置，邑东二十五里王家庙，邑西北四十里弓高城，邑西三十里陈家集。逢四、九日集场，邑东十八里陈家坊，邑北三十里胡家集，邑西二十五里王家集，邑西五十里沙河头。逢五、十日集场，邑西南十二里大龙湾，邑东南十八里大于庄，邑东南十五里王校店，邑东北三十里郭家桥，邑北十五里仓上，邑西北十五里卢秉黄庄，邑西三十六里史家集"[6]。在这

① 朴元熇：《崔溥漂海录》，上海书店出版社，2013，第 113 页。
② 顾祖禹：《读史方舆纪要》，商务印书馆，1937，第 590 页。
③ 周光培：《清代笔记小说》，河北教育出版社，1996，第 148 页。
④ 吴炽昌：《客窗闲话》，河北人民出版社，1987，第 68 页。
⑤ 光绪《东光县志》卷 5《经政志》。
⑥ 光绪《东光县志》卷 2《集市》。

些集市中、县城、马头镇、连镇、夏口镇为商业网络的第一层次，这些集镇均位于运河沿岸，交通便利，有大量的外地与本土商人在此经营，不但商铺、饭店、茶馆数量众多，而且集市上的商品往往来自运河南北，涉及数县、数府，甚至数省，杂货、粮食、陶器、瓷器、金银器、布匹、烟草、药材等都能在镇市上买卖，贸易数额巨大，甚至很多外地商帮以这些沿河市镇作为物流转运基地，以此为中心向四方贩销。而农村集市为商业网络的第二层次，服务对象为本区域的百姓，集市上的商品以粮食、瓜果、牲畜、木材为主，主要是满足百姓们的日常生活需要，商品率较低，甚至还存在一定数量的物物交换。与市镇与农村集市并列的另外一种贸易场所为庙会，举办庙会的主要目的为祭祀神灵，满足群众信仰精神上的需求，但同时也有着重要的经济、商业功能。明清两朝东光县庙宇众多，各类大大小小的庙会更是不计其数，这些庙会分布于城乡各地，如城隍庙、普照寺、关帝庙、郝家寺、灯明寺、周家庙、真武庙、崔家庙、三清庙、药王庙、娘娘庙、三皇庙、三教堂等，每逢庙会时节，来自四面八方的人群前来赶庙，摩肩接踵，异常热闹。其中有大量的商人也夹杂其中，利用这一时机获取利益，而更多的人一方面前来膜拜神灵，另一方面也在庙会上购买所需商品，消费能力往往超过日常的集市贸易。

明清时期东光依靠运河的交通之便实现了经济上的大发展，在一些沿河市镇出现了外地商帮、会馆，不但商品来自全国各地，种类繁多，而且初步建立起了专业性的市场体系与网络，形成了较为完善与发达的商贸系统。与市镇相比，农村贸易的发展程度要低一些，但是在城镇商业的辐射下，很多商人的触角也深入乡村，从事一些杂货、布匹、粮食行业的生产、加工与销售，从而在很大程度上满足了百姓的日常需求。而日常集市、庙会的举行，对于促进农村基层市场的建立、发展也起到很大的作用，使农村居民也能够拥有内容丰富的消费环境，除满足基本的生产、生活外，还能够有更多的选择。

三　灾荒、战乱对区域社会的危害

运河使东光成为著名的漕运码头与商业枢纽，带来了数百年的繁荣，但同时也打乱了当地的水系环境，加之国家漕运具有强制性，农业灌溉不能与漕运同时分享水源，因此造成了严重的水旱灾害。另外东光因地理位置重要，为南北孔道，所以一旦遭遇战乱，便往往成为兵家必争之地，对于城镇发展、民众生活造成了剧烈冲击。

首先，东光地处黑龙港流域下游，地势低洼，诸多东西流向的自然河流被南北走向的运河大堤所阻挡，形成了严重的水患与大量的盐碱地，对当地的自然生态环境造成了巨大破坏。永乐十年（1412）十一月，"吴桥、东光、兴济、交河、天津决堤伤稼"①。成化六年（1470）夏天暴雨，秋天又发生旱灾，旱涝无常，黎民遭殃。嘉靖三年（1524）"秋大水"②，四十五年（1566）五月"雨雹大如鸡鹅卵，屋瓦皆碎，坏民庐舍"③。万历年间，东光自然灾害更是频繁，万历十六年（1588）运河决于魏家口，冲毁百姓房屋无数。万历三十三年（1605）大雨连日，"高下尽没，自泊镇道中上船达瀛入京"④，使陆地成为泽国。万历三十九年（1611）运河又决于夏口，修筑费用 8000 余两，天启、崇祯年间天下纷扰，运河疏于治理，东光水患更是无数，甚至达到人饥相食的程度。入清后，洪涝之害有增无减。顺治十二年（1655）霪雨，"高下皆没，禾苗尽伤，蠲国课十分之三"⑤。雍正三年（1725），"东光大雨四十余日"⑥，导致河流暴涨，淹没了大量农田、村庄，百姓流离失所。雍正八年（1730）七月，运河决于德州，"冲灌县境，田禾淹没殆尽"⑦，三年后德州又河决，东光受灾比八年更为严重。道光二年（1822）七月，"吴桥苏家楼御河西岸决，淹注县境"⑧，后数年又决，屡为县害。咸丰十年（1860）六月，东光大雨，庄稼绝产，百姓颗粒无收。同治十年（1871）七月，东光霪雨连下十余日，遍地皆水，洪涛纵横，百姓备受其害。光绪年间，随着传统漕运的终止，国家对运河基本不再关注，生态环境进一步恶化，几乎每年都会发生水患，严重影响了当地的农业生产与百姓的日常生活。

其次，旱灾、蝗灾、地震、瘟疫等灾害也严重冲击了东光地域社会秩序的稳定。明嘉靖三十二年（1553）春旱大饥，三十九年（1560）大旱

---

① 《明史》卷 28《五行一》，中华书局，1974，第 301 页。
② 康熙《东光县志》卷 1《灾祲》。
③ 康熙《东光县志》卷 1《灾祲》。
④ 康熙《东光县志》卷 1《灾祲》。
⑤ 康熙《东光县志》卷 1《灾祲》。
⑥ 《清史稿》，中华书局，1977，第 1580 页。
⑦ 光绪《东光县志》卷 11《杂稽志上·事略》。
⑧ 光绪《东光县志》卷 11《杂稽志上·事略》。

"居民流移山东等处就食"①，很多灾民沿运河乘船前往山东德州、临清等地谋求生存。万历四十三年（1615）春夏大旱，"七月半始雨，皆抢粮而食"②，使区域社会秩序陷入混乱之中。清康熙四年（1665）自春至夏无雨，"禾苗尽槁，蠲国课十分之二"③。蝗灾为中国古代农业社会的又一重大灾害，东光旱涝失常，为蝗灾的大规模爆发埋下了隐患。明正统时，东光"大蝗"④。万历初年多次大蝗，至二十七年（1599）"蝗食苗尽，民剥树皮，掘草根食之，野多饿殍，弃食乳子女于路甚众"⑤。崇祯十三年（1640）旱蝗，"斗米价银两余，人相食，只身不敢路行"⑥。入清后，顺治四年（1647）"飞蝗蔽日"⑦，康熙年间屡次大蝗，其中康熙二十八年（1689）旱灾"蝗蝻遍地，赦未完钱粮，并次年春夏钱粮，复出帑金遣官赈济，邑令白公亦捐俸施粥"⑧。其他如地震、瘟疫的爆发频率虽不及旱涝、蝗灾，但危害也很大。天启四年（1624）三月初二"地大震，物皆动摇"⑨，第二年复"地大震，物皆动，犬惊皆吠"⑩。康熙十八年（1679）、四十三年（1704）东光两次发生地震。瘟疫多发生于其他自然灾害之后，传染迅速，很难及时控制。明景泰时"大饥疫，殍夫枕野"⑪，正德十四年（1519）"大疫"⑫，嘉靖四十年（1561）"疫死者甚众"⑬。各种自然灾害的频繁爆发，严重破坏了百姓正常的农业生产，导致了一系列的恶果，增加了国家治理基层社会的难度，也加剧了传统社会不同阶层之间的矛盾与冲突。

最后，明清东光县距京城较近，为南方各省入京的必由之路，加之有大运河便利的水运交通，所以在战乱时往往成为各种势力争夺的焦点，导

① 康熙《东光县志》卷1《灾祥》。

② 康熙《东光县志》卷1《灾祥》。

③ 康熙《东光县志》卷1《灾祥》。

④ 康熙《东光县志》卷1《灾祥》。

⑤ 康熙《东光县志》卷1《灾祥》。

⑥ 康熙《东光县志》卷1《灾祥》。

⑦ 康熙《东光县志》卷1《灾祥》。

⑧ 光绪《东光县志》卷11《杂稽志上·事略》。

⑨ 康熙《东光县志》卷1《灾祥》。

⑩ 康熙《东光县志》卷1《灾祥》。

⑪ 康熙《东光县志》卷7《忠节》。

⑫ 康熙《东光县志》卷1《灾祥》。

⑬ 康熙《东光县志》卷1《灾祥》。

致严重的兵燹之害。明建文元年（1399），燕王朱棣起兵北平，与明军进行了激烈的战斗，"纵横河北数千里，几无孑遗"①，后只能迁外省居民充实河北人口。正德五年（1510）冬十月，刘六、刘七兄弟起兵于霸州，转战于河北、山东两省，截断运河，抢劫漕粮，烧毁船只，杀害运军，其中在东光半壁店与明军展开激战，当地人口死伤不可胜计。清咸丰四年（1854）太平天国北伐军林凤祥、李开芳率军至东光，与清军僧格林沁战于连镇，"会霖雨河涨，贼聚高阜，官军屯洼地，势甚棘，于是议开壕筑堤，以水灌贼营。堤成，蓄水势如建瓴，贼大困，屡出扑，皆击退"②，两军在东光数十战，导致人口大量死亡，对城镇经济产生了巨大破坏。同治二年（1863）八月，黑旗军领袖宋景诗进入东光，后数年捻军张宗愚与其他小股农民军也多次入境，与清军进行了激烈战斗，破坏很大。

明清两朝虽然东光发生的严重灾荒并非全部都由运河导致，但在国家以"保漕"为国策的前提下，运河占用了大量的农业灌溉资源，同时严重破坏了当地的河道环境与生态环境，使自然灾害发生的频率提高。持续不断的旱涝、蝗害使基层社会的生产秩序遭到严重破坏，大量百姓或饿毙，或流亡他乡，农村经济残破不堪，这种情况在王朝的末期尤为严重。而战乱更是雪上加霜，东光地处孔道，人口密集，商业繁荣，在明代初期与中期、清代中后期多次遭受兵燹之害，城镇受到剧烈冲击，商人离散，人口锐减，城镇发展陷入停滞之中，与大运河一起衰落下去。

结　语

东光县运河文化遗产丰富，有着重要的历史与现实价值。通过对东光历史资料的挖掘，对于促进河北省的运河文化带建设、旅游业的发展都具有重要的意义。东光吹歌、连镇烧鸡、小枣、粗布、小磨香油都是运河留下来的宝贵物质、非物质文化遗产，承载着运河特殊的情感与记忆，体现了地域文化的特色，而对东光运河河道、工程建设、商业发展、区域社会历史的探讨，能够厘清运河文化研究中的困惑与不足，增强运河文化研究的活力与动力，从而使历史更好地为现实服务。

---

① 光绪《东光县志》卷 11《杂稽志上·事略》。
② 《清史稿》，中华书局，1977，第 11888 页。

东光运河文化要做到东光，乃至河北"运河文化带"建设的科学典范，应做到以下几点：首先，要加强大运河的法规建设，完善管理体制，重点强化谢家坝等重点文物古迹的保护，建设东光运河文物文化博物馆，加大运河文化的宣传，普及运河文化知识，激发全民热爱运河、保护运河的热情。其次，加强东光运河文化的理论研究，编辑《东光运河文化研究》刊物，成立运河文化研究会，搜集各种运河文献、古籍、故事、传说、谚语，形成系统的运河文化体系。最后，科学打造运河旅游古镇与名镇。在京杭运河沿线，北方地区虽然运河文化资源丰富，但运河旅游业却效果一般。东光有连镇、夏口等著名运河城镇，如能科学规划、合理布局，形成独具特色，体现地域文化特色的旅游体系，必将会成为北方运河旅游聚集地的中心，助力东光经济、社会的持续发展。

Research on the Change of Hebei Canal City in Ming and Qing Dynasties：Take Dongguang as an Example

Zheng Minde

Abstract：The Ming and Qing Dynasties，Dongguang of Beijing-Hangzhou canal is an important port wharf，river area，commercial center，its rise，development and decline are closely related to the canal，while the Grand Canal has to leave the matter and light too many to count the intangible cultural heritage. As an important part of the canal city of Hebei Province，east of the politics，economy and culture has a strong color to dig through the canal，the canal's history and culture，not only contribute to the *canal culture* and *Canal Economic Belt* construction and protection for system development and cultural heritage cultural construction of Hebei river transport the development of the tourism industry，and the canal are of great significance.

Keywords：Canal；Dongguang；Canal Culture Zone

（责任编辑：朱年志）

明清长芦盐业与运河交通述论[*]

裴一璞[**]

内容提要 明清长芦盐业的发展与运河交通密不可分，运河促进长芦盐业管理中心的转移，奠定今日长芦盐业格局；促进芦盐管理职能的完善；扩大芦盐的行销范围及对外影响。然而运河交通也为芦盐走私提供了方便之门，增加了政府缉私难度。总体言之，运河交通对长芦盐业发展的推动作用居主导地位。

关键词 明清 长芦盐业 运河 交通

明清长芦盐场分布区域广泛，北起山海关，南至今河北与山东交界处，同时长芦盐场也是海河水系与运河相交汇的中心区域，境内水道发达，分布有北运河、永定河、大清河、子牙河、南运河、蓟运河等人工运河与自然河流。运河的存在对长芦盐业的发展具有重要推动作用，所谓"水利兴而后盐利可通，水利淤塞而盐利无从出之地"[①]。目前学界对长芦盐业的研究，已取得丰硕成果，然多集中在盐务档案整理、盐政盐税、盐业与城镇发展以及近代缉私等方面，以运河为视角探讨运河对长芦盐业的作用与影响，仍少有关注[②]，故今试予以论述。

---

[*] 本文为山东省社会科学规划一般项目"近代小清河食盐运输研究"（18CLSJ06）的阶段性成果。

[**] 裴一璞，历史学博士，聊城大学运河学研究院副教授、硕士生导师，主要从事盐业史研究。

① 朱廷立、史绅等：《盐政志》卷7，北京图书馆出版社，1999年影印本。

② 目前对长芦盐业研究的论著主要有长芦盐志编修委员会《长芦盐志》（百花文艺出版社，1992）、丁长清《近代长芦盐务》（中国文史出版社，2001）、刘洪升《试论明（转下页注）

一　明清运河对长芦盐业发展的推动

1. 推动长芦盐业行政中心的转移

"长芦"之名始自明初，洪武二年（1369），置北平、河间都转运盐使司，后更名河间、长芦都转运盐使司；永乐间，改称长芦都转运盐使司，简称"长芦运司"，自此便有"长芦盐"之名。当时长芦运司驻地为河间府沧州，主要缘自沧州境内河流众多、运河交通发达，除天津外亦有"九河下梢"之称，号称"沧盐近河，而价最廉"[2]，很快成为明代长芦盐区食盐集散与管理中心。

入清后，随着运河功能的完善与发展，天津的地理优势凸显出来。天津位于南运河、北运河、蓟运河汇集之处，且为海河干流区，又濒临渤海，为长芦盐业转运提供了更加便利的条件，使天津逐渐成芦盐转运中心。康熙十六年（1677），长芦都转运盐使司移驻天津。长芦盐业行政中心的转移，根本原因在于沧州盐业运道的衰落。清代沧州所辖南场盐业因运道阻塞，盐运多由陆路，这种运道变化带来的影响便是灶丁纷纷改业，"南场运路断绝……盐业大衰，灶户皆归籍改业，不惟滩荒灶废，并灶课亦多无从追呼"[3]。

因长芦食盐转运历来主要依靠水路，清代沧州等地因运道阻塞，运输不便，运价昂贵造成食盐生产萎缩；天津则由于河网遍布，水运发达，商人便于行盐，成就了芦盐转运中心的地位。[4] 由此可见，明清时期运河交

（转上页注①）清长芦盐业重心的北移》（《河北大学学报》2005 年第 3 期）、张毅《明清长芦巡盐御史制度述略》（《盐业史研究》2010 年第 2 期）、河北师范大学历史文化学院等《中国长芦盐务档案精选》（国家图书馆出版社，2011）、张毅《明清天津盐业研究（1368—1840）》（天津古籍出版社，2012）、中国历史第一档案馆等《清代长芦盐务档案史料选编》（天津人民出版社，2014）、王宪明、蔡禹龙《政治经济学视野下的近现代长芦盐业研究》（经济科学出版社，2015）、鲍Б之《长芦盐业与天津》（天津古籍出版社，2015）、天津市档案馆等《北洋时期长芦盐务档案史料选编》（天津人民出版社，2016）、申玉山《长芦盐税研究》（中国社会科学出版社，2016）、毕昱文《长芦盐区缉私武装研究（1912—1928）》（中国社会科学出版社，2016）、吕小琴《明清长芦盐场并原因探析》（《历史教学》2017 年第 6 期）等。

②　邱濬：《大学衍义补》卷 28《山泽之利上》，中州古籍出版社，1995，第 411 页。

③　孙毓琇、贾恩绂：《盐山新志》卷 5《法制略》，民国五年（1916）刻本。

④　张毅：《明清天津盐业研究（1368 - 1840）》，天津古籍出版社，2012，第 179 页。

通的变迁对长芦盐业地域兴衰起到举足轻重的作用，运河在地方的兴废直接导致天津与沧州盐业的兴与衰，奠定了今日长芦盐业的发展格局。

2. 促进芦盐行政管理对运河的重视

明清时期，长芦盐业的最高管理机构是长芦盐课察院，设巡盐御史一人，监察长芦盐政。① 因运河对长芦盐业的重要作用，促使芦盐管理机构对运河的治理极为重视，部分职能转向对运河的管理。明永乐十三年（1415），朝廷在沧州设长芦巡盐御史，职能之一便是兼理河道，通过巡盐御史对运河的治理、维护，为芦盐运输提供便利的交通条件。正统三年（1438），朝廷命长芦巡盐御史兼理济宁至通州张家湾一带运河。② 通过上述举措，朝廷逐步将长芦巡盐御史的运河管理权扩大到除通惠河之外的整个北方运河区域。天顺二年（1458），朝廷又令长芦巡盐御史兼管北直隶河道。③ 至此，整个华北地区的运河管理都纳入长芦巡盐御史的兼理范围。成化八年（1482），仍命长芦巡盐御史兼管通州直抵济宁州一带河道，并提督所属军卫有司，时加疏浚修筑、督收钱钞、缉捕盗贼、盘检马船等。④ 至此，长芦巡盐御史对运河的管理职能达到完善，这种做法一直延续至清代。

3. 促进长芦盐业行销网络的扩大

长芦盐业行销网络的构建与扩大与运河交通密切相关，明代及以前长芦盐业行销重心在沧州，主要因其运河便利："南所之盛，其机操之于河道。而柳河最为要津。唐代无棣、马颊为南场之南道，而柳河为其北道，故南场犹盛"；后因运河水路的变道及淤浅等问题，沧州所在南场盐业开始衰落，"盖大河徙而柳县废，柳河绝而南场废，皆以交通不利，而地产、商业及人事之乘除盛衰胥因之"。⑤ 与此同时，天津所在的北场盐业开始兴盛，"柳河之塞，在长芦之截地，于是南场运路断绝，而北场有蓟运、南运诸河以为委输，相形日绌"⑥。

天津北场盐业最为兴盛者当属芦台场（位于今河北唐山市），该盐场濒临蓟运河，囤集装载食盐极为便利，因而发展极为迅速："（芦台场）共

① 傅崇兰：《中国运河城市发展史》，四川人民出版社，1985，第 245 页。
② 汪砢玉：《古今鹾略》卷 4《会计》，北京图书馆出版社，1999 年影印本。
③ 汪砢玉：《古今鹾略》卷 3《职掌》。
④ 汪砢玉：《古今鹾略》卷 3《职掌》。
⑤ 孙毓琇、贾恩绂：《盐山新志》卷 5《法制略》。
⑥ 孙毓琇、贾恩绂：《盐山新志》卷 5《法制略》。

设四坨,其在寨上北者曰'北坨',又名'汉沽坨',位于场署南八十里,北、东、南三面共长二百八十五丈,临蓟运河,可容盐二百万石;在营北者曰'南坨',位于寨上南五里,北、东、南三面共长三百八十四丈,亦临蓟运河,可容盐一百三十万石;又张家码头可容盐四十五万石。"①

在明清长芦盐区,除规模较大的运河外,众多规模较小的运河或其他水道对食盐的运销也起到重要作用。这些小的运道能够直接连通各盐滩或盐场,便利盐船的进出,供灶户将所产之盐运至大的场坨集中囤放;再通过连通规模较大的运河,将食盐分销到各地。如唐山芦台场"有北、中、南三沟,为运盐之路"②;清光绪间,宁河县(今天津宁河区)港庄有"渠四道,俱东通大海,绕贯摊坨。宽二丈,深五尺,取水晒盐。西北流入蓟运河"③。

明清长芦食盐的行销主要通过运河运往外地。商人挂号手续齐备,将盐船齐泊盐关,听候巡盐御史亲临盐关开放船只,出关后盐商分赴所认引岸,或由北河,或由淀河,或由西河,或由南河分运各处。④ 盐船走北运河者,食盐大部分分销沿河州县,剩余部分至通州张家湾改为车运分销附近;盐船走淀河者,食盐大部分分销沿河州县,剩余部分至保定县(今河北保定市)张青口及清苑县,改为车运分销附近;盐船走西河者,食盐大部分分销沿河州县,剩余部分至衡水县(今河北衡水市)之小范、任县(今河北任县)之邢家湾、宁晋县(今河北宁晋县)之白沐、丁曹及邯郸(今河北邯郸市)等处改为车运分销附近;盐船走南运河者,食盐大部分分销沿河州县,剩余部分至大名(今河北大名县)之龙王庙、白水潭二处改为车运分销附近;盐船销岸为河南州县者,则由白水潭运至卫辉府(今河南卫辉市)及道口镇(今河南滑县道口镇),车运渡黄,再行分运卫辉府盐厂。⑤ 由此可见,明清长芦食盐运河行销范围主要为今北京、天津、河北及河南北部等地区。

4. 提升长芦盐业对外影响力

运河对长芦盐业影响力的提升以向京师输送贡盐最为典型。明清长芦

① 周庆云:《盐法通志》卷 39《场产十五》,民国七年(1918)影印本。
② 财务部盐务署:《清盐法志·长芦建置门》,民国九年(1920)盐务署铅印本。
③ 丁符九、谈松林:《宁河县志》卷 3,清光绪六年(1880)刻本。
④ 张毅:《明清天津盐业研究(1368-1840)》,第 127 页。
⑤ 黄掌纶等:《长芦盐法志》卷 9《转运》,清嘉庆十年(1805)刻本。

盐区因临近京畿，成为宫廷用盐的首选，一旦被定为贡盐，则其对外影响力自然水涨船高。明清长芦贡盐主要包括青盐、白盐、盐砖、盐卤四种，其中盐砖最为沉重，每块均重15斤。[1] 在长芦贡盐中，以盐砖最为贵重，而盐砖因其重量较重，运费高昂，又决定盐场地区非有运河之利不能承办。事实上，明清长芦地区，盐砖并非每个盐场皆有能力生产。明初盐砖的生产主要由可通舟楫之富民、丰财、厚财三场；万历十一年（1583），长芦盐运使高世雨查知芦台、兴国二场亦系沿河，交通便利，遂加派二场；后以芦台场临近蓟运河，价格低廉，又将盐砖烧造任务交给芦台一场承办。[2] 可见盐砖烧造的前提是造价低廉、运费低，而水运交通便捷、成本低的优势便成为官府指派盐砖生产的首选，由此运河交通对提升长芦盐业成为贡品，扩大对外影响力上具有重要意义。

二　明清长芦食盐运河行私

明清运河对长芦盐业的发展起到重要的推动作用，然而便利的交通又成为食盐走私的温床。同时运河作为漕运官道，官员及漕卒的加入，以及水道河汊本身的纵横交错又增加了走私的猖獗。其情形恰如明万历间长芦巡盐御史姚思仁所言："长芦之盐，北多而南少，在南场者十之三，在北场者十之七。且南场俱系陆运，即有私贩，亦易以诘捕；北场余姑无论，如芦台、越支产盐之薮，场分既大，煎晒亦多，天津富商皆在二场收买，大伙兴贩盐徒往往亦出其间。"[3] 可见明清长芦食盐走私主要集中在沿运地区，重点在北区盐场，其运河走私类型主要分为官船走私与漕船走私两种。

1. 官船走私

明清长芦盐场位于运河沿岸，而运河作为国家漕运通道，"运河往来，权势军民人等触舻相望"[4]，官船易夹带私盐，为走私提供了便利。官员利用官船做掩护，夹带大量私盐躲避检查，已成为运河走私非常严重的社会

---

① 段如蕙等：雍正《新修长芦盐法志》卷6《灶籍》，台湾学生书局，1966年影印本。

② 张毅：《明清天津盐业研究（1368—1840）》，第93页。

③ 吴亮：《万历疏钞》卷27《千盐类》，明万历三十七年（1609）刻本。

④ 庞尚鹏：《答王总制论屯盐书》，陈子龙等编《明经世文编》卷360，中华书局，1962，第3881页。

现象。

官船走私又分为两种类型，一类是高级官员可以凭借权势在运河公然行私，如明成化年间"勋戚、内官、权势之家奏讨开中盐利，驾马快官船多至二三百艘，于长芦等处满载南行，张揭钦赐黄旗，虽有巡盐、巡河等官，莫敢谁何!"①。正德四年（1509），内官监太监杨镇沿运走私长芦盐，"凡用官民舡六百余艘，劫胁濒河官吏，索厚赂一万六千二百余两，其家人韦庆等亦得几千两"②。正德十年（1215），司设监太监刘允借行差之便沿运走私长芦盐，"载盐船只填满河道，南北官、民、商旅舟楫一切阻塞，不容往来"③。正德十一年（1516），各王府奏讨食盐原先不过二三百引，后为贪取食盐以谋私利，"公差人员奏讨不下数万"；此外，宫廷织造等项需求食盐"名虽二万，夹带实多"，这些非法获得的食盐主要通过运河行私，以致"进贡马快等舡在于长芦运司收买私盐，公行无忌"④。高级官员主要为亲王、勋臣、宠信太监等皇帝身边近臣，他们沿运行私主要特点为凭借权势、公行无忌，气焰极为嚣张："横行江河，搀夺市肆，商贾不通。"⑤

另一类为普通官员，主要为假借公事之便，随船夹带私盐。普通官员没有皇帝近臣的权势，他们转而通过行使公务的便利，在官船中夹带私盐，造成的影响也比较恶劣。如明成化十三年（1477），"公差人所驾马船、快船，用一索十，多至百余艘，往往夹带私盐重货，所经之处，尤被扰害"⑥。成化十九年（1483），"近马船、快船回公差回，多于长芦收买私盐，至于仪真发卖"⑦。以致民间部分私盐贩争相冒充官船，以求牟利，"奸民效尤，亦以民船混作官船，随后夹带"⑧。

2. 漕船走私

明清时期，京杭运河作为国家漕运主通道，漕船的行进在运河中具有特权。法令虽然规定："粮船昼夜攒行，不许片刻停泊，亦不许闲人上

---

① 《明宪宗实录》卷 260，成化二十一年春正月己丑，（台北）中研院历史语言研究所，1962 年校勘本。
② 《明武宗实录》卷 51，正德四年六月丙子。
③ 蒋冕：《乞取回刘允及停止张玉不差题本》，陈子龙等编《明经世文编》卷 124，第 1187 页。
④ 《明武宗实录》卷 141，正德十一年十月甲戌。
⑤ 韩文：《题为钦奉事》，陈子龙等编《明经世文编》卷 85，第 751 页。
⑥ 《明宪宗实录》卷 166，成化十三年五月庚午。
⑦ 《明宪宗实录》卷 162，弘治十三年五月丁卯。
⑧ 《明孝宗实录》卷 246，成化十九年十一月辛亥。

船"①，但漕运路途遥远，船上人员日用不能缺乏食盐，朝廷对漕运人员的食盐需求有特殊照顾，允许他们夹带食盐运漕；或者在运漕结束空船回程时，为体恤漕卒，允许他们夹带货物沿途贩卖，以贴补家用。如明弘治十七年（1504），朝廷规定："如回空运军每名夹带私盐达五十斤以上者，请照例盘诘；如其瓶罐装买不足五十斤者请放行，不作追究"。② 清雍正四年（1726），朝廷为体恤漕卒，规定回空漕船每人可带食盐"四十斤"。③ 这些特权或措施都为漕船食盐走私大开方便之门。

明清沿运地区的食盐漕私中，以长芦食盐最为严重，"芦私居十之八九，淮私居十之一二"④。漕船之夹带私贩食盐，主要发生在漕船回空南下之时，如明弘治十四年（1501），朝廷"申严运军私带食盐之禁"⑤。天启年间，长芦地区"各船动多夹带私盐"，回空漕船利用行使特权"舳舻百千，扬帆冲关"。⑥ 缉私官员前往检查，漕卒竟然"持梃相向"，甚至烧毁漕船，杀伤人命，使巡私人员"莫敢呵止"。⑦ 崇祯间，"漕船悍卒辄敢公然装载，拒捕焚舟，哄如夷虏"⑧。漕运走私的长芦食盐中，又以天津所在的北区盐场最为严重，"透漏盐斤之弊，以天津为最甚"⑨。如清嘉庆十六年（1811），缉私人员查出湖北三帮之漕船夹带私盐，数额高达"二十九万二千余斤"，经审讯得知，所带私盐皆购自天津一带官盐店。⑩

三 明清长芦食盐运河缉私

明清长芦食盐运河行私严重扰乱了正常的食盐行销秩序，并妨碍了政府盐课征收，严重者造成对地方社会的扰乱。为维护盐区统治秩序的稳定，保障食盐市场的正常运行，官方采取严厉措施进行缉私。相较陆运缉

---

① 载龄等：《钦定户部漕运全书》卷83《盘诘事例》，海南出版社，2000年影印本。
② 雍正《畿辅通志》卷36《盐政》，清雍正十三年（1735）刻本。
③ 《清世宗实录》卷43，雍正四年四月甲子。
④ 陶澍：《陶文毅公全集》卷15，清道光二十年（1840）刻本。
⑤ 《明孝宗实录》卷177，弘治十四年闰七月癸卯。
⑥ 《明熹宗实录》卷41，天启三年十一月戊辰。
⑦ 陈仁锡：《无梦园初集》劳集2，明崇祯六年（1633）刻本。
⑧ 毕自严：《度支奏议·山东司》卷2《题覆户课黄承昊条陈两淮盐法疏》，上海古籍出版社，2008年影印本。
⑨ 《清宣宗实录》卷187，道光十一年四月丁卯。
⑩ 《清仁宗实录》卷249，嘉庆十六年十月己未。

私，运河缉私自有其特点。

1. 完善支盐制度

明清时期，长芦食盐的生产与运销主要掌控在政府手中，食盐得以走私的源头主要在于政府支盐制度的监管不力。明清政府为预防芦盐沿运行私，要求用官方盐船进行支取，将食盐发放纳入官方控制之下。如规定商人领引赴场，需在盐垣中买卖，由场官验明放行，"灶户运盐上仓，将带军器及不用官船起运者，同私盐法"①。将不通过官方盐船起运，私自在运河用民船支盐的行为一律视为私盐，尽可能在源头遏制食盐走私入运河。

2. 严惩沿运私贩

明清政府对沿运私贩芦盐的行为，通过制定相关法规予以严惩。如对回空漕船夹带芦盐的处罚，根据不同的私贩程度，给予不同的惩罚："有夹带私盐闯闸、闯关，不服盘查，聚至十人以上，持械拒捕杀人及伤人三人以上者，为首、并杀人之人拟斩立决；伤人之犯斩监候；未曾下手杀伤人者发近边充军。其虽拒捕不曾杀伤人，为首绞监候，为从流三千里；十人以下，拒捕杀伤人者，俱照兵民聚众十人以下例分别治罪。"② 政府通过对运河私贩的严惩，起到震慑与惩戒双重作用。

3. 设置盐关要隘查私

明清政府对运河盐运的交通要道一般设置盐关要隘进行检查，对发现私贩行为依律予以没收、严惩，在私盐流通环节予以打击。如明万历二十一年（1593），长芦巡盐御史姚思仁请求在天津直沽河（今海河主干道）设置盐关，查缉私盐。因为"直沽一河为行盐要地"，通过设立浮桥，横以拦江铁索，系以木桩，遇夜封锁，天明始开，"纵有神奸不能越渡"。③清康熙五年（1666），在大沽口设立盐关要隘进行检查，因"装盐船只别无小河可通，必从天津大沽口出口，由海边行走"④ 之故。雍正元年（1723），朝廷规定回空漕船通过天津关时，由长芦巡盐御史会同天津镇总兵官亲往验放，"如发现夹带之私盐，尽抛入河，失察各官照例议处"。⑤乾隆二十年（1755），令每年回空漕船过天津关时，由缉私人员进行盘查

---

① 黄掌纶等：《长芦盐法志》卷 7《律令》。
② 黄掌纶等：《长芦盐法志》卷 7《律令》。
③ 吴亮：《万历疏钞》卷 27《钱盐类》。
④ 雍正《畿辅通志》卷 36《盐政》。
⑤ 内务府：《钦定大清会典》卷 53《户部》，台湾商务印书馆，1986 年影印本。

验放，除每船准带食盐 40 斤外，"如有多余，起获充公"。①

明清政府实施的芦盐沿运缉私措施，对遏制食盐走私猖獗、打击犯罪起到一定积极作用，有利于长芦盐业正常市场行销制度的实行。然而这些缉私措施仍存在不少漏洞，如官员在缉私中利用职务便利自己贩卖食盐，权势之家更是公然蔑视盐法，缉私人员在盐关要隘受贿放私等行为，无疑加剧了食盐缉私的困难，实际上这也是封建特权社会的一种折射。

结　语

通过对明清运河与长芦盐业的关系梳理，可以发现长芦盐业通过充分利用运河便利的交通实现了快速发展。从运河的积极意义看，首先，长芦运司驻地的确立需要遵循行盐便利的准则，而运输方式无疑以水运最为重要，运河以水运主道的优势对运司治所的变迁起了重要，使其由沧州迁往更具地理优势的天津，奠定了今日长芦盐业行政管理的格局；其次，运河提高了长芦巡盐御史兼理运河河道的权限，使其扩大到整个华北运河沿线，对加强运河盐运及运河缉私具有重要作用；再次，运河扩大了长芦盐业的行销范围，密切了京津冀及豫北食盐市场的联系，并凭借良好的航运条件承担向京师输送贡盐的重任，提升了芦盐的对外影响力。

然而运河交通的便利特点也被芦盐走私者利用，不仅扩大了芦盐走私的范围，也增加了缉私的难度。从走私者的身份看，官、军、民、商皆有，其中又以官船走私最难处理。针对运河走私的特点，政府从完善制度、加强盐法惩治、加大巡私力度等措施进行治理，收到良好的效果，然在执行过程也因各种原因难以称善，这对今日芦盐执法仍具有一定借鉴意义。

---

① 载龄等：《钦定户部漕运全书》卷 83《通漕禁令》。

Research on the Changlu Salt Industry and Canal Transportation in Ming and Qing Dynasties

Pei Yipu

Abstract: Development of Changlu Salt industry and Canal Traffic were inseparable in Ming and Qing Dynasty, the canal not only promoted the transfer of the management center of Changlu Salt industry and established the present pattern of Changlu Salt industry, but also promoted the perfection of the management function of Changlu Salt industry. At the same time, the canal enlarged the marketing scope of Changlu Salt industry and its external influence. However, the canal traffic also provided a convenient way for Changlu salt smuggling, increased the difficulty of government anti-smuggling. Generally speaking, the canal traffic plays a leading role in promoted the development of Changlu salt industry.

Keywords: Ming and Qing Dynasty; Changlu Salt Industry; Canal; Transportation

（责任编辑：胡克诚）

圣迹与霞光：临清泰山奶奶崇拜的历史人类学研究[*]

周　嘉[**]

内容提要　本文以一座运河城市——临清的泰山奶奶崇拜为研究对象，通过钩沉方志文集并辅以民间碑刻、口述访谈等地方性资料，梳理泰山奶奶在临清的信仰实践脉络。临清的泰山奶奶信仰拥有悠久的历史，历经社会变迁逐渐发展出"信仰圈"，成为运河城市民俗信仰不可或缺的一部分。因应社会、政治、经济等因素的变化，信仰实践中心亦随之更替。泰山奶奶信仰圈与临清商业市场圈是相互涵括与重叠的，而以泰山奶奶宫观为空间载体形成的庙会，同时具备了宗教与商业的双重属性。作为共有信仰的泰山奶奶，在当代社会中的重新运作，表明民俗传统作为文化资源具有持久的生命力。

关键词　临清　泰山奶奶　流通枢纽城市　信仰中心地　信仰圈

"泰山奶奶"是"东岳泰山天仙玉女碧霞元君"的俗称，道教称为"天仙玉女碧霞护世弘济真人""天仙玉女保生真人宏德碧霞元君"。因坐镇泰山，尊称"泰山圣母碧霞元君"，俗称"泰山娘娘""泰山老母"等。她是以华北地区为实践中心的山神信仰，其道场位于中国五岳之尊的东岳泰山之上。明清以来，泰山奶奶在基层社会的影响力已经远远超过东岳大

　＊　本文为教育部人文社会科学研究青年基金项目"运河城市的空间形态及生命历程研究——以临清为中心的历史人类学考察"（15YJC840049）的阶段性成果。

＊＊　周嘉，法学博士，聊城大学运河学研究院讲师，山东大学历史文化学院博士后，主要研究方向为历史人类学、水利社会史和运河文化史。

帝，美国学者彭慕兰认为她是中国民间社会中信仰最为广泛的神灵①。道教中的"南有妈祖天妃，北有碧霞元君"为经常之说，可见泰山奶奶在神灵系统中拥有非常重要的地位。

关于泰山奶奶的封号问题，学界曾有过颇有成效的讨论。袁爱国提醒我们，"泰山女神通常认为与碧霞元君是同一称谓，两者可以合而为一，这是一种本末倒置的错误观点"②。不同于闫化川考证所得出的两个结论③，即一为宋天禧五年（1021）业已出现此一封号，一为明正德二年（1507）是其被官方正式认可的标志性时间，周郢认为碧霞元君之名始于明代且与泰山女神之道教化密切相关。④ 叶涛指出，泰山玉女被碧霞元君称呼所取代应在明初，且与宋元道教、明代民间宗教对泰山神灵系统的吸纳有关。⑤而邓东、曹贤香二人又从泰山玉女形成与演进入手，将时间追溯到宋代，并认为封号制度反映出朝廷对女性之神的重视。⑥ 除却具体的史实细节，泰山奶奶在明代逐渐为官方与民众所接纳当为不争事实。

作为一种宗教现象，泰山奶奶信仰自有其形成、发展与演变的脉络，学界多从历史学和民俗学的角度进行研究。范恩君指出，泰山奶奶来历纷繁，"反而适应了社会各阶层各自的信仰需求"⑦。王元林、孟昭锋考察了泰山奶奶发展演变的外在因素，如国家祀典和道教的影响。⑧ 周郢从朝廷的致祭制度化入手，探讨泰山奶奶从民间信仰到国家祭祀的历史进程。⑨吴欣在区域社会史脉络下，认为"信仰人群与神灵'交流'的时代变异，导致了女神信仰的世变与势变"⑩。彭慕兰则聚焦于女神信仰中的权力与性

① 详见〔美〕彭慕兰《泰山女神信仰中的权力、性别与多元文化》，载〔美〕韦思谛编《中国大众宗教》，陈仲丹译，江苏人民出版社，2006，第 115~142 页。
② 袁爱国：《泰山女神源流考》，《民俗研究》1989 年第 4 期。
③ 详见闫化川《碧霞元君封号问题的新考辨》，《世界宗教研究》2007 年第 1 期。
④ 详见周郢《"碧霞元君"神号源起时代新考》，《民俗研究》2007 年第 3 期；《碧霞元君封号问题的再考辩论——与闫化川先生商榷》，《世界宗教研究》2008 年第 3 期。
⑤ 叶涛：《论碧霞元君信仰的起源》，《民俗研究》2007 年第 3 期。
⑥ 邓东、曹贤香：《北宋崇宁五年的泰山碧霞元君封号》，《齐鲁学刊》2008 年第 4 期。
⑦ 范恩君：《论碧霞元君信仰》，《中国道教》1995 年第 2 期。
⑧ 王元林、孟昭锋：《论碧霞元君信仰扩展与道教、国家祭祀的关系》，《世界宗教研究》2010 年第 1 期。
⑨ 周郢：《泰山碧霞元君祭：从民间祭祀到国家祭祀——以清代"四月十八日遣祭"为中心》，《民俗研究》2012 年第 5 期。
⑩ 吴欣：《"奶奶"的庙：女神信仰的世变与势变——以鲁西区域社会为中心的研究》，《民俗研究》2016 年第 6 期。

别，视之为"了解中华帝国后期和近代时期共同宗教观念的范围和限制方面"的重要窗口。①

上述研究对我们理解泰山奶奶信仰有着很大帮助，如果从历史人类学的视域出发，把它当作一种社会组织和宗教实践，亦会有更多的探讨空间。本项研究即以运河城市临清之泰山奶奶崇拜为研究对象，以田野调查所得资料，并结合民间文献与史志记载，来梳理泰山奶奶在临清的信仰实践脉络。当然，笔者在阐述这段历史事实本身的同时，更多地倾向于融通"过去"与"现在"，在当下发现历史，呈现地方性知识的文化建构。

一 田野所见运河岸边的三座奶奶庙

沿着东环路进入临清市区的时候，会发现道路两旁一东一西分布有两座庙宇，临街处矗立着各自的门楼。南边不远处是元代所开会通河故道，曾为明清两代利用和整治，新中国成立后航运停止，河道主要功能已转向农业灌溉和排涝。路东的庙宇名称是"碧霞元君祠"，路西的是"歇马厅"。虽仅有一路之隔，但两者分属于不同的行政区划。前者现属新华路街道桑树园村，后者属大辛庄街道歇马厅村。据传，桑树园村因村民植桑成园得名，歇马厅村则因庙名称之。在市境西南、卫河东堤附近也有一处名为"碧霞宫"的庙宇，现属青年路街道夹道村。夹道村东临会通河西傍卫河，两条运河之间形成夹道，村名因之。

三座庙宇供奉的主神均为泰山奶奶，另供奉几位其他道教神灵不等，如玉皇大帝、三官大帝、王母娘娘、地宫老母、关圣帝、财神爷、药王等，体现出道教信仰以其多神崇拜作为鲜明特色。虽然三处庙名有所区别，但当地人习惯称呼它们为"奶奶庙"或"娘娘庙"，对于主祭神亦称之为"泰山奶奶"或"大奶奶"。②从较广的地域范围来看，祭祀泰山奶奶的庙宇有多种多样的称呼。③以"碧霞"命名的庙宇"明显受到宋封的

---

① 〔美〕彭慕兰：《泰山女神信仰中的权力、性别与多元文化》，载〔美〕韦思谛编《中国大众宗教》，陈仲丹译，江苏人民出版社，2006，第115~142页。

② 据田野报道人讲，泰山奶奶有三个化身：一为消灾免难、祈福纳祥的主身碧霞元君；二为智慧、聪明、开心结的眼光奶奶；三为繁衍生育的送子奶奶。笔者于2016年9月10日对蔡高真道长的访谈。地点：临清市桑树园村碧霞元君祠。

③ 田承军对碧霞元君祠庙在全国的分布曾做过统计，参见田承军《碧霞元君与碧霞元君庙》，《史学月刊》2004年第4期。

实地田野调查点奶奶庙在临清的地理位置示意图

资料来源：本图在 Google 地图基础上自绘而成。

影响"①，官方色彩较为浓郁，而乡民社会里的民众倾向于认可"奶奶"或"娘娘"② 之谓，概因其颇具亲近感和富有人情味之故。当涉及某一座具体庙宇时，还会有更进一步的区分。例如，在村民看来，哪个庙宇历史悠久则会被认为是"大庙"或"正庙"。

从建筑外观上看，三座庙宇差别比较明显。碧霞元君祠坐北朝南，主体建筑由一个大殿和六个配殿组成，分别为碧霞殿、玉皇殿、赐福殿、圣母殿、王母殿、财神殿和救苦殿。歇马厅坐西朝东，为二进院落，大殿为碧霞祠，配殿分别为东岳圣母殿、无生老母殿、菩萨殿、玉皇殿、药王殿、关圣祠、吕祖殿、卧佛殿等。虽然后者配殿数量多于前者，但庙貌与占地面积则稍显逊色。至于卫河东堤处的碧霞宫，更是远逊于前两者。碧霞宫坐东朝西，由碧霞殿、卧佛殿、圣母殿和玉皇殿组成，院落残破，给人一种断壁残垣之感。这三座供奉泰山奶奶的道教宫观，各自分立于所属的空间坐落里，祈愿的人们在不同的庙宇里进进出出。那么，早期历史时空下的奶奶庙呈现何种景观呢？

---

① 代洪亮：《社会记忆的空间——以清代山东碧霞元君信仰为中心》，《济南大学学报》2003年第 3 期。

② 美国传教士明恩溥（Arthur Henderson Smith）较早注意到这一现象，详见〔美〕明恩溥著《中国乡村生活》，陈午晴、唐军译，中华书局，2006，第 105 页。

二　奶奶庙在城市空间中的占有格局

在中国古代社会中，以"神道设教"为特征的宗教信仰，始终是广大民众精神生活的重要内容。维系人们精神寄托的宗教建筑被置于古老的城市空间之中，成为城市人文景观的重要组成部分。泰山奶奶具有多种多样的职能，如保佑婚姻、健康、生育等，供奉她的庙宇遍及整个华北大地。明代中期以后，泰山奶奶信仰逐渐繁盛，山东境内以其为主要祭祀神灵的庙宇，大多修建于明代嘉万年间①，其数量之多已然构成传统中国社会的一大特征。

根据时人方元焕的《重修碧霞宫记》所载："娘娘庙即碧霞宫，在广积门外，原有旧宇，明正统四年，守御千户所吴刚置地扩之。"② 可以推测，临清最早的奶奶庙在明朝正统以前就已经存在了。方元焕（？ ~1620），字晦叔，别号两江，原籍安徽歙县，后入籍临清，嘉靖十三年（1534）举人，明代著名的文学家和书法家。景泰元年（1450），临清砖城开始营建。娘娘庙在正统四年（1439）以前便已存在，可见它早于砖城。方元焕在碑记中还特别指出一点，即"宫州凡四焉"，所见有关泰山奶奶的宫庙共有四座，但并未指出其他三处的具体位置。当然，我们根据清代所修三部临清志书中的相关记载，大致可以还原这三处的位置：在土城中洲大宁寺东边有碧霞宫，又称"泰山行宫"③；在土城东水门外三里铺东边有岱宗驻节，又称"歇马厅"④；在砖城南门永清门以东南坛附近有碧霞宫。

临清之名始于后赵建平元年（330），在其后的千余年里，县治数易其址。元朝定都今北京后，由于百司庶府与卫士边军均需要依靠江南供给，因而采取"弃弓走弦""截弯取直"的方法，在山东境内开凿会通河，"西北至于临清，以逾于御河"⑤。到明朝，政府又重新疏浚会通河，运漕

---

① 叶涛：《碧霞元君信仰与华北乡村社会——明清时期泰山香社考论》，《文史哲》2009 年第 2 期。
② 王俊、李森：《临清州志》卷 11《寺观》，乾隆十四年刻本。
③ 康熙十二年《临清州志》云"碧霞宫在大宁寺左"，又乾隆十四年《临清州志》云"泰山行宫在大宁寺左"。
④ 康熙十二年《临清州志》云"岱宗驻节俗呼歇马厅，在东水门外"，又乾隆十四年《临清州志》云"岱宗驻节在东水门外，俗称歇马厅"。
⑤ 《元史》卷 64《河渠一》，中华书局，1976，第 1608 页。

通行可直达通州，终使"会通安流"①。临清东控青齐，北临燕赵，战略位置十分重要。砖城肇建前后历时两个多月，其主要目的便在于保护漕运仓储。明朝政府在各地设仓储粮，临清预备仓后移于中洲地区，在此基础上扩建水次仓即"临清仓"。临清共有三仓，均建于砖城之前，故而在当地有"先有临清仓，后有临清城"之说。砖城建成后，仓在城内。当时，砖城选址在会通河与卫河交汇地带东北方地势高亢之处。因水运商贸之便，在砖城之外的中洲与运河两岸，逐渐形成新的居住与商业空间，遂于嘉靖年间又修筑横跨会通河与卫河的土城，最终形成两城相连的空间格局。②

康熙十二年、乾隆十四年、乾隆五十年的《临清州志》都载有《州城图》，通过这些城市平面图，我们能够较为清晰地看到临清城的完整规制。其中庙宇和官署等建筑是确定城市空间结构的主要载体。城内庙宇林立，文庙、城隍庙、东岳庙等错杂于官署之间，大王庙、龙王庙等分布在运河的两岸。③ 方元焕所见广积门外的娘娘庙，标示于乾隆年间所修两部州志的《州城图》中。④ 到民国时期，《临清县志》又提到一处新的奶奶庙，即如今卫河东堤夹道村附近的碧霞宫。

三 进香之旅与仪式祭祀组织

当地人对泰山奶奶的崇拜，早在城池营建之前就已存在当为不争事实。至于砖城广积门外的那座娘娘庙，当时的守御千户所名叫吴刚，因在此地求子颇为灵验，遂捐资将庙宇扩建。在这次扩建与重修的过程中，临清的徽商也出资相助，"黄君大本洎诸歙商慨之，程材鸠佣，堍者缮，剥者圬"⑤。由于临清在当时是运河沿线一个非常重要的商业中心，来此营生的徽商势力最大，人数也最多，经营各种行业⑥，逐渐成为泰山奶奶的重

---

① 《明史》卷85《河渠志三·运河上》，中华书局，1974，第1388页。
② 关于临清的城市空间形态，具体可参阅周嘉《运河城市的空间形态与职能扩张——以明清时期的临清为个案》，载张利民主编《城市史研究》第34辑，社会科学文献出版社，2016，第38~50页。
③ 于睿明、胡悉宁：康熙《临清州志》《图》，康熙十二年刻本。
④ 乾隆《临清州志》卷1《图》，乾隆十四年刻本。按，乾隆五十年所修州志中的临清城图当为翻刻乾隆十四年本。
⑤ 乾隆《临清州志》卷11《寺观》。
⑥ 王云：《明清时期山东运河区域的徽商》，《安徽史学》2004年第3期。

要信众。

奶奶庙后来又经过进一步的拓展，香火渐渐旺盛起来。以其为中心的周边庙市也随之兴盛起来，"每月朔望，士女为婴儿痘疹祈安，执香帛拜谒，亦有市"①。由于奶奶庙已成为特定的公共集会场所，且又有按时举行的宗教祭祀活动实践，因而成为商业渗透的空间场所，庙会也因此被称作"庙市"。每年农历四月十八日被定为泰山奶奶的生日，届时"州人升木像具仪从警跸传呼，而以杂剧导其前，招摇过市，谓之行驾，各街巷结彩设供，竞致新奇，辉煌悦目，谓之迎驾，四方数百里聚会来观，连袂挥汗，充满城邑"②，只是到乾隆年间似乎已繁华不在③。

土城大宁寺东边的行宫为泰山奶奶的巡行驻驾之所。那么，何谓"行宫"？"古者天子巡守则封泰山，然后禅小山而秩祀之，以泰山为五岳之宗也，后世建碧霞元君之宫于其上，远近士女朝山进香不下数百里，闻有灵威，皆为孝男孝女标其奇特，此元君之辅佑下民，不可枚举者也，延及大邑巨镇多建碧霞元君之宫，名曰行宫，亦循朝山进香之义而凛凛从事焉。"④往昔，行宫庙的庙会规模最大，"在其中社火极多"⑤。清人河道总督完颜麟庆经过临清的时候，偶然遇见当地正在举办大型庙会，特地为其撰文记述了临清的社火表演："相传四月十八日为碧霞元君圣诞，远近数百里乡民，争来作社火会。百货具聚，百戏具陈，而独脚高跷尤为奇绝。蹬坛走索，舞狮耍熊，无不精妙。且鼓乐喧阗，灯火照耀，男妇宣扬，佛号声闻彻夜。"⑥由于大宁寺"居中洲之中，壮丽界于诸刹，山门内列肆懋迁"⑦，行宫庙香火之所以旺盛，与它恰好位于大寺街的商业繁华地带有着密切关系。

作为城市里的一种公共空间，寺庙道观比其他任何事物都更能吸引着广大民众，成为人们往来互动最为频繁的地方。娘娘庙和行宫庙是两处极为重要的仪式祭祀活动中心。后来，土城中洲地区的商业日渐发达，广东信众的宗教活动热情进而也随之从娘娘庙转向了行宫庙。清末民初，位于

---

① 乾隆《临清州志》卷 11《寺观》。
② 康熙《临清州志》卷 2《庙祀》，康熙十二年刻本。
③ 乾隆《临清州志》卷 11《寺观》。
④ 《奶奶庙捐资碑》，民国九年（1920），碑存临清市魏湾镇东魏村。
⑤ 民国《临清县志》卷 7《建置志》，民国二十三年铅印本。
⑥ 完颜麟庆：《鸿雪因缘图记》第 3 集《临清社火》，道光二十七年刻本。
⑦ 乾隆《临清州志》卷 11《寺观》。

卫河东浒的碧霞宫又成为一个新的信仰实践中心。歇马厅宫观位于城外东南方向，历经明清两代的重修与扩建，也是一处非常重要的信仰实践空间，是人们迎驾泰山奶奶的地方。

四　民国迄今的信仰历程与正统延续

娘娘庙和行宫庙在民国时期渐趋衰落，这与"庙产兴学"运动有关，"这一'社会工程'不仅关涉教育史和宗教社会史，更整体地呈现了由'晚期中华帝国'向近代民族国家转型的政治史"。① 光绪二十四年（1898），光绪帝命令"民间祠庙，其有不在祀典者，即由地方官晓谕居民，一律改为学堂，以节靡费而隆教育"。② 民国三年（1914），国民政府颁布《寺庙管理条例》规定："各寺庙自立学校；仅有建筑属于艺术，为名人之遗迹，为历史上之纪念，与名胜古迹有关的寺庙可由主持负责保存；凡寺庙久经荒废，无僧道主持，其财产由该管地方官详请长官核处之。"③ 庙祀空间因而被官方加以改造和利用。④

民国时期，在临清众多庙会中，"以西南关之四月会为最大"⑤。碧霞宫即位于西南关，"旧历四月中旬，邻封数十县来者甚众，名曰朝山……九月九日又有会亦颇盛"⑥。每值会期，"土人升木像扮社火，观者云从，有万人空巷之势"。社火表演活动在临清，"所有不下百余起，如彩船则结帛为之驾者，饰女装戴彩笠，渔人引之合唱采莲曲，高跷则足蹑，木跷高数尺，腮抹粉墨，歌弋阳腔，若竹马始于汉，羯鼓始于唐，渔家乐始于六朝，其来源尤古，其余龙灯狮、保花鼓、秧歌等名目繁多，不胜指数，每值庙会则游行街衢，更番献技，亦临清之特殊情形也"⑦。

此处庙会规模之盛与这一带商业的继续繁荣有着密切联系。"早年曾听老辈讲过，在卫河截弯取直以前，也就是现在新堤往西，里边还有两条

---

① 张佩国：《从社区福利到国家事业——清末以来乡村学校的公产及经费来源》，《学术月刊》2015 年第 10 期。
② 迟云飞编《清史编年》第 12 卷，中国人民大学出版社，2000，第 92 页。
③ 转引自岳永逸《行好：乡土的逻辑与庙会》，浙江大学出版社，2014，第 100 页。
④ 民国《临清县志》卷 7《建置志》。
⑤ 民国《临清县志》卷 11《礼俗志》。
⑥ 民国《临清县志》卷 7《建置志》。
⑦ 民国《临清县志》卷 11《礼俗志》。

繁华的南北大街，一个是曲巷街，一个是锅盖街。东边的四大街是大寺街、考棚街、锅市街和马市街，再加上一个青碗市口，是商业繁华中心。南边车营街是粮行、花行集中的地方，因为经二闸口可以直接通往三元阁码头，方便装卸货物转运。"① 这些街道两边的商业十分发达，恰好位于碧霞宫附近，使之"实为全境商业消长所关"②。

临清土城东三里处的歇马厅，是一处相异于其他的而且具有"中转"意义的信仰活动空间，"外邑香客经此，先建醮发楮马，谓之信香，而州人之朝山者，姻友携酒蔬，互相饯迓于此"③。过去，临清"俗尚泰山进香，自二月初起至四月中止，回香之日，亲友具酒出迎，自东水关沿河十里，游船车马不绝于道，曰'接顶'"④，这个地方"为碧霞元君停驾之所"⑤。

新中国成立之前，临清境内的许多寺庙毁于战火。中华人民共和国成立以后，群体性的宗教活动日趋沉寂。在"文革"期间，许多庙宇被拆除或者征用。20 世纪 60 年代，政府兴修卫河水利工程，碧霞宫毁于一旦，拆下来的砖木全部用来建造当地的电影院。歇马厅也遭遇同等待遇，被拆得七零八落，通过运河水道将建筑材料送到夹道村以修盖学校。不过，泰山奶奶的盛名并未因庙宇的拆除而完全消失，"附近的村民还是会经常到庙址处烧香磕头"⑥。改革开放之后，人们的宗教信仰与仪式活动得以恢复。1991 年，国家发布《中共中央、国务院关于进一步做好宗教工作若干问题的通知》，歇马厅和碧霞宫于第二年在原址上进行了重建。歇马厅后来又分为"东厅"与"西厅"。东厅位于桑树园村，名为"泰山行宫碧霞元君祠"。

20 世纪 90 年代初，随着宗教政策的逐步落实，在地方政府"古庙重修"的政策引领下，当地人重建奶奶庙的热情亦随之高涨起来。碧霞宫、歇马厅和碧霞元君祠几乎在同一时间筹建起来。那么，作为共有信仰的泰山奶奶，在当代社会的重新出现，其背后又有着怎样的实践逻辑呢？

碧霞宫在原址重建并未得到官方支持，当地人将原因归结于此处地理

---

① 笔者于 2016 年 10 月 6 日对张双平的访谈。地点：临清市夹道村碧霞宫。为保护个人隐私，对田野报道人的姓名作适当技术处理，特此说明，下同。
② 民国《临清县志》卷 7《建置志》。
③ 康熙《临清州志》卷 2《庙祀》。
④ 乾隆《临清州志》卷 11《寺观》。
⑤ 民国《临清县志》卷 7《建置志》。
⑥ 笔者于 2016 年 9 月 10 日对孟莲蓉的访谈。地点：临清市歇马厅村歇马厅。

位置"背"："碧霞宫在卫河边上，卫河经常涨大水，（上世纪）六十年代兴修水利，卫河大堤往外搬，庙就被拆了，原来的大殿在现在堤底下呢，交通不方便，这个地方也背了。"① 以前沿河居民层层筑堤以防洪水，致使该河弯曲过多造成数处对头湾，"盖其迎水之面日见刷深，背水之面日见淤垫，因之水流见阻，水面增高，此卫河险工较其他河道为多也"②。20世纪卫河兴修水利的主要目的便是截弯取直，大堤向东外扩后，压缩了该区域的交通空间，碧霞宫最终只能重建在堤内。

官方也没有选择歇马厅村原址重建方案。虽然歇马厅自古以来即已存在当为不争事实，史载"明嘉靖三十年鸿胪寺序班秦闾建，国朝顺治十七年道士等募金重修"③，但是，歇马厅村的历史并不长，"最早的时候没有村，逃荒到这里的人都住庙里，是歇马厅人，'文革'时候把庙一拆，可庙里的人都在这种地了，庙拆了还有人啊，大伙就在附近盖房住，也就随着这个庙名，叫歇马厅村了"④。歇马厅村是一个相对落后的村庄，村民亦不足百口，而仅有一路之隔的桑树园村则无论从人口还是经济上，都远胜于歇马厅村，官方下达文件决定在桑树园村建歇马厅。

如今歇马厅村的村民仍对建庙时的情景记忆犹新："当时，俺村不知道桑树园村要建庙，有一天上边来了好多车在桑树园村转悠，后来俺庄人才知道那边要盖歇马厅。俺村就往上边找，说歇马厅的历史很早，在过去一直在俺村的位置，俺也要盖。可是，上面红头文件已经批下来了，不让盖。要盖的话就得叫'碧霞'，那俺庄也得盖，不盖就叫他们争过去了啊。"⑤ 当时修庙经费匮乏，歇马厅村在运河以北尚有一百多亩土地，"俺歇马厅百十来口人卖地，建多少算多少，偷着盖起来"⑥。原来的歇马厅成为碧霞宫后，与卫河东堤处碧霞宫相冲突，所以歇马厅又改回原名，进而出现了东、西歇马厅之谓。后来，东歇马厅又改名称"碧霞元君祠"。这不同的建庙过程以及庙宇名称的几度更易，实则是当地政府在城市文化发展过程中规划的产物，正如碧霞元君祠重修碑记所言，"欣逢改革盛世，

---

① 笔者于 2016 年 10 月 6 日对张双平的访谈。地点：临清市夹道村碧霞宫。
② 庄维屏编《山东卫运河护岸工程报告书》，山东省公署建设厅，1940，第 17 页。
③ 乾隆《临清州志》卷 11《寺观》。
④ 笔者于 2016 年 9 月 16 日对姬明辉的访谈。地点：临清市歇马厅村歇马厅。
⑤ 笔者于 2016 年 9 月 16 日对姬明辉、徐振东等人的访谈。地点：临清市歇马厅村歇马厅。
⑥ 笔者于 2016 年 9 月 10 日对孟莲蓉的访谈。地点：临清市歇马厅村歇马厅。

开发文化旅游资源，促进经济发展，是我市之重大举措，为弘扬民族文化，桑树园村民夙有修复泰山行宫之念"①。

结语与进一步的讨论

作为大运河沿岸的重要枢纽城市，临清的宗教兴旺发达，各种寺庙道观构成其空间结构的有机组成部分，并在其社会生活与城市变迁中扮演了重要的角色。这些寺庙道观既是僧徒教民进行宗教活动的地方，又是地方民众祈祷祭祀的场所，构成了他们的信仰空间。从临清泰山奶奶崇拜的历史传统与社会文化变迁中，我们可以看到，宗教信仰活动一直是临清城市不可或缺的一部分，虽然经过政治革命或社会动乱，这种宗教实践总是不断地表现出顽强的生命力。正因为如此，市政建设、社会经济、空间拓殖以及民众生活的变化，也就非常自然地反映在神灵祭祀仪式与俗活动上。经由庙宇历史和信仰崇拜的研究，我们能够很好地理解区域社会内部人神之间以及人群之间互动的变化过程。当然，在此基础上，我们还可以做进一步的讨论。

关于民间宗教的研究，"信仰圈"是一个重要的阐释概念，它"是以某一神明或（和）其分身之信仰为中心，信徒所形成的志愿性宗教组织，信徒的分布有一定的范围，通常必须超越地方社区的范围"②。临清最早的奶奶庙在明正统以前即已存在，由于其历史非常悠久，所以最终发展出了属于自己的信仰圈。从临清泰山奶奶崇拜变迁的历史与当下，我们看到信仰中心地所发生的变化，实则隐约呈现出与更大范围的经济、政治变动有着某种关系。元及明开挖疏浚会通河，提高了临清在全国商运格局中的地位，也直接刺激了临清各种行业的兴盛和城市的繁荣，对泰山奶奶的崇拜在这一时期亦得到强调。随着清代及民国初年土城中洲地区的持续繁盛，信仰中心随之进行位移。

明清以来，城市商业经济进入迅速发展的时期，但政治体制与国家传统所能提供的空间是有限的，而商品贸易推动的商业运转却又无法制止这

---

① 1993 年《重修泰山行宫募捐碑记》，碑存临清市桑树园村碧霞元君祠。
② 林美容：《由祭祀圈到信仰圈——台湾民间社会的地域构成与发展》，载张炎宪编《第三届中国海洋发展史研讨会论文集》，台湾"中央研究院"三民主义研究所，1988，第 95～125 页。

种需求。于是，城市里的寺庙道观为商业的持续发展提供了一片新的天地。研究明清时期的城市和市场，"施坚雅理论"是一个绕不开的话题，他的最大贡献在于将地理学的"空间""层级"等概念引入历史领域。①许檀在进入实证研究后，发现很难将某个具体的城市准确定位在施坚雅的层级体系中，故将市场网络体系简化为"流通枢纽城市""地区性商业中心"和"基层市场"三大层级。②临清属于流通枢纽城市，因为它在大区域的商品流通中处于转运枢纽地位，其贸易范围已经覆盖了多个省，而且设立了中央一级的税关。在临清的个案中，由于供奉泰山奶奶的宫观已成为特定的公共集会场所，而且又有定期举行、约定俗成的宗教祭祀活动，这种所谓"赶庙"的地方便成为商业渗透的空间场所。泰山奶奶信仰圈与临清商业市场圈是相互涵括与重叠的，而以泰山奶奶宫观为空间载体形成的庙会，同时具备了宗教与商业的双重属性，庙会也因此被称作"庙市"。

Holy Trace and Immortal Bless: One of the Anthropological Investigations on the Faith of Granny Taishan in Linqing

Zhou Jia

Abstract: This paper takes the faith of Granny Taishan in the canal city Linqing as a research object, and combs the worship practice by hooking up local records, literature, and supplementing with local inscriptions, oral interviews and other local genres. Linqing's belief in Granny Taishan has a long history, and has gradually developed into a *belief circle* after social changes, which has become an indispensable part of the folk belief in Canal City. In response to changes in social, political, economic and other factors, faith practice center was replaced. The belief circle of Granny Taishan and Linqing commercial market circle are mutually inclusive and overlapping, while the temple fair formed with the view of Granny

---

① 〔美〕施坚雅：《中华帝国晚期的城市》，叶光庭等译，中华书局，2000，第 327～417 页。
② 许檀：《明清时期华北的商业城镇与市场层级》，《中国社会科学》2016 年第 11 期。

Taishan palace as the space carrier has dual attributes of religion and commerce. As a common belief of Granny Taishan to re-operation in the contemporary society reveal that traditional folklore has lasting vitality as a cultural resource.

Keywords：Lingqing；Granny Taishan；Circulation Hub City；Faith Practice Center；Faith Circle

（责任编辑：朱年志）

1934 年江苏城镇人口研究

马江山　　曹树基[*]

内容提要　1934 年，为推行保甲制度，国民党在江苏全省进行了大规模的乡镇区划调整。此次区划调整的最大特点是对乡与镇的人口规模要求一致，同时，对镇的界定也考虑到经济发展水平尤其是商店数量的多少。基于此，结合县总人口，利用各县镇的数量在乡镇数量中的占比，就有可能推算出各县的城镇人口，进而可以推算出全省的城镇人口。

关键词　1934 年　江苏　城镇人口　乡镇区划

引　言

京杭大运河的开通极大地改变了中国经济区域格局，运河沿岸区域在千百年的历史变迁中得以不断的发展和积累。江苏作为运河流域的最大受益者之一，从古代至近现代均呈现出独特的经济发展优势。海河联运、纵横交错的水运系统使江苏在既有历史积淀的基础之上，又得近现代风气之先，经济快速发展，城镇人口数量也随之增多。

城镇人口数量及其在总人口中的占比，是衡量一个地区一定时期内经济社会发展水平的重要指标，所以，有关城镇人口的研究历来受到相关领域学者们的青睐。遗憾的是，由于资料所限和方法局限，虽研究成果丰

---

[*]　马江山，上海交通大学历史系硕士研究生，研究方向为中国人口史、社会经济史；曹树基，上海交通大学历史系教授、博士生导师，研究方向为中国移民史与中国人口史、环境史与疾病史、社会经济史、中国近现代史。

硕，却往往不尽如人意。于古代史而言，由于历代典籍文献等普遍存在对人口数据的简单记载和模糊处理，有的甚至是诗意化的语言描述①，这就给中国人口史的研究提出了巨大的挑战，纵使面对浩如烟海的资料，与人口问题相关的史料发掘程度也非常低，而城镇人口的研究，则更令学者们捉襟见肘。于近代史而言，虽得益于近代以来西方社会调查方法的大量引进和广泛运用，部分县域留下了丰富的社会调查资料，但却很少有大范围系统完整的城镇人口数据。为此，对于城镇人口的研究，特别是整体性的研究，学者们不得不通过对有限的资料进行细致研究后进行更大范围的估算和推测，而估算和推测的方法与结果却又往往因年代的远近、资料的详略及其特点等诸多因素而有所不同。

　　曹树基、饶济凡、施坚雅、许檀等学者通过建立不同等级的城镇人口体系，然后根据不同等级的城镇人口全面估算总的城市人口。例如，曹树基通过运用大量地方志及其他史料构建城市人口等级模式，以此具有史料支撑的模型运用于对其他资料不足或完全没有资料支撑区域的城市人口的估测。② 从而，即使一些地方的史料残缺甚至完全没有，但推算全国的城镇人口也将成为可能。得益于一些军事地图的发掘和整理，江伟涛独辟蹊径，以民国时期的实测地形图资料与 GIS 作为切入点，用全新的视角对江南城市人口进行广泛研究。江氏通过对记载有城市人口数据的城镇与地图上与之对应的城镇面积进行比对和计算，求得各个城镇的人口密度，然后再把所有能直接求出人口密度的城镇进行类型的划分，并算出不同类型的城镇人口密度，随之，也就可以求出那些只有城市面积而无人口数据的城市人口。③ 在江氏之后，城镇人口的研究虽不断推进，但在方法层面却很难再有突破。

　　近来，曹树基在做江苏城镇人口研究时，为进一步评估所推算出的清

①　范毅军就曾对相关研究直接援引历史文献中一些大镇"烟火万家"的描述表示怀疑。游欢孙利用一些数据翔实的调查统计资料推算出一些传统地方志中所谓"烟火万家"的大镇其人口只不过五千户左右。参见范毅军《明清江南市场聚落史研究的回顾与展望》，《新史学》（台湾）1998 年第 9 卷第 3 期；游欢孙《近代江南的市镇人口——以吴兴县为例》，《中国农史》2007 年第 4 期。
②　曹树基：《中国人口史》第 5 卷《清时期》，复旦大学出版社，2001，第 723～830 页。
③　江伟涛：《基于地形图资料与 GIS 的民国江南城市人口估算》《中国经济史研究》2015 年第 4 期；江伟涛：《近代连南城镇化水平新探——史料、方法与视角》，社会科学文献出版社，2017，第 211～217 页。

末各县的城镇人口数据，曾尝试用 1934 年的县总人口与各县的镇在乡镇中的占比所推算出的数据与之对照参考，竟意外发现这些数据与清末的城镇人口具有某种程度的相关性，即清末的江苏各县城镇人口数与利用 1934 年以乡镇比例推算出的人口数大致呈现同比例的增减趋势。在完成清末城镇人口研究的工作后，我们迅速开始了对这个问题的探究，试图解开其背后的谜团。

一　城镇的界定及其资料评估

1. 城镇的界定

关于"城镇"的定义历来有不同的说法，但一般而言，城镇即为城市，本文所讨论的城镇问题也即为城市问题。只是，与城市或城镇相关的一些指标学界却无法达成一致，首先，在其城镇人口规模上，其划分标准就存在较大争议，其下限可低至 500 人甚至更低，上限却高达 5000 人甚至上万人。

除了判断城镇的"人口规模"这一重要指标外，非农人口比例也存在很大争议。江伟涛指出，以往的学者在从事城镇人口研究时，把居民职业默认为一项既定的无须证明的事实，未去讨论市镇居民中的非农人口是否超过了 50%，在此基础上，他们再设定一个自己认为合理的人口规模标准，人口数字在这一标准以上的市镇就定义为城市，以下则当作非城市。[1]故此，江氏在自己相关的城镇人口研究中开始重视从职业性质来研究城镇人口，使得城镇人口的标准更为严格。[2]

本文研究中所采用的史料有其对"镇"的界定：其一，有一定的商店数量；其二，人口规模在 500 户到 1000 户范围。[3] 经过对前人研究的梳理，笔者认为这一规定对于镇的人口规模并未超出学界对城镇人口的讨论界限，同时，既不特别宽泛，也不过于严格。但对于商店数量由于采用"一定"这样具有较大弹性的文字表述，还需通过具体的案例在研究中给

---

① 江伟涛：《论中国江南经济史研究中"城镇"的界定——以 1927 ~ 1933 年江苏句容城市化水平为中心》，《中国经济史研究》2010 年第 3 期。

② 江伟涛：《近代江南的城镇化水平新探——史料、方法与视角》，第 99 ~ 104 页。

③ 陈果夫编《江苏省政述要·民政编》（民国二十二年十月至二十五年九月），（台北）文海出版社有限公司，1983，第 31 页。

予评价。所以，史料中对"镇"的定义也是笔者对其城镇人口研究过程中需要探讨的一部分，即对史料中"镇"的界定标准的讨论本身就是对城镇人口的讨论。通过史料的分析，参照学界对于"镇"的定义，我们认为史料中对"镇"的规定是合理的，故此将其作为本文对"镇"的标准。在后文的史料分析中，我们将再具体细致地做出说明。

2. 资料评估

《江苏省政述要》是本项研究的主要资料，华东师范大学图书馆和上海图书馆收藏的20世纪90年代以来出版的江苏全省的61县志也将作为该研究的基础材料。《江苏省政述要》中关于1934年江苏省的区—乡（镇）—保甲户口调查数据是本文的核心资料，关于这套数据，前人的研究已多见褒奖。游欢孙曾将这套数据与清末新政时期县以下的各选举区的户口调查和1929年的区—镇（乡）—闾邻户口调查相提并论，由于这三种户口调查"事关基层自治区域的划定和地方自治的实践，因而特别详细与系统"①。同时，《江苏省志·人口志》也对这一套数据的可靠性给予充分肯定，认为这套数据"是现在能查到的最详细、最完整的全省人口数"②。关于县志，很多学者的研究都有所涉猎。徐建平通过不同史料来源的数据对比，发现"近年新修的江苏各市县志中1932年的人口数多取自《中国实业志》，而县城人口的记载则与《江苏之城市与乡村人口》（设于上海的中国经济研究所于民国二十三年一月开始出版《经济统计月志》，第一卷第一期刊登了此表）统计表大体吻合。这就是说，近年来江苏各市县志的撰修者大体认为《中国实业志》有关市县人口记载是正确的，且又认为附表中的县城人口数是可信的"③。同时，徐氏也通过六合、丹徒、昆山和泰州等县志中的县城人口数据与《江苏之城市与乡村人口》中的县城人口数据对比，并通过《中国人口·江苏分册》中记载的其他年份的相关人口数据分析，发现与《江苏之城市与乡村人口》的数据大体吻合。县志的资料来源多样，大多从很多二手材料摘抄，而更为直接的《江苏之城市与乡村人口》的数据能够与县志大体吻合，这就更能佐证这批县志的可靠性。

此外，还有一些民国时期的调查资料，主要有《试办句容农业人口总

---

① 游欢孙、曹树基：《清中叶以来的江南市镇人口——以吴江县为例》，《中国经济史研究》2006年第3期。
② 江苏省地方志编纂委员会编《江苏省志·人口志》，方志出版社，1999，第67页。
③ 徐建平：《民国时期江苏城市人口研究》，《历史地理》第20辑，第373～384页。

调查》《江宁自治实验县二十二年户口调查报告》《江苏省吴江县改划乡镇区域调查表》《平湖之土地经济》《赣榆县政实况和改革方案》等。前四份调查资料江伟涛在其相关研究中曾被重点应用，对其资料的可靠性，江氏给予了基本肯定①，故笔者将不再论述。《赣榆县政实况和改革方案》是民国二十五年夏灌野到赣榆县进行为期两月的实习时所写的实习报告，内容翔实。利用《江苏省政述要》和《赣榆县志》对其进行比对评估，笔者认为其资料可用。

二 1934 年江苏城镇人口的微观考察

为解决前文提出的问题，笔者将充分利用江苏部分县份的调查资料，试图通过对个别县份的深刻剖析和仔细观察，来对其城镇人口追根溯源。通过参考前人的研究和查阅大量的档案，目前我们能找到与 1934 年江苏乡镇区划调整直接或间接相关的调查资料的县份只有赣榆、吴江、句容和江宁四县。但通过仔细梳理史料和部分研究成果的数据，我们认为江宁和吴江两县的史料于本项研究而言存在较大的争议。吴江县的调查资料主要存在两个问题，一方面，利用 1934 年吴江县的调查资料最终求得的县总人口为 442332 人②，与《江苏省政述要》中记载 1934 年的 496298 人悬殊 5.4万人；另一方面，根据江伟涛的整理研究发现，1934 年，吴江县乡镇区域调整，将全县划分为 26 镇 134 乡，县总人口为 442332 人，其中镇总人口为 104306 人。

通过计算，吴江县乡镇平均人口为 2765 人，镇平均人口为 4012 人。震泽、盛中等部分镇人口甚至接近 9000 人，而个别镇人口却不足 2000人。③ 虽然同为 1934 年乡镇区划调整的调查表，但各镇人口却相差悬殊，镇平均人口也明显高于乡镇平均人口。如果这份调查资料大致可信，那么这种划分结果出现如此特殊的状况就只有两种可能：其一，调查人员因工作敷衍了事所犯的主观错误；其二，某种特殊的客观原因导致当时的工作人员不得不采取如此划分。通过相关记载的分析，笔者发现，相较江苏其

---

① 江伟涛：《近代江南的城镇化水平新探——史料、方法与视角》，第 87～95 页。
② 江伟涛：《近代江南的城镇化水平新探——史料、方法与视角》，第 107 页。
③ 江伟涛：《近代江南的城镇化水平新探——史料、方法与视角》，第 107 页。

他的县份，吴江县有其特殊的地形地貌特征。正如范毅军所言，吴江县是太湖以东的低湿地带，其境内沼泽湖泊分布较多，水域面积较大，所以，与江南其他区域不同，市镇的分布极为稀疏。[①] 如此特殊的地形地貌，使得吴江县的镇在数量上很难有增长，但随着经济的发展，城镇化的不断提高，城镇人口不断增加，镇的规模必然会逐渐扩大，因而出现了这种大镇无法再分，小镇无法合并的局面。由于吴江县的这种特殊性，使得我们对吴江县的剖析和讨论失去了对江苏全省各县的参考价值。

江宁县的乡镇数据没有在《江苏省政述要》中找到，利用县志补充进去的乡镇比例所推算的 1934 年县城镇人口为 223548 人，其对应的城镇化率为 39.8%，利用 1933 年调查资料整理得到的宽泛城镇人口标准下的城市化率为 21.3%[②]，两个数据相差悬殊。基于以上原因，笔者将不再利用吴江和江宁两县的调查资料，重点对其赣榆和句容两县的调查资料进行分析考证。由于相近时期浙江省也曾进行内似江苏的乡镇区划调整，笔者也将利用《平湖之土地经济》中的一些重要信息对其江苏省的城镇人口进行评估。

在赣榆和句容两县中，赣榆的调查资料更为直接和详细地反映了 1934 年江苏的乡镇调整情况，而句容的调查资料则早于 1934 年。句容的调查资料虽然在调查时间和调查背景与赣榆不一样，却恰好可以间接地从另一个角度对其 1934 年的乡镇区划调整进行评估。

1. 1934 年赣榆县的城镇人口

根据《江苏省政述要》中的记载，1934 年的乡镇区划调整将赣榆县分为 122 个乡镇，其中镇 9 个，县总人口 462467 人[③]，以此求得镇占乡镇比例为 7.4%，城镇人口为 34116 人，城镇化率也为 7.4%。关于该县 1934 年具体每个乡镇的人口和商店数量，《江苏省政述要》和《赣榆县志》都没有详细地记载。但 1936 年中央政校的学生夏灌野撰写的《赣榆县政实况和改革方案》，时间虽然为 1936 年，却是对赣榆自 1934 年乡镇区划调整以来的一次摸底调查，详细记载了赣榆当时每个区的商店数量和乡、镇个数及其每个乡镇的具体人数，其区数、镇数、乡数与《江苏省政述要》完

---

① 范毅军：《传统市镇与区域发展——明清太湖以东地区为例（1551—1861）》，（台北）联经出版事业公司，2005，第 147 页。

② 江伟涛：《近代江南的城镇化水平新探——史料、方法与视角》，第 110 页。

③ 陈果夫编《江苏省政述要·民政编》（民国二十二年十月至二十五年九月），第 28 页。

全吻合，县总人口也比较接近，由于前后相差两年，两者之间的差距在合理范围。为此，我们完全可以用该资料来评估其 1934 年的乡镇区划情况，对其以乡镇比率所推算的城市化率进行评估。

如前文所述，根据《江苏省政述要》的乡镇区划，"镇"的标准必须满足两个条件，其一，有一定的商店数量；其二，人口规模在 500 户到 1000 户范围。根据夏灌野的记载，我们将每个区的商店数量信息整理成表 1，将赣榆县的镇人口数信息整理成表 2。通过分析表 1 和表 2 可以发现，赣榆县关于镇的界定很好地执行了这两条标准。如表 1 所示，对于每个镇的商店数量虽然没有直接记载，但通过每个区的商店总数我们也能大致看出端倪。例如，第二区占据了全县 9 镇中的 7 镇，其商店数量总数也相应地较高，为 320 家，而全县商店总数为 713 家，除去第二区的 320 家还剩 393 家，对应的镇只有剩下的 2 镇，即第一区 1 镇，区商店总数 69 家，第二区 1 镇，区商店总数 40 家。在排除了三个拥有镇的区后，还有 284 家商店分散于全县其他区域，但是却再也没有产生任何一镇，例如，第五区虽然有 92 家商店，明显高于第二区的 40 家商店，但却没有一个镇，可见一个区能否设置镇不能光看这个区的商店数量，而必须考虑到商店的集中性甚至商店的大小，即它只有大量地集中于某一个乡镇并由此形成一定的商业规模时，这个区才有可能出现镇。由此可见，"有一定商店数量"的标准得到很好的执行。

表 1　1936 年赣榆县各区乡镇数、人数及其商店数量

区名	镇数（个）	乡数（个）	户数（户）	人数（人）	商店（个）
第一区	1	11	7175	33030	69
第二区	7	11	11584	57980	320
第三区	1	18	11533	55529	40
第四区	0	13	10048	47373	53
第五区	0	15	14406	73913	92
第六区	0	20	12890	65390	83
第七区	0	14	9043	50643	25
第八区	0	11	7055	35159	31
总数	9	113	83734	419017	713

资料来源：据《赣榆县政实况及改革方案》（南京图书馆编《二十世纪三十年代国情调查报告》，凤凰出版社，2012，第 157 册，第 411～422 页）整理。

通过观察表2，在九个镇中，每个镇的户数均不低于500户，户数最少的一个镇也有566户，而其中八个镇的户数均未超过1000户，唯一超过1000户的河南镇其总户数也仅为1019户，多出正常标准19户，平均每个镇的户口数为767户。每个镇的人口总数最少的为2883人，其人口规模较高，这就进一步提高了镇的标准，将一些原本具有一定商店数量但人口规模较少的乡镇排除。由此，我们可以肯定，关于《江苏省政述要》中对500户到1000户的"镇"人口规模也得到很好地执行。赣榆县的镇人口总数在人口规模上符合本文城镇人口的标准。

表2　1936年赣榆县各镇情况

镇名	所属区	户数（户）	人数（人）
中央镇	第一区	658	3788
集商镇	第二区	701	2863
太平镇	第二区	747	4180
互助镇	第二区	963	4410
隆嘉镇	第二区	638	3300
莱市镇	第二区	566	2887
河南镇	第二区	1019	4690
观海镇	第二区	651	2897
沙河镇	第三区	962	4886
总数		6905	33901
平均数（每镇）		767	3767

资料来源：据《二十世纪三十年代国情调查报告》，凤凰出版社，2012，第57册，第411～415页整理。

除了商店数量和镇人口规模的考察外，通过对乡镇的改划合并情况的直接观察，我们也能进一步认识到这次行政区划对"镇"的要求非常严格。

表3　赣榆县各区乡镇合并情况

区	改划前乡镇数		改划后乡镇数		镇减少数	直接化为乡的镇	主要改划情况
	镇	乡	镇	乡			
第一区	3	45	1	11	2	2	中央镇：仍由中央镇之旧，未加改划

续表

区	改划前乡镇数		改划后乡镇数		镇减少数	直接化为乡的镇	主要改划情况
	镇	乡	镇	乡			
第二区	13	26	7	11	5	1	朱堵乡：由朱堵镇、俊堵乡改划而成
第三区	9	39	1	18	8	8	沙河镇：仍沙河镇之旧
第四区	8	41	0	13	8	8	所有镇划为乡
第五区	0	50	0	15	0	0	改划前后均无镇
第六区	8	35	0	12	8	8	所有镇划为乡
第七区	5	40	0	14	5	5	所有镇划为乡
第八区	4	27	0	11	4	4	所有镇划为乡
总计	50	303	9	105	41	36	

资料来源：据《二十世纪三十年代国情调查报告》，凤凰出版社，2012，第 57 册，第 425 ~ 437 页整理。

如表 3 所示，1934 年以前，赣榆县的乡镇总数为 353 个，镇数量为 50 个，改划后乡镇总数缩减为 114 个，镇缩减为 9 个。通过计算，改划前的乡镇总数是改划后的 3.1 倍，改划前的镇数是改划后的 5.6 倍，由此可以发现，在乡与镇人口规模大致相等的情况下，改划后的行政意义上的镇人口数在总人口中的占比已明显下降，即改划后的城镇人口比例已大幅度缩减。

同时，从改划后的镇直接化为乡的数量和乡化为镇的数量的对比，也能进一笔佐证笔者的推论。改划前的 50 个镇在改划后有 36 个镇被完全化为乡，而改划前的 303 个乡，仅有 1 乡划为镇，即第二区的东南乡与河南镇一起组建为新的河南镇，其余所有镇或由原来的镇直接沿袭而来，例如第一区的沙河镇和第三区的中央镇，或者由两个或两个以上的镇合并而成，这种合并的镇完全集中在第二区。据夏灌野的记载，在第二区中，集商镇由集商、鱼市两镇改划而成；太平镇由太平镇和民族镇改划而成，同时，其余的互助镇、隆嘉镇、莱市镇也由两个镇组成。① 这一改划结果使原来只是具有行政意义上的"镇"所对应的人口大量划入非城镇人口，使

---

① 南京图书馆编《二十世纪三十年代国情调查报告》，凤凰出版社，2012，第 157 册，第 426 页。

得行政意义上的城镇人口更接近于商业意义上的城镇人口。

从具体的各区状况来看，在改划后拥有镇的区只有第一区到第三区，而第一区和第三区分别仅有 1 镇，第二区有 7 镇。从第四区到第八区，除第五区在改划前没有镇外，其余四个区均有一定数量的镇，例如，第六区改划前有 8 镇，改划后所有镇都变为乡。据夏灌野记载，第二区"商业荟萃，交通便利，有邮电两局，近又设立长途电话、交换所、省会及江北各县皆能传达消息，汽车南通新浦……水陆交通堪称便利"[①]。而其他区的交通都相对较差，也没有商业兴旺的记载。交通的便利促进了商业的繁荣，所以，第二区能在改划后还保持 7 镇的规模。由此我们可以看到，在 1934 年区划调整后还保持有镇的区，其背后都有很强的商业色彩。

通过对赣榆县的分析，我们可以发现，《江苏省政述要》对划为镇的商店数量要求非常严格，所以，将这一史料中对"镇"的规定作为本文的"镇"的标准是可以接受的。

根据《江苏省政述要》记载，1936 年赣榆全县总人口为 419017 人，乡镇总数为 122 个[②]，由此求得每个乡镇平均人口为 3435 人。如表 2 所示，通过计算，赣榆县每个镇的平均人口为 3767 人。镇平均人口高于乡镇平均人口，这就说明以乡镇比例推算的镇总人略低于实际的镇总人口。计算发现，后者大致是前者的 1.1 倍。实际的镇总人口为 33903 人，对应的城镇化率为 8.1%，而乡镇比例推算下的 1936 年的城市化率为 7.4%，1934 年的也为 7.4%。以乡镇比例推算的城镇化率仅仅被低估 0.7 个百分点。

由于除了赣榆县，江苏没有可以利用的与之内似的县份调查资料，我们利用 1936 年浙江省平湖县的调查资料作为一个参考与补充，进一步评估 1934 年乡镇区划调整下镇平均人口与乡镇平均人口的数量差距。根据江伟涛的研究，1936 年完成的《平湖之土地经济》调查中的各项资料均是以 1934 年乡镇区划扩、并后的乡镇为统计口径的，其人口总数为 247996 人，镇为 9 镇，乡为 34 乡。由此推算乡镇平均人口为 5767 人，镇总人口为 51906 人，对应的城市化率为 20.9%[③]，而根据江伟涛整理的乡镇调查表上的 9 个镇的人口总数相加则为 57230 人，对应的城镇化水平为 23.1%。[④]

---

① 南京图书馆编《二十世纪三十年代国情调查报告》，第 15 册，第 414 页。
② 陈果夫编《江苏省政述要·民政编》（民国二十二年十月至二十五年九月），第 28 页。
③ 江伟涛：《近代江南的城镇化水平新探——史料、方法与视角》，第 104 页。
④ 江伟涛：《近代江南的城镇化水平新探——史料、方法与视角》，第 106 页。

与实际的城镇化率相比，以乡镇比率的推算的城镇化率仅被低估了 1.4 个百分点。这说明乡与镇的人数规模是大致接近的。

2. 1934 年句容县的城镇人口

根据《江苏省政述要》记载，1934 年句容全县被划分为 66 个乡镇，其中镇 6 个[1]，镇占比 9.1%；县总人口为 315671 人，县总户数为 64374 户[2]，平均每户 4.9 人。在默认每个乡镇人数基本接近的情况下，推算出 1934 年句容全县的城镇人口约为 2.87 万人。查《句容县志》中《1949—1985 年句容县年末户数、人口数统计表》，1953 年全县总人口 328226 人，非农人口 28994 人。[3] 以此推算 1953 年的城镇人口在 2.5 万人左右，故 1934 年句容县 2.87 万人的城镇人口是可以接受的。

1933 年由时任立法院统计处农业统计科科长张心一先生主持完成的《试办句容县人口农业总调查》。关于该调查资料的可靠性，江伟涛已经从调查方法等各方面进行细致的评估，其评估认为其调查过程比较科学，后期的复查结果也好于预期，虽然在最终结果上句容全县的人口数量有些偏低，但误差属于可以接受的范围，资料可以使用。[4]

根据 1933 年句容县的这份人口调查资料，1933 年全县总人口 279455 人，而《江苏省政述要》中记载的 1934 年句容全县人口为 315671 人，时隔一年，人口总数变化不可能如此之大，由于 1934 年的数据更加可靠，且 1953 年人口普查时，句容全县人口也有 335547 人，故此，可将 1933 年全县总人口修正为 30 万人。

1933 年，句容全县共有 144 个乡镇，其中镇 27 个，乡 117 个，以 4.9 人的城镇人口标准乘以户数，得出不同的人口规模，然后再根据不同的人口等级标准可以求得与之相应的城镇化水平。如果将 27 镇均视为城镇，那么全县城镇人口为 55677 人，其城镇化水平为 18.6%；如果以 1500 人作为城镇人口标准，则城镇人口为 42957 人，对应的城镇化水平为 14.3%；再将城镇人口标准提高到 2000 人，则城镇人口为 36076 人，城镇化水平也降为 12.0%；倘若以本文所采用的不低于 500 户的人口标准，再根据句容户均 4.9 人的标准，求出其城镇人口标准为 2450 人，则只有八个镇符合城

---

① 陈果夫编《江苏省政述要·民政编》（民国二十二年十月至二十五年九月），第 28 页。
② 陈果夫编《江苏省政述要·民政编》（民国二十二年十月至二十五年九月），第 45 页。
③ 句容县地方志编纂委员会编著《句容县志》，江苏人民出版社，1994，第 129 页。
④ 江伟涛：《近代江南的城镇化水平新探——史料、方法与视角》，第 88~90 页。

镇标准，城镇人口共 27061 人。其城镇人口规模与根据《江苏省政述要》中的乡镇比例数据推算的 1934 年的 2.87 万人相当，再根据 1933 年全县的总人口，可以求得 1933 年句容的城市化率为 9.0%。而根据《江苏省政述要》记载的乡镇比例推算 1934 年句容全县的城镇化率为 9.1%。虽然 1933 年与 1934 年的城镇标准并不完全等同，但如此相近的城市化率还是进一步佐证了句容县 1934 年 2.87 万人的城镇人口是可以接受的。

3. 1934 年江苏全省及其各县城市化率

通过对赣榆、句容、平湖三县资料的分析，我们发现，三个县份以乡镇比例和县总人口推算的城镇人口数据与根据调查资料直接相加汇总的城镇人口数据也大致相等。尤其是对赣榆县调查资料的解读分析，使我们能够从微观的视角发现，这种以乡镇比例和县总人口所推算出的县城镇人口及其城市化率之所以与其他来源途径的数据大致吻合，绝不是因为某种机缘巧合，而是有着科学的制度依据和充分的数据基础。为此，我们可以尝试对同时期江苏全省的其他县份及其全省的城镇人口做一定程度的推测。

表 4　江苏 1934 年全省及其各县的城镇化率①

县别	镇数（个）	乡镇总数（个）	镇数占比（%）	1934 年总人口（人）	政区化城镇人口（人）	城镇化率（%）
镇江	48	167	28.7	607430	174591	28.7
江宁	35	88	39.8	562063	223548	39.8
句容	6	66	9.1	315671	28697	9.1
溧水	8	52	15.4	196370	30211	15.4
高淳	4	69	5.8	244103	14151	5.8
江浦	9	36	25.0	161683	40421	25.0
六合	24	101	23.8	409669	97347	23.8
金坛	26	159	16.4	290324	47474	16.4
溧阳	6	72	8.3	368201	30683	8.3
丹阳	16	127	12.6	537163	67674	12.6
扬中	4	53	7.5	184435	13920	7.5
上海	6	42	14.3	134672	19239	14.3
松江	29	135	21.5	447784	96191	21.5
南汇	16	111	14.4	558533	80509	14.4

① 按：表中的各县镇数占乡镇总数的比例其实是可以代表城市化率的，但为了避免逻辑上的错误，所以采用其比值和县总人口推算出县城镇人口和县总人口再求城市化率。

县别	镇数（个）	乡镇总数（个）	镇数占比（%）	1934 年总人口（人）	政区化城镇人口（人）	城镇化率（%）
青浦	25	92	27.2	294142	79930	27.2
奉贤	24	81	29.6	243331	72098	29.6
金山	12	63	19.0	168341	32065	19.0
川沙	7	27	25.9	152816	39619	25.9
太仓	18	93	19.4	316193	61199	19.4
嘉定	13	76	17.1	297976	50970	17.1
宝山	8	55	14.5	189418	27552	14.5
崇明	13	88	14.8	465479	68764	14.8
启东	5	64	7.8	364516	28478	7.8
海门	6	120	5.0	657091	32855	5.0
吴县	105	279	37.6	1104391	415631	37.6
常熟	46	259	17.8	917272	162913	17.8
昆山	24	65	36.9	274698	101427	36.9
吴江	26	159	16.4	496298	81156	16.4
武进	60	188	31.9	1100980	351377	31.9
无锡	74	200	37.0	1199715	443895	37.0
宜兴	25	148	16.9	609210	102907	16.9
江阴	34	128	26.6	784284	208325	26.6
靖江	15	125	12.0	365367	43844	12.0
南通	37	327	11.3	1479747	167433	11.3
如皋	41	282	14.5	1541217	224078	14.5
泰兴	28	199	14.1	972629	136852	14.1
淮阴	7	75	9.3	459297	42868	9.3
淮安	50	208	24.0	768448	184723	24.0
泗阳	13	142	9.2	586548	53698	9.2
涟水	7	148	4.7	601988	28472	4.7
阜宁	37	272	13.6	1091324	148452	13.6
盐城	44	265	16.6	1162931	193090	16.6
江都	53	244	21.7	1398009	303666	21.7
仪征	22	64	34.4	243340	83648	34.4
东台	32	187	17.1	1186141	202976	17.1
兴化	28	164	17.1	600705	102559	17.1
泰县	43	272	15.8	1208460	191043	15.8
高邮	26	105	24.8	670809	166105	24.8
宝应	39	143	27.3	494174	134775	27.3
铜山	25	203	12.3	1099325	135385	12.3

续表

县别	镇数（个）	乡镇总数（个）	镇数占比（%）	1934 年总人口（人）	政区化城镇人口（人）	城镇化率（%）
丰县	12	89	13.5	364009	49080	13.5
沛县	2	69	2.9	391121	11337	2.9
萧县	6	108	5.6	578375	32132	5.6
砀山	13	69	18.8	350129	65966	18.8
邳县	4	118	3.4	642641	21784	3.4
宿迁	43	156	27.6	768013	211696	27.6
睢宁	20	116	17.2	645890	111360	17.2
东海	13	114	11.4	517446	59007	11.4
灌云	21	145	14.5	609106	88215	14.5
沭阳	8	161	5.0	659754	32783	5.0
赣榆	9	122	7.4	462467	34116	7.4
总计	1460	8155	18.0	36573662	6586960	18.0

资料来源：《江苏省政述要·民政编》（文海出版社有限公司，1983，第 28、45 页）；江宁县的由《江宁县志》补充。

　　如表 4 所示，根据《江苏省政述要》中记载的 1934 年江苏各县乡镇比例和总人口的数据，我们可以推算出每个县的城镇人口数量，然后把每个县的城镇人口叠加求和，得出 1934 年江苏全省的城镇人口为 658.7 万人，而同时期的总人口为 3657.4 万人，两个数据相除，求得 1934 年江苏省的城镇人口占比为 18.1%。

　　徐建平利用 1953 年的市镇人口数根据江苏省的总人口的年平均增长率回推，最终估计 1932 年江苏城市化水平为 18.0%。[1] 他所采用的人口总数为 3580.8 万人，与笔者所采用的人口总数 3657.4 万人相当，城市化水平也比较接近，其研究结论在一定程度上支持了笔者对 1934 年江苏城镇人口的推算。这充分说明，以 1953 年的城镇人口为参照，1934 年江苏全省658.7 万人的城镇人口是可以接受的。

结　论

　　由于史料所限，要想以精确的记载数据建构民国时期的任何一个年份

---

[1]　徐建平：《民国时期江苏城市人口研究》，《历史地理》第 20 辑，第 373～384 页。

城镇人口数据都已不可能完成，通过对有限资料的发掘和分析，我们以 1934 年江苏的行政区划的乡镇比例为突破口，一定程度破解了城镇人口的研究困局，为该领域的研究做了进一步的尝试，在史料有限的情况下，大致推算出了 1934 年江苏各县的城镇化率和全省 18.1% 的城镇化率。而要得到全省及其各县更加可靠的城镇人口数据以推算出更加可靠的城市化率，只能有待于新史料的不断发掘和研究方法的逐渐创新。

同时，基于以上的城镇人口估算，我们也可以发现，20 世纪上半叶江苏的城镇人口分布，不仅呈现出苏南与苏北的明显差别，运河沿线与非运河沿线区域也呈现一定的差异性。如高邮、宝应等地区的城镇化率在苏北呈显著的高水平，与此相对照，尽管南通在 20 世纪初工商业发展迅猛，但城镇化比率仍然低于运河区。现代江苏区域经济的发展中，传统运河区的长期累积影响与新的经济区位因素之间呈现何种关系？从城镇人口格局中所呈现的这一问题，有待于今后经济史研究中更为深入的反思与研究。

Jiangsu Urban Population Study in 1934

Ma Jiangshan , Cao Shuji

Abstract：In 1934 , in order to implement the Baojia system , the Kuomintang carried out the adjustment of townships and towns within the province in Jiangsu. The biggest feature of this zoning adjustment is that the township and town have the same population size. At the same time , the definition of the town also takes into account the level of economic development , especially the number of stores. Based on this , combined with the county's total population , the proportion of the number of towns and towns in the total number of townships and towns , it is possible to calculate the urban population of each county , and then can calculate the urban population of the province.

Keywords：1934 ; Jiangsu ; Urban Population ; Township Division

（责任编辑：胡克诚）

中国大运河与世界水利水运
遗产的对比分析

姜师立*

内容提要 本文以中国大运河与世界水利水运遗产的对比分析为主题，在简要介绍世界水利水运遗产的基础上，从动因与功能、工程技术体系与成就、历史影响力三个方面将中国大运河与世界其他人工水道进行对比分析，从而得出结论：中国大运河与其他世界水利水运遗产具有不同的特质与意义。在动因功能上，中国大运河是历史悠久的漕运文化传统的直接见证，是世界运河遗产中的独特案例；在工程技术上，中国大运河是农业文明技术体系下运河工程所能达到的巅峰杰作；在历史影响力上，中国大运河是文明的摇篮，展现了深远的影响力。因此，中国大运河具备不可取代的文化价值和技术成就。

关键词 中国大运河 世界水利水运遗产

中国大运河是世界上延续使用时间最久、空间跨度最大的运河，被《国际运河古迹名录》列入世界上"具有重大科技价值的运河"，是世界运河工程史上的里程碑。中国大运河所在区域的自然地理状况异常复杂，在开凿和工程建设中，产生了众多因地制宜、因势利导的具有代表性的工程

---

* 姜师立，文学学士，扬州市新闻出版局副局长、江苏省大运河文化带建设研究院研究员、扬州大学中国大运河研究院研究员，曾任大运河联合申报世界文化遗产办公室副主任、大运河遗产保护管理办公室副主任，组织和参与了大运河遗产价值研究、申遗宣传员、遗产点保护修缮、遗产监测预警体系建设等主要工作。

实践，并联结为一个技术整体，以其多样性、复杂性和系统性，体现了具有东方文明特点的工程技术体系。《中国大运河申遗文本》这样介绍："它展现了农业文明时期人工运河发展的悠久历史和巨大的影响力，代表了工业革命前土木工程的杰出成就。"① 那么，中国大运河与世界上其他水利及水运遗产对比有什么异同呢？

一 选取的对比分析对象介绍

世界上有 500 多条知名运河，有人将京杭大运河、伊利运河、阿尔贝特运河、苏伊士运河、莫斯科运河、伏尔加河—顿河运河、基尔运河、约塔运河、巴拿马运河、曼彻斯特运河列为世界十大运河。以前也有许多人将中国大运河与世界其他国家的运河比较，但因为无论是在功能上、长度上，还是开凿时间上差异都太大，很难得出有价值的比较结果。在研究中国大运河遗产价值时，我们研究团队选取的比较对象主要为列入《世界遗产名录》的水利和水运遗产。截至目前，已列入《世界遗产名录》（包括《预备名录》）的水利与水运遗产总共有 16 处，其中已列入世界遗产的有法国米迪运河、比利时中央运河、阿曼的阿夫拉贾灌溉体系、加拿大的里多运河、英国的旁特斯沃泰水道桥与运河、伊朗的舒希达历史水利系统、荷兰阿姆斯特丹的 17 世纪运河环形区域、墨西哥的腾布里克神父水道桥水利系统和中国大运河等 9 条人工水道。在对中国大运河与世界其他运河遗产进行对比分析时，我们选取的比较对象主要是列入《世界遗产名录》和《预备名单》的运河遗产，以及在国际重要水利与水运遗产研究文献中提到的地区（如南亚地区）所具有的重要案例。按照这一原则，选取的比较对象主要包括法国米迪运河、比利时中央运河、阿曼阿夫拉贾灌溉体系、加拿大里多运河、英国旁特斯沃泰水道桥与运河、伊朗舒希达历史水利系统、荷兰阿姆斯特丹的 17 世纪运河环形区域、波兰和白俄罗斯的奥古斯都运河、哥伦比亚的戴尔迪克运河、中国的灵渠、美国的伊利运河、苏格兰的卡尔多尼亚运河、斯里兰卡的斯里兰卡加雅刚加运河、英国的布里基沃特运河、法国的布里亚尔运河以及美国的伊利运河等。

---

① 国家文物局：《中国大运河申遗文本》，2013，第 299 页。

1. 法国米迪运河

米迪运河总长360千米，各类船只通过运河在地中海和大西洋间穿梭往来，整个航运水系涵盖了船闸、沟渠、桥梁、隧道等328个大小不等的人工建筑，创造了世界现代史上最辉煌的土木工程奇迹。建造米迪运河的目的是连通大西洋和地中海，通过避开直布罗陀海峡、海盗和西班牙国王的船队，促进贸易的繁荣，并大大提高朗格多克省和吉耶纳省的优势。该运河有时被称作朗格多克运河或双海运河。运河建于1667～1694年，为工业革命开辟了道路。运河设计师皮埃尔－保罗·德里凯在设计上独具匠心，使运河与周边环境融为了一体，实现了技术上的突破，堪称建筑佳作。

2. 比利时拉卢维耶尔和勒罗尔克斯中央运河

拉卢维耶尔和勒罗尔克斯的中央运河上的四座升船机及其周边设施，位于比利时西南部埃诺省拉卢维耶尔镇，1998年列入《世界遗产名录》。世界遗产委员会描述：在古老的中央运河这一小段上，有四座液压升船机，是终极水平的工业杰作，加上运河本身及其附属设施，构成了一幅19世纪末的工业全景图，保存十分完好。19世纪末20世纪初共有八座液压升船机，但是只有在中央运河上的这四座仍然保持着原始工作形态。在连接默兹河与斯海尔德河流域的中央运河一段7千米的河道中，水平面抬高了66.2米。为了克服此高差，位于胡顿戈尼的15.4米的升船机于1888年投入运行，而其他三座各提升16.93米的升船机于1917年投入运行。如高速公路般被高高架起的运河水道，将法国与德国联系在一起，使得比利时成为欧洲大陆的水运中心。100年前建造的中央运河是比利时的大动脉，大型货船曾在这里来来往往，把煤炭运到欧洲各地。

3. 阿曼的阿夫拉贾灌溉体系

这处世界遗产包含了5个阿夫拉贾灌溉体系，同时也是3000个在阿曼仍在使用的系统的典型代表。这种灌溉系统的由来可以追溯到公元500年左右，但是从考古学上的证据来看，这个应用在极端干燥地区的灌溉系统应该早在公元前2500年就已经存在。阿夫拉贾在传统阿拉伯语中的意思是公平地划分珍贵的稀有资源，以确保能永续性地维持这种灌溉系统的特征。在水资源方面则是利用重力，从地底或涌出的山泉中将水导出，用来供应家庭用水以及农业灌溉所需，这种灌溉系统通常能供应数公里以上的距离。至于村落及城镇间如何公平且有效的管理及分配水资源的机制，至今依然建立在彼此间的信赖和公共利益上，并且透过大量的观测数据来引导。同时这里建造了为数众多的瞭望台来保护水资源系统，从列入遗产的某些部分可反映出社区对阿夫拉贾体系的历史性依赖。其他被包含在该遗迹的建筑还有清真寺、房屋、日晷等。由于受到地下水层持续下降的威胁，阿夫拉贾灌溉系统代表一种被保护得极好的土地使用形式。

4. 加拿大里多运河

加拿大里多运河是建于19世纪初的一条伟大的运河，包含了里多河和卡坦拉基河长达202千米的河段，北起渥太华，南接安大略湖金斯顿港。在英美两国争相控制这一区域之际，为战略军事目的开凿了这条运河。里多运河是首批专为蒸汽船设计的运河之一，防御工事群是它的另一个特色。1826年，在运河建造初期，英国人采用"静水"技术，避免了大量挖掘工作，并建立了一连串的水库和47座大型水闸，将水位抬高到适航深度。这是北美保存最好的静水运河，表明当时北美已大规模使用这项欧洲技术，是唯一一条始建于19世纪初北美大规模兴建运河时代，流经途径至今保持不变，且绝大多数原始构造完好无损的运河。运河上建有六座"碉堡"和一座要塞，后来又在多个闸站增建防御性闸门和管理员值班室。在1846～1848年间，为加固金斯顿港口的防御工事建造了四个圆形石堡。里多运河见证了为控制北美大陆发起的战争，具有重要的历史价值。

5. 英国的旁特斯沃泰水道桥与运河

旁特斯沃泰水道桥与运河位于英国威尔斯的东北部，总长18千米，是工业革命土木工程技艺的典范，完成于19世纪初。由于运河横跨各种不同地形，因此需要建造技术出色而大胆，甚至不用闸门。水道桥为泰尔福德所设计，为土木工程与金属建筑划时代的创举，使用生铁与锻铁强化弧形结构，重量轻但坚固。旁特斯沃泰水道桥与运河被誉为天才创意经典作品，显示出欧洲已经获得的综合专业知识，并启发了全球无数的土木工程。

6. 伊朗的舒希达历史水利系统

舒希达的古代水利系统位于伊朗西部的胡齐斯坦省，它是一个多功能、大规模的水利工程，建于公元3世纪，可能是在公元前5世纪的基础上重建的。舒希达的古代水利系统在土木工程结构以及多样性用途（城市供水、磨坊、灌溉、内河运输、防御系统）方面出类拔萃，是早期依拉密特人与美索不达米亚人专有技术的结合。该系统包括克鲁恩河上的两条主引水渠，其中一条名为伽格大运河，目前仍在使用，通过一系列向磨坊供水的地道向舒希达市供水。该系统通过一个高耸的崖壁使水流倾盆而下，进入下流盆地，随后进入位于该市南部的平原，那里有着超过 4 万公顷的果园和农场，被称为"天堂之地"。舒希达古代水利系统设计精妙，不仅能满足当地居民的用水需要，还能灌溉农田，防旱防涝。运河的修建也疏通了全国几条重要的河流。该遗址见证了依拉密特人和美索不达米亚人的聪明才智以及罗马建筑的影响。

7. 荷兰的阿姆斯特丹运河

阿姆斯特丹运河区是 16 世纪末至 17 世纪的一项新"港口城市"规划的结果。这一运河网络位于历史市镇及中世纪市镇的西面和南面，它们围绕着老城区，沿着防御边界向内延伸，直至辛厄尔运河。运河网络的修建是一个长期过程，主要任务是通过运河来排干同心弧形沼泽地，并填平中间的空地来扩大城市空间。同时开挖了四条主要的同心半环形运河，称为"运河带"。三条运河的沿岸主要为住宅区，而外侧的第四条运河用于防御和水处理（今已转变为居住和商业发展）。这个规划还设计了使这些主要运河相互联通的辐射状运河、约丹区一系列平行的运河以及 100 多座桥梁。

8. 美国伊利运河

伊利运河曾是美国东海岸与西部内陆地区快捷的运输通道，其西起伊利湖畔的布法罗，东至哈德逊河岸的奥尔巴尼，绵延五百余千米。经该运河南下哈德逊河后，即可畅达纽约港，如此纽约与五大湖的水运系统连为整体。伊利运河在 1825 年竣工，那当时开凿的缘由就是阿巴拉契亚山脉的地理阻隔有碍美国东西部的整合。运河选定在纽约州，是因阿巴拉契亚山脉在纽约州部分的海拔相对较低，宽度相对狭窄。且史前冰川的退却使该地遗留了面积可观的谷地和众多侵蚀性湖泊，这些都是运河开凿的地理优势。运河开凿的最大受益者当属纽约市，西部传统农业区域自此与以纽约为代表的商业重镇之间建立了便捷的运输渠道，美国东西部间的联结不再受天然屏障的阻隔。运输至东部沿海的农产品迅速增加，亦促使纽约港迅猛发展，而输往西部的工业制成品也大多经纽约转运，所以伊利运河的开凿客观上促使纽约逐渐发展为美国的经济和金融中心。

表 1　选取的对比分析对象与中国大运河对照表

遗产名称	用途与类型	国家	时期	规模长度	列入情况
布里亚尔运河	运输	法国	17 世纪早期	55 千米	
布里基沃特运河	运输	英国	18 世纪晚期	66 千米	

遗产名称	用途与类型	国家	时期	规模长度	列入情况
加雅刚运河	供水灌溉	斯里兰卡	5 世纪	87 千米	
卡尔多尼亚运河	运输	苏格兰	19 世纪早期	100 千米	
伊利运河	运输	美国	19 世纪早期	584 千米	
灵渠	运输、军事	中国	前 3 世纪	36.5 千米	预备名录
戴尔迪克运河	运输	哥伦比亚	17 世纪中	118 千米	预备名录
奥古斯都运河	运输、河谷门户	波兰和白俄罗斯	19 世纪初	101.2 千米	预备名录
阿姆斯特丹运河	排水、港口、城市运河	荷兰	16 世纪末至17 世纪初	12~15 千米	列入
舒希达历史水利系统	灌溉等用途	伊朗	始建于前五世纪	10 千米	列入
旁特斯沃特水道桥及运河	工业运输、金属水道桥	英国	18 世纪末至19 世纪初	18 千米	列入
里多运河	运输与军事	加拿大	19 世纪早期	202 千米	列入
阿夫拉贾灌溉体系	灌溉	阿曼	未知，长时间演变	30 千米	列入
中央运河	运输、四座水力升降机	比利时	19 世纪末、20 世纪初	21 千米	列入
米迪运河	运输	法国	17 世纪晚期	360 千米	列入
中国大运河	运输、联系政治中心与经济中心的通道	中国	始建于前 5 世纪，第一次贯通于公元 7 世纪	1011 千米	列入

二 中国大运河与世界水利及水运遗产的对比分析

中国大运河与世界其他的人工水道工程相比，具有不同的特质与意义，具备不可取代的特征和成就。为了充分说明中国大运河与其他人工水道的差异，在具体对比的方法上，我们选取了动因与功能、工程技术体系与成就、历史影响力这三个不同的方面。在动因与功能上，中国大运河是由国家统一组织建设、统一管理维护的运河工程，它有其独特的修建动因与功能——漕运，这使其成为人类运河工程史上的独特案例；在工程技术特征上，中国大运河是农业文明时代运河工程的杰出代表，其因地制宜、因势利导的规划思想与适应性、动态性的技术特征具有中国文明的典型特征，在系统构成上具有综合性，在单体结构上具有典型性；在历史影响力方面，中国大运河历史上两次大沟通所形成的时空跨度，使其成为人类历史上开创较早、沿用时间最久，空间跨度最大的运河，并由此见证了运河工程在文明进程中深刻的影响力。

（一）在动因与功能方面的对比

中国大运河肇始于区域级的物资、军事运输，如最早沟通长江与淮河的运河邗沟。在中国历史进入统一帝国之后，它便成为在广大国土内调运物资、维系统治的重要手段。中国大运河一直以来由国家建设、国家管理，中国大运河所承载的功能——漕运，成为历代王朝共同沿用的制度。正是由于动因与功能的不同，使大运河具有了独特的价值特征，与东西方的运河遗产有着显著不同，成为人类运河遗产的一个独特案例。

中国大运河作为漕运的物质载体，是维持一个农业帝国有序运行的不可替代的命脉，正是因为漕运，使得中国大运河得以持续开发。在没有成熟的科学理论支撑的条件下，中国古代的工程技术人员通过不断实践，使中国大运河工程成为世界工程史上的范例：位于淮安的清口枢纽遗址，见证了明清两代几百年与黄河抗争的历史；位于济宁的南旺枢纽遗址也体现出认识与实践的积累和一百多年持续建设的过程。列入世界遗产名录的一处处中国大运河遗产，全面地体现出在大运河全线贯通之后的 1400 多年时间里，中国大运河的工程技术与管理制度持续演进的历史特征。

由于漕运的需要，中国大运河在与自然的共同作用下大大改变了地貌，在广大的国土范围内形成了新的自然生态环境。海河流域由于大运河自南而北的截断，由过去多条河流直接入海，而成为多条河流汇聚为一条河流入海的扇形结构。大运河与黄河抗争促使了淮河下游两大湖群——南四湖群、洪泽湖群的形成，淮河借运河入长江而入海，这些都与中国大运河工程对自然环境的长时期持续人工干预密切相关。

漕运制度的产生发展过程，使中国大运河从肇始到发展到衰落，见证了中国大一统帝国从形成到鼎盛到衰亡的过程。大运河影响着帝国都城的选址与城市规划，也影响着运河沿线众多工商业城镇的兴起、繁荣与衰落。大运河极大地便利了南北不同经济文化区域的联系与交流，塑造了沿线城镇"逐水而居，枕水人家"的生活方式，衍生出丰富的经济、社会、文化价值。中国大运河不仅是古代社会的文明成果，也是当今社会的文明驱动者。

我们认为，上述由于动因与功能不同而形成的中国大运河独特的价值特征，与世界其他人工水道显然不同。法国米迪运河、比利时中央运河等工业革命后修建的欧美运河主要担负工业生产运输的任务，而阿夫拉贾灌溉体系、伊朗舒希达历史水利系统等中东、南亚等地的人类早期文明时期的人工水道主要承担输水、灌溉的功能。中国大运河由此而具有了不同的技术特征、管理系统与广泛影响，是人类运河工程史上的独特案例。因此，大运河价值研究团队认为，中国大运河是历史悠久的漕运文化传统的直接见证，是世界运河遗产中的独特案例。

（二）在工程技术体系与成就方面的对比

《世界遗产名录》（含《预备名录》）中以及重要文献中提及的水道类（包括完整的水道和水道体系）遗产主要包括水运交通运河和灌溉运河两类，它们虽然有不同的功能，不过在水利技术上往往具有共通性。从地区上看，主要分布在欧美、中东、南亚；从开凿、使用和维护的年代上看，欧美的运河开凿、运行时间较晚，主要都在17世纪以后，它们代表的是工业革命后形成的工业技术体系成就；中东、南亚灌溉系统和中国的水道系统大约形成于公元前，并且经历了长时间的使用，在技术上不断更新发展，形成了适应当地自然水文环境的、相对独立的古代水利技术体系。

1. 工业文明时代的运河工程基本技术特点

（1）由于蒸汽动力船的普及以及运输船吨位的增加，要求运河水道更深、更宽，同时蒸汽船的速度提升也要求河道形态更直。

（2）工业时代又被称为钢铁时代，钢铁逐渐取代了传统自然材料成为运河修建中的重要建材，因此工业时代的运河中出现了钢铁水道桥、船闸等水工设施，相对于古代水工设施来说，它们构造更为复杂、体量也更大。

（3）近现代西方科学技术知识的发展也为工业文明时代运河的水利工程技术奠定了基础，这使得人们有能力使用现代技术来进一步克服自然环境的限制，完成更具难度的水利工程。

（4）相互之间体现出较为清晰的技术传播过程。

2. 中国、中东、南亚的农业文明时代的运河（灌溉）工程基本技术特点

（1）历史悠久，与以农业为基础的生存方式密切相关，持续使用时间很长，对本区域的文明进程有深刻的影响。

（2）农业文明时期的运河（灌溉）工程体现出更多的地方适应性，其用材也更加偏向于竹、木、土砖、石料等。

（3）由于古代文明间的交通并不发达，因此水利技术之间的交流和相互影响并不普遍，因而不同地区间技术的独特性更加明显。

（4）中东与南亚地区的水利工程，多以灌溉为主体功能。

3. 中国古代水利工程的普遍特点

（1）中国的水利工程（包括中国大运河）较之世界上其他地区的技术来说具有特殊性和原创性，这首先是中国特殊的气候与水文特点决定的。降雨量在地区、季节之间的分布极不平均，这导致了南方地区与北方地区河流特性的巨大差异，以及自然河流年流量的巨大反差，无论是天然河流的使用还是人工运道的开设，都需注重四季水源的调配问题。在夏季须有防洪工程，并有水库等工程积蓄多余水量，到了旱季，则要注重节水以确保河道流量。

（2）水利工程在国家事务中具有极为重要的地位，治水成就是历代帝王最被颂扬的功绩之一，这样的观念甚至可以上溯到远古时代（如大禹治水）。季风气候带来的洪涝灾害，以及以黄河为代表的中国北方高含沙量河流造成的淤积、溃堤灾害频发，使水利工程的防灾减灾功能变得十分重要，与国计民生息息相关。因此，有史以来，重要水利工程均为国家组织兴建并进行维护。

（3）水利工程技术特征往往与河流治理密切相关，在这个过程中，为了应对每年都要产生的洪水风险，岁修成为一种重要传统；就地取材以进行低成本、常态化的维护，并与工程的应急性质相适宜也成为一种工程技术特色，如夯土、埽工的采用。同时在长期的与洪水斗争的实践中，也总结并验证了中国自古以来的传统哲学观念——因地制宜，因势利导。

4. 与工业文明时期的遗产运河相比，中国大运河代表了人类不同文明时期的工程技术成就

现有世界遗产名录中的运河大多数为工业革命时期的水利规划与工程技术典范。这些运河都修建于 17~19 世纪。由于能源动力和建筑材料的革命性突破，使得建造大型船闸、大坝成为可能。船闸和水库的运用，使运河路线更短。这些运河无疑是工业革命时期留下的伟大工程。

表 2　工业革命时期的运河列举

名称	所属国家	建造时期	目的与功能	技术特点	技术体系传承关系
米迪运河	法国	17 世纪	航运	欧洲现代时期第一次建造复杂的工程运河	受到荷兰和意大利运河工程技术的影响和启发

名称	所属国家	建造时期	目的与功能	技术特点	技术体系传承关系
布里亚尔运河	法国	17 世纪	航运	欧洲第一条锋面运河	受到荷兰和意大利运河工程技术的影响和启发
布里基沃特运河、埃斯米尔运河、卡尔多尼亚运河	英国	18 世纪	航运	采用铸铁渡槽等先进的土木工程技术	成功地借鉴了法国米迪运河，并受到荷兰运河的影响
中央运河	比利时	19 世纪	航运	以升船机为代表的重要工业成就	受到法国和英国众多运河影响
伊利运河	美国	19 世纪	航运	本土文化中可更新的低成本土木工程	洲际间技术转移的产物，受到欧洲运河技术的影响
里多运河	加拿大	19 世纪	航运	第一批专为蒸汽轮船设计的运河	洲际间技术转移的产物，受到欧洲运河技术的影响

从上表可以看出，米迪运河、布里基沃特运河、伊利运河、里多运河以及早先对这些运河具有一定启发意义的荷兰的运河工程技术，都是欧洲、美洲同一技术体系之下运河建造的不同特点的范例，代表了一个完整的技术转移的过程，反映了不同时期、不同技术发展阶段，因不同功能需求而传承并各自创造的特点。他们在世界水利工程史上，代表了欧美工业革命技术时期的典范成就。

中国大运河与这些工业革命时期遗产运河的不同之处，在于代表了不同文明阶段的工程技术成就。发端并形成于农业技术体系之下的中国大运河使用有限的土、木、砖石乃至芦苇等材料，在没有石化动力，只能依靠人力、畜力的时代，在没有现代测绘与泥沙动力学等科学技术的支撑下，依靠空前的想象力与长时期的实践积累，完成了在广大空间范围内的水利资源勘察与线路规划，实现了多项技术发明与大型枢纽工程建设。现存的中国大运河遗产充分见证了中国大运河作为人类农业文明时代杰出的运河工程，在建造与管理维护方面所取得的成就。

5. 复闸与越岭运河是中国大运河开创性的技术成就，在世界运河工程史上具有重要意义

复闸起源于公元 10 世纪时的中国大运河。位于中国大运河淮扬运河段的真州闸是有资料记载的最早的复式船闸，1068 年建于江南运河段的长安闸，是世界上现存最早的复闸实例，并与撰写于 1072 年的文献相印证①。
欧洲类似复闸较为肯定的例子则是在约 300 年后出现②，虽然无法验证在
13～14 世纪蒙古帝国时期的欧亚文化交流是否使中国的复闸技术对欧洲产
生了影响，但复闸的发明的确是中国大运河在世界运河工程史上的一大成
就，代表着当时在水运工程与管理方面的最高水平。

　　会通河是公元 13 世纪前跨越地形高差最大的越岭运河。跨越大运河整
体最高点，其两端与中部高差约 30 米。通过水源工程、梯级船闸工程，成
功解决了越岭运河的水源调配与水道水深控制的问题。会通河的建成比欧
洲最早的越岭运河早了 100 多年③。其梯级船闸工程④几乎领先于欧洲最早
的类似工程 300 多年。在世界上最早的以满足航运需求为目的的水源工程中，
南旺枢纽工程与米迪运河水源工程（1667～1771 年）相比也早了 200 多年。

**　　6. 与农业文明时期重要人工水道工程（灌溉工程）相比，中国大运河
体现出基于航运功能需求的鲜明特征与技术成就**

　　（1）与中东、南亚等地区古代人工水道对比。分布于中东、南亚等地
区的古代人工水道工程历史悠久，有些延续至今。这些人工水道与中国大
运河都体现了农业文明时代水利工程的技术特点、演进过程、悠久历史以
及对区域文明的影响力。但是，中国大运河由于主体功能（航运）的差异
而呈现出鲜明的个性特征与技术成就。基于保障航运功能的目的，中国大
运河具有一系列独特的工程实践，如单闸、复闸、梯级船闸、升船斜面、
弯道工程等，以维系船只在不同高程水平面的通过。为了保持水源、保持
航道水深，有吞吐水量的水柜、引河、堤坝、水库、泄水闸等工程。为了
保障运道安全，有夯土险工、埽工护岸、土石堤防等工程。为了运河与自
然河流顺利交汇，有运口工程等。在线路规划上则初始借助自然水系以求
便利，后来逐步摆脱，实现完全的人工控制，以保障船只的安全（如淮扬

---

① 〔日〕成寻：《参天台五台山记》，白化文、李鼎霞点校，花山文艺出版社，2008。
② 李约瑟：《中国科学技术史》第四卷《物理学及相关技术》第三分册《土木工程与航海
　　技术》，科学出版社，2008，第 399～400 页。
③ 国际古迹遗址理事会：《国际运河古迹名录》（The Interinational Canal Monuments List），
　　The International Committee for the Conservation of the Industrial Heritage（TICCIH）："到了 14
　　世纪末期，德国施特克尼茨运河（the Stecknitz Canal）的开通（1398）则标志着欧洲第一
　　条越岭运河的诞生。"
④ 国际古迹遗址理事会：《国际运河古迹名录》："这种船闸最早出现在法国布里亚尔运河
　　（the Canal du Briare），该运河于 1642 年竣工通航。"

运河）。以上工程技术特征与成就在大运河遗产中有全面的呈现，都是基于航运需求而设置，与中东、南亚等历史悠久的古代输水、灌溉水利系统有较大的差异。[①]

（2）与中国的灵渠对比。中国大运河与灵渠是同一工程技术思想体系之下的代表作。但由于各历史时期与各空间段落所面临的问题迥然不同，工程技术体系构成与技术特征有显著差异。

灵渠开凿于公元前219年，距今已2200多年，仍然发挥着功能。灵渠全长36.4千米，是世界上第一条已知的等高线运河。中国大运河则是世界上第一条实现穿山越岭的运河，两者都是古代运河工程的代表作。中国大运河与灵渠的相同之处主要包括都是早期沟通不同流域的运河实例[②]，在规划线路上都体现了高超的勘查、测量、规划水平，都依据了弯道代闸原理采用了弯道设计，都具有以堰、坝雍水而引水的水源工程，都采用了一系列水闸工程对水量水深进行控制，也都具有洪水宣泄设施，同时二者均沿用至今。二者为同一工程技术体系的成果，各方面技术成就在时间上互有先后，可能在理念、经验上互有启发。由于二者的自然条件、主体功能等方面不同，表3列举了中国大运河与灵渠在工程技术体系构成、技术特征等方面的显著差异。

表3 中国大运河与灵渠的差异性

河流	中国大运河	灵渠
工程主体功能与技术体系构成	大运河由于北方水资源匮乏，在水源紧张的地区均采取严格法令与措施禁止使用运河水源进行灌溉，以保障航运所需水量。大运河以保障其航运功能为首要目的，在工程系统上目标更为明确，在体现以航运为主要特征的人工水道工程措施方面更有代表性。同时由于漕运功能的需要，大运河还在沿线设置有多处漕仓、漕运管理等设施，体现了独特的功能构成	灵渠由于位于中国南部，水资源条件良好，一直兼有灌溉功能，宋代以来灌溉功能渐成主体，因此在后期灌溉用的水工设施渐多。在几次大规模的整修改建中均增设灌溉用水涵洞和引水支渠等

---

① 李约瑟：《中国科学技术史》第四卷《物理学及相关技术》第三分册《土木工程与航海技术》（科学出版社，2008，第416页）："但还有一部分中国的成就在南亚是不知道的，而且在中东几乎也不知道。这方面的主题是运渠：中国以令人惊讶的速度，修建了奇迹般的运渠。在此我们不需要夸大它的社会动机，它已经非常明显，远远胜过古代的和中古时期的其他文明。因为约有20个世纪，唯独中国人知道人工通航水道能够为有条不紊地运输重的货物提供很大的机械效率，在这方面远远走在18世纪工业革命的前面，在此时期以前访问中国的外国观察家看到这些工程，都为之头昏目眩。"

② 灵渠开凿于公元前219年，沟通了长江与珠江流域。大运河邗沟段，开凿于公元前486年，沟通了长江与淮河流域。

续表

河流	中国大运河	灵渠
工程措施规格、标准	大运河的规划、实施、管理维护一直由中央政府直接组织。如各河段的开挖、维护均有中央政府统一调度实施，关键工程如南旺枢纽、清口枢纽等均指派国家最高级别的水利管理官员亲自指挥，在河道、单体结构建设，船只建造等方面有统一的标准，在施工工艺、运行管理方面有严格的规范。如大运河的闸有统一的标准规定为叠梁闸形式，有专门人员、机构进行管理	灵渠为地区级运河，一直由县级行政机构进行管理，采用民船进行运输，河道宽度、深度、规模有限。工程措施简朴易行。灵渠为陡门形式，形式上较为简单，管理更多采取自备工具、自助互助运行方式
工程系统的集成程度	中国大运河线路空间跨度广大，各区段面临的水资源、地貌条件不同，应对的问题不同，因而诞生了多种类型、深具个性特点的工程案例。这些不同的区段有机组合成整体，共同发挥作用，才能使大运河长年保持全线通航，因而在运河工程技术整体的系统性上，集成性体现的更为突出	灵渠主体工程由铧嘴、大天平、小天平、南渠、北渠、泄水天平、水涵、陡门、堰坝、秦堤、桥梁等部分组成，尽管兴建时间不同，但它们互相关联，成为灵渠不可缺少的组成部分
遗存性质	中国大运河沿线的考古遗址，真实、生动地反映了隋 - 宋大运河早期河道、驳岸、堤防等真实的形制、规模、材料、工艺	灵渠目前的水工设施主要为清代遗存，对早期的运河工程单体结构技术特征反映不多
历史影响	中国大运河是国家漕运的干线，是国家的经济命脉，在国家事务中具有重要地位，其持续的开发对沿线的经济、社会发展具有极为深远的影响，更加显著而深刻地体现了运河的经济、社会功能	灵渠是古代水利工程的杰作，至今仍然发挥着功用

从以上比较可以看出，中国大运河是工业革命之前古代农业文明时期水利工程技术的巅峰之作，代表了人类农业文明时代运河工程技术发展的最高水平，至今仍保存着在世界运河工程史上具有重要创造性和典范意义的技术实例。与工业文明时代的运河相比，中国大运河体现了早期农业文明时代的典型技术特征；与农业文明时代的古代人工水道工程相比，中国大运河则由于航运主体功能的要求具有不同的技术特征与成就。因此，中国大运河是农业文明技术体系下运河工程所能达到的巅峰杰作，是人类运河工程史不可缺失的重要篇章。

（三）在历史影响力方面的对比

大运河是跨区域、跨年代、构成复杂的巨型遗产。它的独特性在《国际运河古迹名录》中已明确指出，"中国的大运河则是第一条实现'穿山越岭'的运河"。"大运河尽管已经过了其黄金时代，但它仍然在继续使用中，而且仍然是世界上最长的运河。"[①] 从运河规模与线路长度来看，中国大运河毋庸置疑是世界范围内空间跨度最大的运河。它跨越海河、黄河、淮河、长江、钱塘江五大流域，10 余个纬度的范围，包含了众多的河道、湖泊、水工设施和相关遗产，甚至"工业革命以后的许多现代运河也无法在规模与长度上与大运河相比"[②]。

从始建年代与延续使用时间来看，中国大运河是人类历史上最为古老的人工水道之一，它从公元 7 世纪至今持续演进超过 1400 余年，其源起甚至可追溯至公元前 5 世纪的春秋时期；大运河也是世界上延续使用时间最长的运河之一，并且最为可贵的是，迄今许多段落仍发挥着水利与航运功能，部分段落仍然延续着千百年来在广大国土的南北之间调运物资的任务，这是对运河工程成就的最有力的证明。

中国大运河遗产从历史时期、空间分布、关键位置、现存状态等方面充分证明了大运河的时空跨度与历史演变的进程。它是人类工业革命之前人工运河技术成就的集大成者，并在从肇始至今的 2000 余年里，催生城镇，繁荣经济，维护统一，是文明的摇篮，展现了深远的影响力。

三　对比分析结论

通过与世界上其他水利及水运遗产的对比分析，我们认为中国大运河是世界上开凿年代最早、沿用时间最久、里程最长的运河，中国大运河因其独有的技术特征、文化传统而与其他重要的人工水道，包括已列入《世界遗产名录》或《世界遗产预备名单》的水利水运遗产有着较大的差异，具备不可取代的特征和成就。中国大运河申报遗产依据严格的标准遴选，具有杰出的代表性，并全面、有力支撑了中国大运河潜在突出普遍价值。

基于价值研究和与同类遗产比较分析的成果，中国大运河潜在的突出普遍价值通过以下特征得以体现：隋唐宋、元明清两次大贯通时期漕粮运输系统的格局、线路、运行模式；自春秋至今清晰、完整的演进历程；传

---

① 国际古迹遗址理事会：《国际运河古迹名录》。
② 国际古迹遗址理事会：《国际运河古迹名录》。

统运河工程的创造性和技术体系的典范性；对中国或区域文明持续的、意义重大的影响——包括历史上大运河的用途和功能，以及延续至今的贡献。①

中国大运河遗产具有线路和位置关键、技术特征突出和历史意义重大等特征。所有组成部分联合为系列遗产整体而呈现的杰出品质，代表了大运河随着区域文明形态发展、演变的时空特征，能够支撑、展现中国大运河遗产蕴含的突出普遍价值。因此，中国大运河是世界上创建时间最早的运河工程之一，也是延续使用时间最久、空间跨度最大的运河，迄今仍在发挥重要的水利与航运功能。正如《中国大运河申遗文本》所说："大运河是人类历史上超大规模水利工程的杰作。"②

Comparative Analysis of China Grand Canal and World Water Conservancy and Transportation Heritage

Jiang Shili

Abstract：This paper takes the comparative analysis of the grand canal and the world water conservancy and transportation heritage as the theme. On the basis of briefly introducing the world water conservancy and water transport heritage. From the three aspects of motivation and function, engineering technology system and achievement, and historical influence, this paper makes a comparative analysis of the grand canal in China and other artificial waterways in the world. Thus, the following conclusions can be drawn：The grand canal of China has different characteristics and significance from other world water conservancy and transportation heritages. In terms of motivation function, the grand canal is a direct witness of the time-honored canal transport cultural tradition and a unique case in the world canal heritage. In terms of engineering technology, the grand canal is a masterpiece that can be reached under the technical system of agricultural civiliza-

---

① 国家文物局：《中国大运河申遗文本》，2013，第 165 页。
② 国家文物局：《中国大运河申遗文本》，2013，第 301 页。

tion. In terms of historical influence, the grand canal is the cradle of civilization and has shown profound influence. Therefore, The grand canal has its own irreplaceable characteristics and achievements.

Keywords: The Grand Canal; World Water Conservancy and Transportation Heritage

（责任编辑：胡克诚）

读《清代漕粮征派与地方社会秩序》

龚世豪 [*]

　　吴琦等著《清代漕粮征派与地方社会秩序》（中国社会科学出版社，2017），共43万字，分上、下两编，除绪论、附录和余论外，共11章。上编厘清了清代漕粮征派的具体规制及其重要环节的社会意义，下编详细论述了清代漕案并探讨"闹漕"现象对地方社会秩序的影响。该书对清代漕运，尤其是漕粮征派与地方社会秩序关系提出了诸多精辟见解，是吴琦教授漕运研究专题的最新成果，反映了清代漕运研究的新进展。具体而言，该书有如下特点。

　　第一，视角转变。该书在系统回顾经济史和制度史两个层面的清代漕运研究成果基础上，顺应清代漕运问题朝纵深方向发展的需求，将清代漕运看作一种"国家事务"，是中国古代国家利益的集中体现，从社会史的视角考察漕运对地方社会的影响，进而回应国家与社会关系、地方社会秩序以及社会结构与社会变迁等宏大论题。作者提出漕运为"国家事务"这一概念，意欲突出清代漕运的政治意义，于经济制度或赋税财政层面之外另辟蹊径。而"闹漕"作为清代漕粮征派过程中的重要问题，既表现了中央政令在地方社会的实施状况，又能折射地方社会之政治、经济与社会诸多方面的情况。就漕粮征派所应发的问题，侧重于社会方面，探讨其对地方社会秩序的冲击。因此，对闹漕案件的系统研究是探究国家事务对基层社会秩序变动的一个新取径。

　　第二，实证研究的深入与细化。该书并非通论性著作，而是专题性的

---

　　[*]　龚世豪，武汉大学历史学院博士研究生，主要研究方向为明清史。

实证研究。研究视角的转变必然带来具体研究对象的改变，鉴于以往的漕运研究多从制度层面考察或是关注漕运在政治、经济领域与社会的互动关系，全书以漕粮征派为研究清代漕运的切入点，以漕粮征运所引发的闹漕案件为基点。详细梳理了有清一代漕粮征派体系的因革损益及其重要环节（征收、运输、仓储），并阐发出其中蕴含的社会功能与意义。同时在对制度有了清晰认识的基础上，探讨漕粮征派与地方社会秩序的关系。该书就漕运而言，研究的是漕粮之征派。就国家与社会关系而言，讨论的是国家制度对地方社会的影响。比如，在论述清代征漕体系时，从清初漕运之恢复入手，进而论及清中期之定制与晚清之制度转变，清代征漕制度之概貌于此清晰了然。在讨论征漕的重要环节时，详细介绍了蠲缓改折、漕粮仓储、漕粮截拨与平粜赈济各方面，并将其社会功能与意义也淋漓尽致地展现出来。清代漕案的研究是该书的重点，也是有别于以往漕运研究专著之处。在坚实的史料支撑下，全面分析了清代闹漕案件的地域差异与阶段特征，借此研究闹漕案件的参与成分、参与者的动机与方式，从而分析所引发的社会秩序问题。如此既论述了漕运在地方社会的具体运行，又揭示了漕粮征派对地方社会秩序的影响，还廓清了"闹漕"这一基本概念。在考辨源流的同时又正本清源。

第三，地方史料的挖掘与区域社会的关怀。研究的视角和对象决定了历史研究所需要的史料，既然该书的主题之一是漕运事务在地方的具体运作，就必然要借助大量的地方志材料，这也正是此前清代漕运研究中较为薄弱的一个环节。李文治先生的《清代漕运》主要是系统梳理了中央层面的漕运制度，对漕运与地方社会的关系着墨并不多，而此书正推进了相关方面的研究。漕粮征派所引发的社会问题是该书的另一主题，在对清代漕案有了充分认识之后，将落脚点放在由此反映的国家与社会之互动，亦即漕粮征派在传统中国地方社会、基层组织与农村生活中的重大影响。在区域社会史研究日盛的学术背景下，该书也体现了强烈的区域关怀。在深入发掘地方性材料的基础上，拓展了区域社会研究的空间，同时将中央与地方有机地联系起来，不至于落入就地方而论地方的窠臼。该书通过有漕各省的"地方性知识"，充分发挥了方志材料的价值，扩充了漕运史料的范围，也有助于对区域社会认识的深入。

第四，重点突出、问题意识明确、方法多元。全书在正文部分重点突出，将目光聚焦于清代征漕体系及其引发的社会问题与影响，上编的附录是以个案的形式对制度研究的进一步细化与具体呈现，下编的余论是作者对"闹漕"与地方社会秩序变动问题的深入思考，阐发了文中未尽之意。明确的问题意识使相关论述显得有的放矢，有重点、有针对地讨论征漕和社会秩序问题。研究方法的多元，增添了文章的色彩，增加了论证的可信度。跨学科的研究是学术发展的必然趋势，作者在研究具体问题时采用了多学科的理论与方法，并适当地融入自己长期关注的领域。历史人类学的方法、法律社会史的视角以及斯科特讨论"农民道义经济学"的相关理论，使得该书能提出许多创新观点，对具体问题的研究和方法论的探讨多有裨益。作为历史学研究，对史料的广泛占有与运用，是研究成功的一个关键。该书在这方面也颇有可圈可点之处。比如，在仔细爬梳地方志材料之后，结合清代档案、政书等史料，绘制了一系列表格，得出各种统计数据，为具体问题的论证提供了可靠依据，也体现了作者深厚的经济史功底。

总之，该书站在学术史的高度选取新颖视角，对清代漕运问题进行了深入细致的探究。在区域社会的关怀下，结合多学科理论，广泛运用文献资料，不失为一部充实而丰满的漕运研究专题著作。

（责任编辑：胡克诚）

清代总河、著名藏书家杨以增研究的最新成果

——《杨以增研究丛集》评介

徐雁平[*]

　　杨以增不仅是著名的封疆大吏，还是驰名天下的藏书家（海源阁藏书楼主人）、卓有成就的学者和教育家。由丁延峰主编的《杨以增研究丛集》，包括两部专著《杨以增年谱》（上卷，丁延峰、周广骞著）、《杨以增奏稿校注》（下卷，周广骞、丁延峰整理）。其中《杨以增年谱》按年编排杨以增的生平经历，在精细勾勒杨以增人生脉络的同时，以纵向的历史维度及不同侧面的横向视角，全面反映其人生面貌，清晰、系统、立体地展现其作为著名藏书家、学者和晚清经世派官员的形象，并以点带面地直观展现出晚清道咸年间的政治风貌。《杨以增年谱》还尽可能广泛地搜集与杨以增生平有关的重要资料，系于条目之下，以备查考，做到学术性与资料性并重。

　　《杨以增奏稿校注》主要有三部分：（一）《前言》：主要梳理杨以增的仕宦经历、从政特点，治河理念及实践等和本课题的研究意义、现状及内容、价值等。（二）《校证凡例》：杨氏奏折现存山东省图书馆、中国第一历史档案馆、台北故宫博物院三地，凡700余折，其内容重合者，比对异文，并详加校订；其互为不载者，按年编排，以成完璧。为能提供一个释读方便的文本，还对一些专业术语及人名、地名、职官等进行了必要的

---

　　* 徐雁平，文学博士，南京大学文学院教授、博士生导师，主要研究方向为古典文献学。

注释。(三)《目录》和《杨以增奏稿》正文。《奏稿》始于道光十八年(1838)闰四月杨以增署理湖北按察使,迄于咸丰五年(1855)十二月卒于江南河道总督任上,时间跨度长达 18 年,主要有以下几方面内容。第一,记述了道光至咸丰初湖北、甘肃、陕西等地的经济、政治情形及各级政府的治理举措,涉及税粮征收、抚恤救灾、捕盗剿匪等各个方面,主要为清代晚期地方治理资料。第二,记述了道咸之际江南黄河、运河河道的整治与修缮,涉及河工资金筹集、黄运工程办理、岁料购买使用、河员任免升黜等内容,尤其对咸丰元年(1851)南河丰北决口、咸丰三年(1853)丰北再决的应对及办理情况,记载非常翔实,是晚清水利工程史之珍贵史料。第三,记述了太平天国运动在江苏、安徽等地的发展情况,较为真实地反映了太平天国初期的扩张及清廷的应对策略,为清代农民起义相关研究提供了重要的第一手资料。

由于本书涉及材料分散,作者穷搜博稽,先后从中国第一历史档案馆、台北故宫博物院、山东省图书馆等处辑得大量第一手材料,历时十余年,克服重重困难,始撰成书。2007 年《山东文献集成》第一辑出版,其中所收杨以增撰《先都御史公奏疏》(杨绍和抄本,山东省图书馆藏)得以首次面世,共收录奏稿四百多通。2005 年夏,作者曾于省图胶卷上抄录过一部分。其后又从中国第一历史档案馆抄录所藏原军机处录副奏稿 470 余通,从台北故宫博物院录出 200 余通。经去重后,以上三家共得 744 通。《杨以增年谱略稿》最初发表于《历史文献》(上海图书馆编,2006 年总第 10 期),以藏书、刻书为主,涉及宦历较少。因奏稿及其他文献亦有新的发现,于是在原有基础上,又对原谱大量增补充实。如果说《奏稿》以仕宦为线索,基本还原了杨以增中年以后的为官经历和生活;那么《年谱》则是综而合之,包括家世、宦历、藏书、刻书、抄书、治学、交游等多个方面,全方位、立体地展现了杨以增的人生及风貌。

相信该书的出版,不仅对杨以增个人的研究非常必要,而且对于晚清治河史、政治史、藏书及文化学术史研究,也是非常有意义的,希望得到学界更多的重视和使用。

(责任编辑:胡克诚)

胡梦飞著《明清时期京杭运河区域水神信仰研究》评介

惠　科[*]

聊城大学运河学研究院胡梦飞博士所著《明清时期京杭运河区域水神信仰研究》（江苏凤凰科学技术出版社，2018 年 12 月）是新近出版的一部关于运河民俗信仰研究的力作。该著旨在探讨水神信仰对明清国家河漕治理活动以及区域社会生活的影响，以此揭示运河区域环境、信仰、人群三者之间的关系。从学术史角度来看，关于水神信仰的研究固然有不少成果问世，但如作者所述，现有成果基本集中在对水神发展源流的简单介绍，欠缺整体性思考，未能挖掘"信仰"背后包含的深层次的历史内涵。该著弥补了这一缺憾，从一个较长的时段，对京杭运河区域的水神信仰进行跨学科、多视角、多层面的综合性研究，重构了历史上京杭运河区域水神的信仰问题。

全书共分为九章，内容涉及运河区域水神信仰兴起的背景和原因、构成及分布、主要特征及社会影响。

第一章主要对水神信仰兴起的原因进行分析，探讨水神信仰传播的自然和社会因素；第二章主要探讨运河区域金龙四大王信仰的建构及传播，重在分析明清官方在信仰传播中的地位和作用，探讨金龙四大王信仰的地域差异；第三章主要论述运河区域妈祖信仰的建构及影响，重在分析信仰

---

* 惠科，历史学博士，四川外国语大学马克思主义学院讲师，主要研究方向为城市史、区域社会史。

建构的社会背景及其"本土化"进程；第四章主要探讨运河区域晏公信仰的传播及影响，重在论述运河区域晏公信仰的传播及其庙宇分布情况，探讨晏公信仰对区域社会生活的影响。第五章主要探讨运河区域龙神信仰的传承及发展情况，从国家漕运和区域社会的角度论述龙神信仰对明清漕粮运输活动及区域社会的影响；第六章主要论述水神信仰的形成机制及演变规律，探讨不同社会群体在塑造水神信仰过程中的作用及影响；第七章主要探讨水神信仰的地域特色及其表现形式，分析造成这种特征的自然和社会原因；第八章主要探讨明清国家视野下的水神信仰，从明清统治者和河漕官员的角度分析信仰对强化封建统治和河漕治理活动的影响；第九章主要探讨区域社会视野下的水神信仰，从地方社会治理、社会风俗、社会生活三个方面探讨信仰对运河沿线区域社会的影响；结语部分对全文加以总结。

大体而言，该著具有以下几方面的特色和价值：第一，史料运用丰富，且具有新意。仅以地方志为例，作者的征引量就达到 189 种。此外，作者还注意对碑刻资料的利用。众所周知，碑刻资料具有地方性、时代性等特征，是研究民间问题不可多得的一手资料，有着不可低估的学术价值。以上反映出作者深厚的史料爬梳能力和解读能力。当然，丰富多样的史料运用，也为后来者的相关研究，提供了可资参考的资料。第二，从考察的内容来看，作者关注的是整体性和系统性研究，弥补了当下研究的诸多薄弱之处，建构起民间水神信仰研究的一种范式，体现了作者对学术的刻意追求。第三，在研究方法上，借鉴民俗学、宗教学、社会学、心理学、历史人类学等多学科的研究方法，对京杭运河区域的水神信仰问题进行了深度的描写，揭开了以往研究所忽视的历史的多重面纱，深化了学界的研究。

总之，该著阐发靡遗，剖析精详，词笔雅洁，于民间信仰、运河文化研究极有补益。捧诵一过，便可窥见门径。

就个人研究旨趣而言，或有如下疑惑想求教于作者：首先，在内忧外患，艰难急迫的近世，面对频发的自然灾害，各地都有不同程度的民变或动乱发生，是否意味着水神所承载的社会治理功能的失效？如若失效，各地是否会有对庙宇、牌位的砸毁事件？据此，是否可进一步考察民间信仰的特性和兴衰等问题？其次，国外学者对中国民间信仰研究有何独特之处？是否有可能就相关议题展开与国外研究动态的学术对话？比如，欧大年、劳格文、柯若朴等国外学者对中国民间信仰问题颇有关注。另外，法国耶稣会神父禄是遒撰写的《中国民间崇拜》（*Recherches sur les superstitions en Chine*）包含有大量的民俗绘画，不知是否有可利用的材料？郑樵《通志·图谱略》中谈道："图，经也。书，纬也。一经一纬，相错而成文。"利用图像来解读历史，已成为学界的共识。国内葛兆光教授、赵世瑜教授、陈平原教授等学者对"图像证史"的问题都有很好的说明，国外著名的新文化史学家彼得·伯克的《图像证史》（北京大学出版社，2008 年 3 月）一书也有中文版面世。若能找寻到相关的图片资料，相信以作者的学识、根底定能很好利用，探寻出历史的更多可能。如此，似可进一步增强对民间信仰、运河文化的研究。本人所学粗疏，若有谬误、不当之处，敬请作者与方家无吝抨击。

总体来看，作为第一部全面、系统研究明清时期京杭运河区域水神信仰的学术著作，该著对于丰富和拓展运河文化史的研究内容，探讨明清京杭运河区域社会变迁具有重要意义。本人读此书，私衷铭佩，受益实多。

（责任编辑：胡克诚）

稿　约

《运河学研究》系由聊城大学运河学研究院主办、李泉教授主编的国内首部以古今中外运河及其相关问题为研究对象的综合性学术集刊，每年两期，由社会科学文献出版社出版。主要专栏有"理论研究""专题研究""研究综述""新书评介""史料拾遗"等。欢迎学界贤达赐稿并提出批评意见。

投稿须知：

1. 来稿字数不限，专题论文原则上应在6000字以上。

2. 文章格式参考《历史研究》，采用页下注形式（具体参见《注释规范》）。

3. 论文需要中英文题目、内容提要和关键词。基金资助的论文请在首页以注释形式标注，说明有关项目的具体名称、编号。如有鸣谢文字请附于文末。

4. 请作者随稿附上个人相关信息，包括姓名、出生年月、工作单位、职称职务、研究方向以及联系方式。

5. 来稿须为原创和首发作品，切勿一稿多投。本集刊会严格执行"查重"检测制度，请作者尊重知识产权，内容不得违反国家法令法规，文责自负。

6. 投稿一个月未收到通知，可自行处理。本集刊对决定采用的稿件，有权进行修改、删节。除纸本印刷外，本集刊会配合集刊数据库和学术期刊网，将电子文档上传至相关网站及本集刊主页。

7. 来稿一经刊登，即奉呈作者样书两本，并致薄酬。

投稿邮箱：yunhexueyanjiu@126.com

联系电话：0635 – 8238103

联系人：胡克诚

聊城大学运河学研究院

《运河学研究》编辑部

注释规范

一 注释体例及标注位置

（1）注释放置于当页下（脚注）。注释序号用①，②，③……标识。

（2）每页单独排序。

二 注释的标注格式及例子

1. 著作

任继愈主编《中国哲学发展史》（先秦卷），人民出版社，1983，第25页。

〔日〕实藤惠秀：《中国人留学日本史》，谭汝谦、林启彦译，香港中文大学出版社，1982，第11～12页。

2. 析出文献

杜威·佛克马：《走向新世界主义》，载王宁、薛晓源编《全球化与后殖民批评》，中央编译出版社，1999，第247～266页。

鲁迅：《中国小说的历史的变迁》，载《鲁迅全集》第9册，人民文学出版社，1981，第325页。

3. 著作、文集的序言、引论、前言等

李鹏程：《当代文化哲学沉思》，人民出版社，1994，"序言"，第1页。

楼适夷：《读家书，想傅雷（代序）》，载傅敏编《傅雷家书》（增补本），三联书店，1988，第2页。

4. 古籍

（1）刻本

姚际恒：《古今伪书考》卷3，光绪三年苏州文学山房活字本，第9页。

（2）点校本、整理本

毛祥麟：《墨余录》，上海古籍出版社，1985年标点本（或整理本），

第 35 页。

（3）影印本

杨钟羲：《雪桥诗话续集》卷 5，辽沈书社，1991 年影印本，上册，第 461 页。

《太平御览》卷 690《服章部七》引《魏台访议》，中华书局，1985 年影印本，第 3 册，第 3080 页。

（4）析出文献

管志道：《答屠仪部赤水丈书》，《续问辨牍》卷 2，《四库全书存目丛书》，齐鲁书社，1997 年影印本，子部，第 88 册，第 73 页。

（5）地方志

乾隆《嘉定县志》卷 12《风俗》，第 7 页。

万历《广东通志》卷 15《郡县志二·广州府·城池》，《稀见中国地方志汇刊》，中国书店，1992 年影印本，第 42 册，第 367 页。

（6）常用基本典籍、官修大型典籍可不标注作者

《旧唐书》卷 9《玄宗纪下》，中华书局，1975 年标点本，第 233 页。

（7）编年体典籍注出文字所属之年月甲子（日）

《清德宗实录》卷 435，光绪二十四年十二月上，中华书局，1987 年影印本，第 6 册，第 727 页。

5. 期刊

何龄修：《读顾诚〈南明史〉》，《中国史研究》1998 年第 3 期。

李济：《创办史语所与支持安阳考古工作的贡献》，（台北）《传记文学》第 28 卷第 1 期，1976 年 1 月。

6. 报纸

李眉：《李劼人轶事》，《四川工人日报》1986 年 8 月 22 日，第 2 版。

《四川会议厅暂行章程》，《广益丛报》第 8 年第 19 期，1910 年 9 月 3 日，"新章"，第 1～2 页。

7. 未刊文献

方明东：《罗隆基政治思想研究（1913～1949）》，博士学位论文，北京师范大学历史系，2000，第 67 页。

任东来：《对国际体制和国际制度的理解和翻译》，全球化与亚太区域化国际研讨会论文，天津，2000 年 6 月，第 9 页。

8. 手稿、档案文献

中国第一历史档案馆:《清代中琉关系档案五编》,中国档案出版社,2002,第 39 页。

《历代宝案》(台湾大学藏本),第××册,第××页。

《历代宝案》(校订本),第××册,冲绳县教育委员会,××年,第××页。

《傅良佐致国务院电》,1917 年 9 月 15 日,北洋档案 1011－5961,中国第二历史档案馆藏。

9. 转引文献

章太炎:《在长沙晨光学校演说》,1925 年 10 月,转引自汤志钧《章太炎年谱长编》下册,中华书局,1979,第 823 页。

10. 电子文献

扬之水:《两宋茶诗与茶事》,《文学遗产通讯》(网络版试刊)2006 年第 1 期,http://www. literature. org. cn/Article. asp? ID＝199,2007 年 9 月 13 日。

11. 再次引证时的"出版信息"项目简化

赵景深:《文坛忆旧》,第 24 页。

12. 间接引文的标注

参见/详见邱陵编著《书籍装帧艺术简史》,黑龙江人民出版社,1984,第 28～29 页。

13. 外文文献

(1)专著

Peter Brooks, *Troubling Confessions*: *Speaking Guilt in Law and Literature* (Chicago: University of Chicago Press, *2000*), p. 48.

(2)期刊

Heath B. Chamberlain, "On the Search for Civil Society in China," *Modern China* 19 (1993): 199－215.

(3)档案文献

标注顺序:文献标题/文献形成时间/卷宗号或其他编号/藏所。

Nixon to Kissinger, February 1, 1969, Box 1032, NSC Files, Nixon Presidential Material Project (NPMP), National Archives II, College Park, MD.

主办单位简介

聊城大学运河研究始于20世纪90年代，2008年设立运河文化研究中心，2012年6月成立运河学研究院，是全国首家以运河为研究对象的独立科研机构。历经多年耕耘，现已形成科研力量雄厚、研究特色鲜明、学科优势突出的多学科交叉科研平台。

目前，研究院拥有六个科研平台、三个研究中心和两个编辑部。六个科研平台包括：山东省社会科学规划重点研究基地——运河文化研究基地、山东省高校人文社科研究基地——运河与区域经济社会发展研究中心、山东省地方史志系统运河文化研究基地、山东省文化艺术科学重点学科——运河文化学、聊城大学学科重点建设项目——运河与区域经济社会发展项目、聊城大学科研创新平台——运河文化遗产研究保护与开发规划协同中心。三个研究中心为运河史研究中心、运河区域社会经济发展研究中心、运河文化研究中心。两个编辑部指《中国大运河蓝皮书》编辑部和《运河学研究》编辑部。

研究院现有专职科研人员20人，包括教授6人（包括山东省人文社科基地首席专家1人，山东省有突出贡献的中青年专家2人）、副教授4人、讲师10人，其中具有博士学位者18人，研究领域涉及历史学、文学、地理学、社会学、民族学、艺术学、图书馆与情报学等多个学科门类。同时，聘请了北京大学、复旦大学、浙江大学、南京大学、香港中文大学等高校十余位运河研究专家为兼职教授。

研究院已发展成为全国运河研究重镇，在运河研究领域处于领先地位。首创"运河学"学科体系；已经建成全国最大的"运河文献数据库"，另有"运河民间文献数据库"和"大运河数据平台"在建，同时建有独具特色的"中国运河文物文献展览馆"。研究院的研究人员先后承担国家社会科学基金、自然科学基金项目 17 项，教育部、司法部、国家民委、全国高校古委会、山东省社科规划等省部级课题 20 余项，同时承担民政部地名所委托项目"运河地名文化数据库"、山东省方志办委托项目《京杭大运河山东段志》和江苏凤凰科学技术出版社有限公司委托项目《中国运河志》（"文献卷""人物卷""大事记"）。出版运河学相关著作 20 余部，发表学术论文 200 余篇，获省部级以上科研奖励 10 余项。

研究院注重开展高层次学术交流。先后主持召开了"区域、跨区域与文化整合"国际学术研讨会、"运河与区域社会研究"国际学术研讨会，承办了第 22 届国际历史科学大会·聊城卫星会议，与香港中文大学明清史研究中心联合组织"运河学研究"学术论坛等。目前，与国家文物局（中国文物学会）大运河专业委员会等机构合作进行运河文化遗产保护研究工作，与香港中文大学、中山大学等高校建立了长期合作关系，与日本、韩国、我国台湾等国家和地区的著名专家学者进行了多次学术交流。在运河文献、运河区域社会史等研究领域开展全方位合作，进一步提升了学术研究水平。

研究院招收专门史、文献学、自然地理学三个学科方向的硕士研究生，重点培养从事运河研究与教学的高层次人才。迄今已培养 60 余名研究生，他们已成为运河学研究的后继力量。

在服务社会方面，一是提供智力支持，编纂《中国大运河蓝皮书》，旨在为国家、各级政府及各类行政部门提供理论性、框架性、数据性的建议和意见；二是参与实践，为地方旅游、文化保护、经济发展提供规划设计。

目前，大运河文化带建设、运河学研究方兴未艾，研究院正致力于对运河文化进行深入挖掘，着重深化环境史、社会史和运河文化遗产保护等专项研究，为运河区域社会发展提供有力的参考借鉴和智力支持。

图书在版编目（CIP）数据

运河学研究. 第 3 辑 / 李泉主编. -- 北京：社会科
学文献出版社，2019.6
ISBN 978 - 7 - 5201 - 5063 - 7

Ⅰ.①运⋯ Ⅱ.①李⋯ Ⅲ.①运河 - 文化研究 - 中国
- 文集 Ⅳ.①K928.42 - 53

中国版本图书馆 CIP 数据核字（2019）第 118430 号

运河学研究 第 3 辑

主　　编 / 李　泉

出 版 人 / 谢寿光
责任编辑 / 韩莹莹　范明礼

出　　版 / 社会科学文献出版社 · 人文分社 （010）59367215
　　　　　　地址：北京市北三环中路甲 29 号院华龙大厦　邮编：100029
　　　　　　网址：www.ssap.com.cn
发　　行 / 市场营销中心 （010）59367081　59367083
印　　装 / 三河市尚艺印装有限公司

规　　格 / 开　本：787mm × 1092mm　1/16
　　　　　　印　张：14.5　字　数：244 千字
版　　次 / 2019 年 6 月第 1 版　2019 年 6 月第 1 次印刷
书　　号 / ISBN 978 - 7 - 5201 - 5063 - 7
定　　价 / 98.00 元

本书如有印装质量问题，请与读者服务中心（010 - 59367028）联系